# 이기는 정치학

# 이기는 정치학

현실주의자의 진보집권론

최병천 지음

메디치

## '정치를 통해 좋은 세상 만들기'는 어떻게 가능한가?

정치가 세상의 전부라고 생각하지는 않는다. 그러나, 좋은 세상을 만들기 위한 정치의 역할은 여전히 중요하다. 정치는 좁게는 국가권력을 다룬다. 넓게는 공동체의 운명을 결정한다. 나는 왜 정치에 관심을 갖게 됐을까? 돌이켜보면 1987년 6월 항쟁 때문이었다. 가난한 것이 서럽던 청소년 시절, 세상이 미웠다. 그러다가 1987년 6월 항쟁의 파편이 내 가슴에 박혔다. 그 뒤로, 오랜 세월 좋은 세상 만들기를 꿈꿨다. 공장 노동자로, 진보정당 활동가로, 국회 보좌진으로, 서울시 정책을 총괄하는 정책보좌관으로, 민주당 싱크탱크 부원장으로, 여론조사업체 부소장으로, 또 작가로….

'정치를 통해 좋은 세상 만들기'를 하려면 두 가지가 필요하다. 하나는 권력을 잡아야 한다. 다른 하나는 솔루션을 갖고 있어야 한다. 권력은 정치공학으로 이어지고, 솔루션은 정책공학으로 이어진다. 한 개인을 중심으로 볼 때, 권력은 '자리'와 연결되어 있고, 솔루션은 '꿈'과 연결되어 있다. 현재 정치권에서 정치공학을 다루는 사람은 많아도, 솔루션을 다루는 사람은 많지 않다. 솔루션과 정책공학의 경우, 교수와 시민단체에게 외주를 맡기거나, 언론에서 이슈가 되는 것을 복사해오는 경우가 대부분이다. 전작 《좋은 불평등》은 '정책공학'을 다룬 책이다. 불평등을 줄이려던 문재인 정부의 기획이 왜 성공하지 못했는지를 다뤘다. 민주당과 진보가 국민들의 사랑과 신뢰를 받으려면 정책공학에 유능한 사람이 지금보다 훨씬 더 많아져야 한다.

이 책은 '정치공학'을 다룬다. 정치공학을 다룬다고 생각하면 '정책'과 무관한 것으로 생각하기 쉽다. 실제로는 그렇지 않다. 만년 야당만 할 것이라면 정책적 정합성은 덜 중요할 수 있다. 그러나, 집권의 포부가 있다면 정책공학과 정치공학은 밀접하게 연결된다. 정책의 특성을 제대로 이해하지 못하고, 정책과 정무에 두루 능통하지 못하면 정권 재창출에 성공하기 어렵다. 문재인 정부는 탄핵 촛불연합의 에너지로 당선됐다. 집권 초반 70%가 넘는 지지율이었다. 책의 본문에서 자세히 다루겠지만, 문재인 정부 지지율은 3단계에 걸쳐 떨어졌다. 2018년 소득주도성장 논란, 2019년 조국 논란, 2020년 부동산 논란이었다. 이 중에서 소득주도성장론과 부동산 논란은 정책공학과 정치공학이 동시에 작동하는 영역이었다.

## 좋은 정치를 꿈꾸는,
## 좋은 플레이어가 볼만한 현실정치 교과서

이 책은 '현실정치 교과서'를 목표로 한다. 현실정치에서 가장 중요한 영역은 선거다. 민주주의 사회에서 권력의 정당성은 선거 승리에서 나오기 때문이다. 경제학 교과서는 기업가의 행동 동기를 이윤 추구와 이윤 극대화로 설명한다. 실제로는 정치인도 비슷하다. 정치인의 행동 동기는 선거 승리와 득표율 극대화인 경우가 많다. 흥미로운 것은 기업가가 이윤을 극대화하는 과정에서 각종 부작용이 발생하는 것처럼, 정치인도 선거 승리를 극대화하는 과정에서 각종 부작용이 발생한다. 이윤 극대화만을 추구하는 기업가를 '위대한 기업가'로 볼 수 없는 것처럼, 선거 승리만을 추구하는 정치가를 '위대한 정치가'로 볼 수는 없다. 좋은 정치를 실천하기 위해서는 선거 승리를 중요하게 고려하되, 좋은 나라를 만들려는 열정과 능력, 유능한 팀을 보유하고 있어야 한다.

이 책은 현실정치 교과서를 목표로 하기에 특히 세 집단에 도움이 될 것이다.

첫째, 정치 플레이어들이다. 국회의원, 보좌진, 지방의원, 정치 활동가들에게 도움이 될 것이다. 얼핏 보면 이들은 '정치를 업으로' 한다. 그러나, 실제로는 '정치 이외의' 영역에서 활동하다가 이런저런 이유로 정치를 시작한 지 얼마 안 된 경우가 더 많다. 한국 정치의 문제점이기도 하다. 유럽의 사회민주당 계열을 보면, 청소년과 대학생 시절부터 정당 활동을 통해 성장한 경우가 많다. 86세대와 97세대*의 경우 1980년대~90년대 학생운동을 통해 정당에 준하는 활동을 했던 셈이다. 학생운동 경험 없이 전문직에 있다가 정치를 하게 된 분들일수록 정치라는 산업이 매우 낯설 수밖에 없다. 이 분들에게 이 책이 도움이 되리라 생각한다. 정치는 '구라' 산업, 주먹구구 산업의 특성이 강해서 이 사람 말을 들으면 이 사람 말이 맞는 것 같고, 저 사람 말을 들으면 저 사람 말이 맞는 것 같은 경우가 많다. 가치 지향을 갖되 한국 정치를 균형 있게 바라보는 관점을 길러주는 게 이 책의 목표 중 하나다.

둘째, 적극적 관심층이다. 어느 당을 막론하고 선거 패배의 주요 원인 중 하나는 정치 지도자들이 '적극적인 지지층'의 요구에만 함몰되는 경우다. 책에서는 '가슴이 너무 뜨거워지면 상대방 선거운동을 도와준다'라는 테마로 다양한 사례와 데이터를 보여준다. 진보의 가슴이 뜨거워져서 보수의 당선을 도와주거나, 보수의 가슴이 뜨거워져서 진보의 당선을 도와준 사례들을 다룬다. 지난 몇 년간 한국 사회를 뜨겁게 달궜던 '탄핵 촛불연합'의 경우도 이 사례에 해당한다. 1부와 2부, 4부, 5부에서 자세히 다룬다.

많은 사람들이 팬덤 정치의 폐해를 지적하는데, 가장 무서운 폐해 중 하나는 '자신들의 선거 패배를 조장하는' 경우가 많다는 점이다. 사회관계망서비스(SNS)와 유튜브 등 뉴미디어의

---

* 86세대는 80년대 학번 60년대생, 97세대는 90년대 학번 70년대생을 지칭한다.

8

발달로 인해 '알고리즘에 의한 뉴스 소비'가 강해졌다. 보고 싶은 뉴스만 접하고, 듣고 싶은 관점만 접하는 편향이 훨씬 강해지고 있다. 선거는 '51% 게임'이다. 진보의 경우, 진보+중도연합을 통해 51% 연합을 만들면 승리한다. 보수의 경우, 보수+중도연합을 통해 51%를 만들면 승리한다. 접하는 뉴스와 정보의 괴리감은 적극 지지층과 중도층의 괴리감을 키우게 된다. 적극 지지층이 오히려 중도층을 밀어낼 경우, 결과적으로 상대방 선거운동을 도와주게 된다. 책 전체를 통해 다양한 사례와 데이터를 접하게 될 것이다.

셋째, 시사 문제에 관심 있는 시민들이다. 또 기자들과 정치지망생들에게도 큰 도움이 될 것이다. 책 전체에서 비중 있게 다루는 것은 한국 정치의 구도를 다양한 각도에서 조망하는 것이다. 1987년 이후 한국 정치 구도가 어떻게 전개됐는지, 주요한 정치적-정책적 사건들을 어떤 시각에서 봐야 하는지 다루고 있다.

우리는 현실정치를 다루는 좋은 교재를 접하기가 어렵다. 아마도 시민 입장에서 정치를 접하는 가장 흔한 방법은 유튜브와 종편 채널의 정치평론일 것이다. 이런 경우 보통은 특정 진영을 대표해서 나온 사람이 자기 진영은 찬양하고, 상대 진영을 악마화하는 경우가 많다. 정치적 균형감각과는 거리가 있다. 주요한 플레이어가 될수록 정치적 균형감각은 생명과도 같다. 지피지기백전불태(知彼知己百戰不殆)라고 했던 것처럼, 정치적 균형감각이 있어야 효과적인 캠페인 전략을 수립하고 유능한 국정운영을 할 수 있다.

이 책의 특징은 네 가지다.

첫째, 진보 내부에 광범위하게 존재하는 통념에 도전한다. 이 통념은 둘로 나누어 이야기할 수 있는데, 먼저 한국 정치를 '진보 우위 구도'로 보는 관점이 있다. 진보 우위 관점은 중도층과의 연합을 불필요한 것으로 보거나, 심지어 해로운 것으로 본다. 이들 일부는 중도층을 '수박'이라는 멸칭(蔑稱)으로 공격한다. 또 하나의 통념은 진보적인 정책이 꼭 좋다는 인식이다. 민주당의 핵심 지지층 역시 '운동권 문화'의 영향을 많이 받았다. 민주당은 행정부와 입법부 모두를 잡았을 경우, 적극 지지층의 요구에 의해 '진보 색깔이 강한' 정책을 추진했다. 진보 정책 자체가 나쁜 것은 아니다. 그러나, '지나치게 진보적인' 정책들은 오히려 역풍이 불어 보수계열 정당의 정권교체를 도와줬다. 문재인 정부도 마찬가지였다. 전작이었던《좋은 불평등》이 진보 내부에 존재하는 '운동권 경제학'과 대결하는 책이라면, 이 책은 진보 내부에 존재하는 '운동권 정치학'과 대결하는 책이다.

둘째, 진보 다수의 통념을 반박하는 내용을 담고 있기에 논증이 단단해야 했다. 주요한 논증마다 데이터를 활용한 이유다. 어려운 데이터는 전혀 없다. 데이터에서 꼭 필요한 정보는 문장으로도 서술해 놓았기에 그냥 문장으로만 읽어도 문제는 없다.

셋째, 정치 플레이어 입장에서 중요한 사안들에 대해서는 개념적 정식화를 시도했다. 일반 시민과 정치 플레이어의 차이점은 정치 플레이어들은 '의사결정'을 해야 하는 사람들이다. 명료하게 정리되어 있지 않으면 복잡다단한 현실정치를 헤쳐나갈 수 없다. 예컨대, 이런 것들이다. 민주당이 집권하던 시절 '너무 진보적인' 정책들이 오히려 국민의힘 계열 정당의 정권교체를 도와줬던 사례들을 분석하고 그 요인을 정리했다. 문재인 정부를 만들었던 '촛불연합'의 해체 과정과 그 요인을 정리했다. 한국 정치사에서 '불리한 판세를 뒤집은' 선거의 교과서로 평가받는 2012년 박근혜 비대위와 2016년 문재인-김종인 비대위의 사례를 분석하고 성공 요인을 정리했다. 현실정치에서 가장 중요한 개념인 '중도'의 실체가 무엇인지, 성공적이었던 중도 정책의 사례들은 무엇인지, 중도확장의 개념적 본질이 무엇인지 정리했다. 이런 내용들을 익히게 된다면, 현실정치의 어떤 상황(예컨대, 대선 캠프 혹은 대통령 비서실)에 플레이어로 투입되어도 일정한 성과를 낼 수 있을 것이다.

넷째, 책 전반에 걸쳐 사회과학적 사고를 바탕으로 정치분석을 하고 있다. 플레이어 입장에서 좋은 정치를 실천하기 위해서는 장기적으로는 '경제학'이 중요하고, 중기적으로는 '정치학'이, 단기적으로는 '심리학'이 중요하다. 경제학의 경우, 국민들이 잘 먹고 잘사는 민생 문제와 경제성장, 일자리 창출과 직결된다. 예컨대, 박정희 전 대통령이 산업화 과정에서 했던 리더로서의 역할은 현재도 한국 보수를 떠받치고 있는 중요한 기둥이다. 정치학의 경우, 세력연합과 유권자연합을 의미한다. 대통령과 정당 지지율의 변동은 세력연합과 유권자연합의 결합 및 분열로 인한 경우가 일반적이다. 세력연합과 유권자연합의 사례를 풍부하게 분석하고 방법론을 익히는 것은 현실정치에서 승리하는 데 가장 중요한 스킬이다. 단기적으로 심리학이 중요하다고 한 것은, 선거 캠페인이 '단기적 심리전'의 성격이 강하기 때문이다. "야구는 투수놀음이다."라는 표현이 있다. 단판 승부인 경우 팀 전체 전력은 상대 팀에게 뒤지지만, 좋은 투수 한 명이 있으면 대등한 게임을 하거나 승리를 노려볼 수 있다. 선거 캠페인도 비슷하다. 2012년 총선에서 박근혜 비대위와 2016년 총선에서 문재인-김종인 비대위의 성공요인을 분석해보면 '단기적인 심리전'에 잘 대응했던 것임을 알 수 있다. 궁극적으로, 정치 플레이어 관점에서 좋은 정치를 실천하기 위해서는 경제학, 정치학, 심리학(마케팅, 커뮤니케이션 이론)에 두루 능통해야 한다. 정치 리더 혼자서 이 모든 것을 잘하기는 어렵다. 그래서 '팀'이 중요하다. 유능한 인재를 참모로 두고 팀을 만들어서 시행착오를 통해 호흡을 맞추는 것이 꼭 필요하다. 그렇게 만들어지는 것이 '최강의 팀'이다. 선거는 상대평가이기에 상대방 실수에 의한 반사이익으로 승리할 수도 있다. 그러나, 성공하는 국정운영의 사례를 남기기 위해서는 반드시 좋은 리더와 유능한 팀이 결합되어야 한다.

　나의 오래된 사회과학적 로망은 '진보의 재구성' 혹은 '진보의 현대화'다. 나는 86세대에 속하는 사람은 아니지만, 그들의 영향을 크게 받았다. 사회주의가 몰락하던 즈음 나는 노동운동을 하기 위해 공장에 있었다. 내가 경제학을 공부하게 된 계기는 1997년 외환위기였다. 그때 나는 천안 지역의 어느 공장을 다니고 있었다. 평소처럼 한겨레신문을 봤는데, 신문 전체가 경제 용어로 뒤덮여 있어 무슨 내용인지 도무지 알 수 없었다. 그때 생각하게 됐다. "대한민국의 문제점을 제대로 알고, 좋은 세상을 만들려면 경제학을 공부해야겠구나."라고. 공장을 나오고 경제학과에 가게 된 이후, 밀렸던 사회과학적 숙제를 했다. 사회주의는 왜 몰락했는지, '좋은 세상'은 어떻게 만들 수 있는지를 공부했다. 칼 마르크스의 정치경제학, 노동가치론과 사회주의 이론을 둘러싼 논쟁들, 유럽 경제사, 유럽식 복지국가, 사회민주주의, 스웨덴 사회민주당, 비교 자본주의론, 한국의 경제발전 과정, 동아시아 발전국가론 등을 공부했다.

그 시기 공부한 내용 중 가장 인상적인 것은 스웨덴 사회민주당이었다. 스웨덴 사회민주당은 1889년 스웨덴의 마르크스주의자들이 만들었다. 그런데, 이들은 생각이 매우 말랑말랑했다. 정치적으로 유연했고 사상과 정책에서 창의적이었다. 민주화가 점차 확대되자 마르크스주의를 '민주화 버전'에 맞게 재구성했다. 1929년 세계대공황이 발생하자 케인즈 이론을 활용해서 공황을 타개하는 경제정책을 만들었다. 제2차 세계대전 이후에는 산업구조 고도화와 경제성장, 기업의 수출경쟁력과 노동자 계급의 연대를 동시에 달성하는 정책 패키지를 설계한다. 이 과정에 기여했던 스웨덴 사민당의 이론가들이 닐스 칼레비(1892~1926), 에른스트 비그포르스(1881~1977), 군나르 뮈르달(1898~1987), 고스타 렌(1913~1996)과 루돌프 마이드너(1914~2005)

등이었다. 스웨덴 사민당은 정치공학에도 유능하고, 정책공학에도 유능했다.

한국에서 보수는 경제성장, 진보는 불평등 축소에 더 큰 관심을 갖는다. 그러나, 스웨덴 사민당은 경제성장과 불평등 축소 중 양자택일을 선택하지 않았다. 경제성장, 기업경쟁력, 일자리 창출과 소득증대, 사회적 평등을 '동시에 충족하는' 미션을 자신들의 과제로 상정하고, 결국 그 미션을 달성했다. 스웨덴 사민당은 100년 중에서 약 80년을 집권했는데, 자신들의 역할을 야당 혹은 비판 집단에 한정하지 않았기에 가능한 일이었다. 이들은 주류적 세계관으로 무장하고 '좋은 나라 만들기'에 매진했다. 스웨덴 사민당 역사를 알게 된 것은 최영미 시인의 표현을 패러디하면 '첫 섹스의 추억'처럼 강렬하게 남았다. 이후 나의 사회과학적 로망은 내가 속한 정당을 스웨덴 사민당처럼 정치공학과 정책공학 모두에서 유능한 진보정당으로 만드는 것이었다. 전작이었던 《좋은 불평등》은 정책공학에서 유능한 진보정당에 대한 바람을, 지금 《이기는 정치학》은 정치공학에서 유능한 진보정당에 대한 바람을 담고 있다.

이 책은 단독 집필이지만, 내용적으로 주변 분들로부터 많은 도움을 받았다. 세대효과, 세대론, 2030세대의 특징, 중도의 개념 등은 민주연구원에서 부원장을 지냈던 고한석 선배와의 정책수다에서 큰 도움을 받았다. 종부세를 비롯한 보유세 수준이 부동산 가격 안정과 별 관계가 없다는 것은 국회 미래연구원 이선화 박사님의 연구에서 도움을 받았다. 촛불연합에 합류했던 유권자들이 어떻게 서로 이질적이었는지, 촛불연합이 탄핵 이전과 이후, 보수의 복원 이전과 이후 어떻게 달라졌는지는 한국리서치 정한울 박사님 연구로부터 큰 도움을 받았다.

그밖에도 2017년 8월부터 2023년 12월까지 6년 5개월 동안 약 240회에 걸쳐 독서모임을 함께한 '신성장학파' 구성원들의 도움을 많이 받았다. 모임의 간사 역할을 하고 있는 MBN 윤범기 기자를 비롯해서 황종섭 보좌관, 민지홍 비서관, 책의 초고를 읽고 좋은 수정 의견을 준 김승호 선생님, 이해찬 대표 비서실에서 부실장으로 일하고 사회과학 전반에 내공이 깊은 유창오 선배와의 토론도 큰 도움이 됐다. 시대정신연구소의 엄경영 소장님과 김두수 선배와의 정치 토론도 큰 도움이 됐다. 기꺼이 정성스러운 추천사를 써주신 서울대학교 국제대학원 김현철 교수님과 경희대학교 안병진 교수님께도 고마운 마음을 전한다. 메디치미디어 김현종 대표님과 진용주 편집장님에게도 감사드린다.

이러저러한 불만에도 불구하고 책 집필을 밀어주고 도와준 주연이와 봄, 가을이에게도 고마움을 전한다. 봄이와 가을이가 나중에 한국 정치를 공부하는 날이 올 때, 아빠 책을 재밌게 보게 된다면 매우 보람 있는 일이 되지 않을까 생각한다.

2024년 1월 어느 날
최병천

차례

# 1부

가슴이
너무 뜨거워지면
상대방 선거운동을
도와준다

# 1장

# 중도에 대한
# 진보의 네 가지 통념

## '중도 배제 진보노선',
## 윤석열 대통령의 당선을 도와주다

2022년 3월 9일 대선이 있었다. 윤석열 후보는 48.6%, 이 재명 후보는 47.8%를 받았다. 윤석열 후보가 0.7%포인트, 24만 7,077표 격차로 승리했다. 역대 최소 표차였다.

대선 패배 이후, 민주당에는 두 유령이 떠돌았다. 하나의 유령은 '졌잘싸(졌지만 잘 싸웠다)' 유령이다. 0.7%포인트 격차는 역대 대선 중 가장 적은 표차다. 졌잘싸 유령은 이재명 후보 입장에서 좋아할 수 있다. 다른 하나는 '잘했졌(잘했지만 졌다)' 유령이다. 문재인 전 대통령은 임기 말에도 30% 후반~40% 초반의 지지율을 유지했다. 역대 대통령 중 가장 높았다. 잘했졌 유령은 문재인 전 대통령 입장에서 반길 만한 내용이다.

두 유령으로 인해, 민주당은 '대선 패배 원인이 없는' 정당이 됐다. 실제로 민주당은 공식적으로 대선 평가를 생략했다. 민주당 역사에서 공식적으로 대선 평가를 하지 않은 유일한 경우다. 민주당은 그냥 어쩌다 보니 패배했을 뿐이다.

87년 이후 8번의 대선이 있었다. 양자 구도인 경우, 역대 대통령들은 중도확장 노선을 통해 당선됐다. 윤석열 후보의 중도확장은 매우 미흡한 수준이었다. 민주당이 윤석열 후보의 당선을 반성해야 하는 이유다. 윤석열 후보의 당선은 민주당에게 세 가지 질문을 던진다.

첫째, 탄핵 촛불연합은 왜 사라졌는가? 민주당과 문재인 정부는 '촛불혁명'이라는 표현을 좋아했다. 검찰개혁, 최저임금 대폭 인상, 소득주도성장, 종부세와 양도세의 대폭 인상, 탈원전 정책은 촛불혁명을 계승하기 위한 정책들이었다. 그런데, 어찌된 일인지 윤석열 대통령이 당선됐다. 촛불혁명은 다시 윤석열을 원했던 것일까? 촛불혁명은 대체 어디로 간 것일까?

둘째, 민주당 정부는 왜 행정부와 입법부를 동시에 잡으면 정권을 빼앗기는 것일까? 민주당이 행정부와 입법부를 동시에 장악한 경우는 두 번이다. 노무현 정부는 2004년, 문재인 정부는 2020년 과반 의석을 했다. 이후 두 번 모두 '정권 교체'를 당했다. 왜 민주당 정부는 행정부와 입법부를 동시에 장악하면 매번 정권 교체를 당하는 것일까?

셋째, '실언의 왕'이었던 윤석열 후보는 어떻게 대통령에 당선될 수 있었나? 윤석열 후보는 선거 캠페인 내내 실언을 했다.

"1일 1망언"이라는 말이 나올 정도였다. 투표일을 바로 앞두고, 이준석 당 대표와 공개적으로 티격태격 싸우기까지 했다. 중도 확장 캠페인은 눈에 띄지 않았고, 오히려 내분이 있었음에도 당선됐다. 윤석열 후보는 도대체, 왜 당선될 수 있었던 것일까?

세 가지 질문에 대한 필자의 대답은 하나다. 민주당의 '중도 배제 진보노선'이 윤석열 대통령의 탄생으로 연결됐다는 것이다. 민주당의 주축은 86세대다. 1990년대 후반, 이들은 386이었다. 나이는 30대, 80년대 학번, 60년대생이었다. 2000년대에는 40대가 되어 486이 됐다. 2010년대는 50대가 되어 586이 됐다. 지금은 60대가 되어 686이 됐다. 한국의 86세대는 1980년대 '급진주의 학생운동'이 낳은 세대다. 1980년 광주를 계기로, 학살자 전두환을 몰아내기 위한 과정에서 이들은 사회주의 이론을 수용하게 된다.

1980년대적인 맥락에서 학생운동 이론은 '혁명 이론'이었다. 전두환 독재정권을 몰아내기 위해서는 혁명이 필요하다고 봤다. 20대 시절에 배웠던 이론을 지금도 믿는 사람은 거의 없다. 다만, 습성이 남았다. 뉴턴 역학의 제1법칙은 관성의 법칙, 제2법칙은 가속도의 법칙이다. 가속도가 없는 경우는 관성의 법칙이 지배하게 된다. 80년대 급진적 학생운동 이론은 습관, 문화, 정서로 남아 지금까지도 작동하고 있다. 민주당 국회의원, 보좌진만의 문제가 아니다. 핵심 지지층 역시 운동권스러운 행태를 좋아한다. 더 센 정책, 더 좌파적인 정책, 상대방을 더 악마화하는 대응을 선호한다. 뜨거운 가슴으로 고립을 자초하고, 진보가 주도해서 상대방 선거운동을 도와준다.

선거는 51% 게임이다. 진보+중도 연합을 통해 51%를 만들면 승리한다. 아무리 진보적이어도, 아무리 가슴이 뜨거워도, 51%를 만들지 못하면 패배한다. 진보의 최대 결집만으로는 결코 승리할 수 없다. 그러자면, 중도에 대한 인식이 중요하다. 여의도 정치권에서 중도에 대해 말하지 않는 사람은 없다. 문제는, '중도의 실체'를 제대로 말하는 사람도 거의 없다는 것이다. 중도가 실제로 존재하는지, 있다면 그들은 누구인지, 규모는 얼마나 되는지 정리된 견해를 가진 사람은 거의 없다. 칼 마르크스의 《공산당 선언》은 "하나의 유령이 유럽을 떠돌고 있다. 공산주의라는 유령이."라는 첫 문장으로 유명하다. 여의도 정치권에서는 중도가 딱 유령 같은 존재다. 사용 빈도는 가장 많다. 그러나, 실체를 아는 사람은 없다.

중도에 대한 인식 차이는 정치적 노선 차이로 연결된다. 문재인 정부가 탄핵정치연합의 에너지를 유실(遺失)했던 것은 탄핵정치연합의 성격을 오판했기 때문이다. 탄핵정치연합은 '더 진보적인' 정책을 원해서 모인 게 아니다. 애초부터 진보에 중도와 개혁보수가 합류한 진보-중도-개혁보수의 대연합이었다. 촛불혁명이 아니라 촛불연합이었다. 민주당 강성 지지층만 좋아하는 진보적인 정책을 쓸수록 촛불연합은 해체될 운명이었다. 촛불혁명이 촛불연합을 해체시켰다.

민주당이 행정부와 입법부를 동시에 잡으면 정권을 넘겨주는 일이 발생하는 이유도 동일하다. 노무현 정부와 문재인 정부의 공통점은 '86세대 정부'였다. 정부도, 국회도 86세대 운동권이 주축이었다. 김대중 정부는 진보 운동권이 주축이 아니었다는 점에서 노무현-문재인 정부와 달랐다.

김대중이 주도한 민주당은 정권재창출에 성공했다. 86세대가 주도한 민주당은 정권재창출에 실패했다. 뭐가 달랐던 것일까? 근본 문제는 86세대의 세계관이다.

운동권 86세대 세계관의 가장 큰 문제는 두 가지다. 하나는, 80년대적인 이념 편향이 여전히 강력하다는 점이다. 다른 하나는, '상대방에 대한 반대'를 정체성으로 두고 있고, '어떤 나라를 만들겠다'는 독자적인 국가상(像)을 갖고 있지 못하다는 점이다. 두 가지는 서로 맞물려 있다. 사회주의권이 붕괴된 이후, 이들은 대안적인 국가상을 만들지 못했다. 그러나 현실정치는 작동했고, 현실 사회운동 역시 작동해야만 했다. 이념, 노선, 정책은 빈약하고 현실 권력에 대한 욕심은 강력하기에, 86세대는 상대방을 더 강하게 반대하는 것으로 자신의 정체성을 확립하려했다.

야당일 때는 '상대방을 반대하는' 정체성이 큰 도움이 된다. 적들과 차별화가 선명해지니까. 그러나 행정부를 잡고, 국회과반이 되면 상황이 달라진다. 반대의 정치학과 평계의 정치학은 콘텐츠의 빈약함을 드러나게 만든다. 집권을 하면 '좋은 국정운영 능력'을 보여줘야만 한다. 그런데 이들은 그동안 '상대방을 반대하는 것'에 대부분의 에너지를 소모했기에, 집권을 하면 어떤 세상을 만들어야 하는지, 정책 프로그램은 무엇이어야 하는

지, 어떤 사람들이 적임자인지에 대한 준비의 일천함이 드러난다. 입법과 정책에서 86세대의 편협함과 빈약함이 그대로 노출되는 것이다. 결국 정권을 내주게 된다.

2022년 대선에서 보수의 핵심 지지층은 홍준표가 아닌 윤석열 후보를 선택했다. 앞서 2021년 4·7 재보궐선거에서는 오세훈이 당선됐고, 6월 국민의힘 당 대표는 이준석이 됐다. 그리고 11월 국민의힘 대선후보는 윤석열이 됐다. 오세훈, 이준석, 윤석열의 공통점은 비박(非朴), 원외, 탄핵을 찬성한 보수였다는 점이다. 보수 유권자들이 홍준표가 아닌 윤석열을 대선후보로 선택한 이유였다. 다르게 표현하면, 보수의 핵심 지지층은 '중도확장'을 염두에 두고 전략적으로 윤석열 후보를 선택했다. 2002년 대선을 앞두고 광주 시민들이 '부산 출신' 노무현을 후보로 선택한 것과 같다.

윤석열 후보는 '탄핵을 찬성했던' 보수였다는 점에서 중도확장의 잠재력을 갖고 있었다. 이준석 대표가 잘 간파한 스윙 보터(swing voter)의 한 축인 2030남성도 잠재적 지지자로 존재했다. 그러나 본격적인 대선 캠페인이 시작되자, 윤석열 후보의 모습은 이들 모두를 실망시키기에 충분했다. 1일 1망언을 통해 '실언의 왕'이라는 별명을 얻고, 정무적 감각이 떨어지며, 안정감도 떨어진다는 것이 드러났기 때문이다. 캠페인 과정에서 보면, 중도확장은 매우 미흡했다. 그런데도, 윤석열 후보는 당선됐다.

윤석열 후보가 중도확장 캠페인이 거의 없었음에도 불구하고 당선될 수 있었던 것은 이재명 후보 요인이 컸다. 이재명 후보 역시 중도확장 캠페인이 매우 미흡했기 때문이다. 이재명 후보가 중도확장 캠페인을 제대로 했다면, 무난하게 당선됐을 것이다. 현재 이재명 대표는 민주당의 가장 강력한 차기 대권후보다. 돌이켜보면, 윤석열 후보는 역대 최약체 보수후보였다. 2027년 대선은 윤석열 후보가 나오지 않는다. 더 경쟁력 있는 사람이 국민의힘 후보로 나오게 된다. 이재명 대표가 왜 역대 최약체 보수후보에게 패배했는지 되돌아봐야 한다. 그래야, 국민의힘 후보와 자웅을 겨뤄볼 수 있다.

## '중도를 배제하는' 진보 독자노선

핵심 변별점은 '중도'에 대한 입장 차이다. 두 가지 견해가 있다. 하나는 '중도를 배제하는' 진보 독자노선이다. 이들은 중도의 실체에 부정적이다. 다른 하나는 '중도를 포용하는' 진보노선, 진보-중도 연합노선이다.

논점을 명료하게 하기 위해, 중도를 배제하는 진보 독자노선의 특징을 먼저 정리해보자.

첫째, 이들은 중도는 허상이라고 본다. 이들의 발언 몇 개를 인용해보자.

"중도라는 개념은 보수 언론이 만든 프레임의 산물이다."(이

재명, 2017)<sup>*</sup>

"중도는 사회조사나 여론조사에만 존재하는 어떤 사회적인 환상이지 실제는 아니다."(이해영, 2017)<sup>**</sup>

"중도주의란 가치노선을 모호하게 만들고, 수구적 보수의 가치노선에 대해 선명한 경쟁구도를 형성하는 것을 두려워하는 경향을 말한다."(고원, 2015)<sup>***</sup>

"중도를 향한 기대와 열망은 어느 사회, 어느 시대나 강하다. 중도가 한쪽에 치우지지 않고 고질적인 갈등을 뛰어넘어 다수의 이익을 대변할 거라는 생각 때문이다. 이것은 환상에 가깝다."(박찬수, 2020)<sup>****</sup>

이처럼 진보 내부에서는 중도의 실체를 부정하거나, 중도를 경멸하는 입장을 가진 사람이 의외로 많다.

둘째, 진보 독자노선은 탄핵정치연합을 '촛불혁명'으로 해석한다. 이들은 탄핵을 대한민국을 확 바꿔줄 것으로 기대하는 혁명적 열정의 산물로 봤다. 그래서 '더 혁명적인' 법안을 많이 통과시키는 것이 탄핵을 계승하는 것이라 여겼다. 최저임금 1만 원 정책, 소득주도성장론, 종부세와 양도세를 왕창 올리는 정책,

---

<sup>*</sup> 이재명·서해성, 2017년, 《이재명의 굽은 팔: 굽은 세상을 펴는 이재명의 삶과 공부》, 김영사, 127쪽.

<sup>**</sup> 이재명·서해성, 위의 책, 127쪽.

<sup>***</sup> 고원, 〈'중도주의'와 '낡은 진보' 함께 극복해야 할 야권〉, 《오마이뉴스》, 2015년 8월 24일.

<sup>****</sup> 박찬수, 〈안철수의 '중도'는 왜 '보수'로 기울어지나〉, 《한겨레신문》, 2020년 9월 22일.

더 강력한 대출규제, 부자에게 세금을 더 많이 걷는 정책, 검찰개혁을 정권의 최우선 어젠다로 추진하는 것을 '촛불혁명'의 계승으로 생각했다.

셋째, 중도는 허상이기에 중도와 연합할 필요가 없다는 입장을 취한다. 진보를 최대로 결집하는 진보 독자노선이면 충분하다고 생각한다. 2022년 3월 대선 패배 이후, 민주당은 '검수완박법'을 통과시켰다. '지지층을 결집해야' 6월 지방선거에 유리하다고 봤다. 알다시피 6월 지방선거는 패배했다. 당시 검수완박법을 주도했던 사람들은 중도허상론+진보 최대 결집론의 논리를 잘 보여주는 사례다. 민주당의 고립을 주도하는 흐름들이다.

넷째, 중도가 허상인 것처럼, 수박은 타도할수록 좋다. '수박'은 친명 계열 열성 지지층이 자신들과 견해가 다른 비명(非明) 국회의원들에게 붙인 멸칭이다. 민주당 당색은 파란색이다. 국민의힘 당색은 빨간색이다. 수박은 겉은 파란색, 속은 빨간색을 상징한다. 당적은 민주당인데, 사고방식은 국민의힘 국회의원과 같다는 공격이다. 수박의 반대는 뭐가 있을까? 겉도 파랗고, 속도 파란 과일로는 멜론이 있다. 진보 독자노선은 '수박 타도! 순수 멜론당 노선!'으로 귀결된다.

정리하면, 중도를 배제하는 진보 독자노선은 ①중도를 허상으로 본다. ②탄핵정치연합은 촛불혁명이었다. 촛불혁명 정신을 실현하는 것은 '더 혁명적인' 정책을 추진하는 것이다. ③중도와 연합은 불필요하다. 진보층의 최대 결집이 중요하다. ④수박이 없는 순수한 멜론당을 추구한다.

문재인 정부도, 이재명 대표도 중도를 배제하는 진보 독자노선에 가까웠다. 2022년 대선, 윤석열 대통령의 당선은 문재인 정부의 오판과 이재명 대선 캠프의 오판이 결합된 합작품이었다.


## '중도를 포용하는' 진보-중도 연합노선

이와 대비되는 노선은 '중도를 포용하는' 진보-중도 연합노선이다. 사실 민주당 안에서 진보-중도 연합노선 같은 것은 없다. 지금 이 글을 쓰고 있는 최병천 개인의 주장일 뿐이다. 민주당 안에 중도 성향(?)의 국회의원들은 일부 있다. 그러나 중도-진보 입장을 '노선' 수준으로 주장하고, 실천하기 위해 노력하는 사람은 매우 드물다. 앞으로 최병천의 주장이 확산되어, 민주당 주류 노선으로 자리 잡기를 기대하면서 이 책을 썼다.

중도를 포용하는 진보-중도연합 노선은 네 가지 특징을 갖는다. 첫째, 중도는 실체가 있다고 본다. 중도의 실체는 크게 세 덩어리다. 소극적 지지층, 스윙 보터, 정치 저관여층이다. 이 중에서 정치 저관여층은 투표 불참 가능성이 높기에 덜 중요하다. 중도의 실체는 소극적 지지층과 스윙 보터다. 역대 선거는 이들에 의해 판세가 바뀌었다. 이들에 관해서는 책 전체에 걸쳐 자세히 다루고 있다.

둘째, 탄핵정치연합은 '촛불혁명'이 아니었다. 진보, 중도, 개혁보수 일부가 합류한 '촛불연합'이었다. 정치인으로 표현하면 안철수, 유승민, 이준석, 하태경 지지층이 합류한 연합이었다. 자세한 내용은 책의 4부에서 다룰 것이다. 한 가지 오해하지 않았으면 하는 점이 있다. 필자는 '중도층 지지'를 복원하기 위해 안철수, 유승민, 이준석, 하태경 같은 정치인을 다시 민주당이 품어 안아야 한다고 주장하는 것이 아니다. 중요한 것은 '정치인'이 아니라 '이들을 지지했던 유권자층'이 무엇을 원하는지 분석하고, 그들의 요구에 응답하는 것이다.

셋째, 진보만 최대 결집하면 패배할 가능성이 높다. 진보는 중도와 연합해야 한다. 연합하는 방법은 두 가지다. 과거 운동권식으로 표현하면, '통일전선'이다. 통일전선은 두 가지 방법이 있다. 하나는 상층 통일전선이다. 세력을 상징하는 인물 및 세력과 연합하는 방법이다. 후보 단일화와 연립정부, 정당통합이 대표적이다. 다른 하나는 하층 통일전선이다. 정책을 매개로 유권자를 직접 설득하는 방법이다. 2002년 대선 때 노무현 후보가 행정수도 이전 공약으로 충청권 표를 얻은 게 대표적이다. 2010년 지방선거 당시 무상급식을 통해 무당파 성향에 가까웠던 젊은 엄마들의 표를 결집한 것도 좋은 사례다.

넷째, 멜론＋수박 연합당 노선을 취한다. 멜론은 몸에 좋은 과일이다. 그러나 수박 역시 국민들이 사랑하는 여름 과일이다. 멜론은 영어로 Melon이다. 수박은 영어로 Water-melon이다. 멜론과 수박은 근본적으로 다르지 않다. '물 있는' 멜론이 수박이다. 멜론과 수박은 단결해야 한다.

1987년 민주화 이후 민주당은 세 번 집권했다. 김대중 정부,

노무현 정부, 문재인 정부다. 멜론＋수박 연합노선의 원조는 김대중 전 대통령과 노무현 전 대통령이다. 1997년 김대중 정부는 김종필과 단일화를 통해 집권했다. 김종필은 5·16 군사 쿠데타의 주역이었다. 박정희 정부의 핵심 2인자였다. 김대중 후보가 김종필과 DJP 연합을 하지 않았다면, 우리는 지금도 민주적 정권교체를 경험하지 못했을 것이다. DJP 연합은 '멜론＋수박 정치연합'의 모범 사례다. 2002년 노무현 후보도 정몽준과 단일화를 통해 집권했다. 노무현은 노동자를 위해 투쟁하며 감옥도 갔던 인권 변호사였다. 정몽준은 재벌 총수였다. 노동인권 변호사와 재벌 총수가 단일화했기에 노무현 후보가 당선될 수 있었다. 선거 전날 정몽준이 단일화를 번복하긴 했지만, 단일화의 효과 자체가 사라졌던 것은 아니었다. 역시 '멜론＋수박 정치연합'의 모범 사례라 할 수 있다.

예전에는 '회색주의자'라는 표현을 많이 썼다. 1980년대 학생운동의 압도적 다수가 사회주의를 추종하던 시기에, 사회주의 이론에 문제제기를 하면 회색주의자로 간주됐다. 유럽식 사회민주주의를 주장하면 배신자로 간주됐다. 나도 진보정당 시절에 유럽식 사회민주주의와 유럽식 복지국가를 주장한다는 이유로 배신자 취급을 당한 적이 있다. 네이버〈색채용어사전〉에서 '회색'을 검색해보면, 재밌는 표현이 나온다. "재의 빛깔과 같이 흰 빛을 띤 검은색. (…) 밝은 회색은 지성, 고급스러움, 효율성 등을 상징한다. 어두운 회색은 침울, 성숙, 진지함, 퇴색 등의 의미를 지닌다." 세상은 검정과 흰색, 두 가지로만 구성되어 있

표 1-1 중도에 대한 입장 차이: 진보 결집파 vs. 중도확장파

| 진보 독자노선 | 논점별 입장 | 진보-중도 연합노선 |
|---|---|---|
| 중도는 허상이다. | 중도의 실체적 존재 | 중도는 실체가 있다. |
| 촛불혁명 | 탄핵정치연합 입장 | 촛불연합 |
| 중도와 연합은 불필요하다.<br>진보만 최대 결집하면<br>충분하다. | 진보-중도 연합 | 진보는 중도와 연합해야 한다.<br>진보만 최대 결집하면<br>패배한다. |
| 수박 타도+순수 멜론당 | 멜론 / 수박 입장 | 멜론＋수박 연합당 |

지 않다. 세상을 검정과 흰색으로 나누는 이분법적 사고방식의 산물이 바로 '빨갱이 사냥'이다. 빨갱이 사냥과 수박 타도론은 철학적 원리가 같다. 이분법적 세계관은 이견(異見)을 '틀린 견해'로 간주하고, 물리력으로 제압하려 한다. 수박 타도론은 민주주의자의 사고방식과 근본적으로 대립한다. 위의 [표 1-1]은 지금까지의 논의를 한눈에 보기 쉽도록 정리한 것이다.

지금까지 한 이야기를 토대로, 우리는 실패에 관한 못다 한 평가를 해봐야 한다. 촛불연합은 왜 해체되었나? 행정부와 입법부를 동시에 잡았던 문재인 정부는 왜 정권을 내주게 되었나? 이재명 후보는 왜 '실언의 왕'이었던 윤석열 후보에게 패배했는가? 민주당의 학생운동 출신 86세대의 낡은 세계관이 문재인 정부와 이재명 대선 캠프에서 지배적인 사고방식이었기 때문이다.

2024년 다가오는 총선에서 민주당은 승리할 수 있을까? 2027년 대선에서 민주당은 다시 정권을 탈환할 수 있을까? 총선과 대선에서 민주당이 승리하려면, 중도의 실체를 제대로 이해하는 게 가장 중요하다. 그런데 '중도의 실체'를 제대로 이해

한다는 것은 민주당에 대한 그들의 불만이 무엇인지, 민주당의 약점이 무엇인지를 정직하게 마주하는 것과 같다.

그게 언제일지는 모르겠지만, 언젠가는 '민주당 4기 정부'가 만들어질 것이다. 민주당 4기 정부의 성공 여부는 핵심 플레이어들이 '중도를 포용하는' 진보노선을 정치적으로, 정책적으로 얼마나 내면화하고 준비했는지에 의해 결정될 것이다.

# 2장

# 국가보안법 폐지:
# 한나라당의 압승을 도와주다

선거는 '51%의 예술'이다. 진보 성향 정당은 진보+중도의 합계가 51%를 넘으면 승리한다. 보수 성향 정당은 보수+중도의 합계가 51%를 넘으면 승리한다. 진보 성향 정당이 '너무 진보적인' 정책을 추진할 경우, 중도가 떨어져 나간다. 결과적으로 보수의 승리를 도와주게 된다. 보수도 마찬가지다. '너무 보수적인' 정책으로 중도가 이탈할 경우, 결과적으로 진보의 승리를 도와주게 된다.

한국 정치사에서 진보가 '가슴이 너무 뜨거워져서' 상대방 선거운동을 도와준 대표 사례들이 있다. 2004년 국가보안법 폐지 이슈, 2018년 최저임금 1만 원 이슈, 2019~2021년에 걸친 종합부동산세와 양도소득세 이슈다. 반대로, 보수가 '가슴이 너무 뜨거워져서' 상대방 선거운동을 도와준 사례도 있다. 2010년 무상급식 이슈가 대표적이다. 2015년 유승민 원내대표 찍어내기,

2016년 4월 총선 직전 김무성의 옥새 파동 역시 보수가 진보의 총선 승리를 도와준 경우다.

## 민주화 세력이 행정부와 입법부를 동시에 장악하게 되면

2004년 국가보안법 폐지 이슈를 이야기하기 전에 먼저 당시 정치 상황을 이해할 필요가 있다. 2004년 4월 이전에는 민주당 계열 정당이 국회 과반을 차지한 적이 없었다. 김대중 대통령은 1997년 12월 대선에서 승리했다. 1998년 2월에 김대중 정부가 출범했다. 김대중 정부는 김종필과 협력해서 DJP 연합을 통해 집권했다. 김종필은 보수 성향이 강했다. 김대중 정부의 핵심 지지층이 개혁정책을 요구하면 김종필 때문에 어렵고, 국회 과반이 안 돼서 어렵다는 핑계를 댈 수 있었다. 실제로 일리 있는 핑계였다.

노무현 대통령은 2002년 12월 대선에서 승리해서, 2003년 2월에 출범했다. 출범 당시에는 '여소야대' 국회였다. 노무현 대통령이 속한 여당은 국회 과반이 안 됐다. 핵심 지지층이 개혁을 요구하면 국회 과반이 안 돼서 어렵다는 핑계를 댈 수 있었다. 실제로 일리 있는 핑계였다.

2004년 4월 총선을 앞두고, 당시 야당들은 노무현 대통령에 대한 탄핵소추안을 국회에서 통과시킨다. 3월 12일이었다.

탄핵 역풍 덕에 열린우리당은 17대 총선에서 압승했다. 열린우리당은 전체 의석 299석 중 152석을 차지했다. 민주노동당은 10석, 호남 기반 민주당이 9석을 차지했다. 모두 합하면 171석이다. 놀라운 의석 점유율이었다.

한국 정치사에서 2004년 총선은 민주화운동을 했던 민주파가 행정부와 입법부를 동시에 장악한 최초의 선거였다. 핵심 지지층의 개혁 열망은 강해졌다. 그 전에는 대통령에 당선됐어도 원내 과반이 아니었기에 '평계의 정치학'이 가능했지만 이제는 불가능해졌다.

2004년 정기국회에서 열린우리당은 4대 개혁 입법을 추진했다. 4대 개혁 입법은 언론법, 사립학교법, 과거사법, 국가보안법이었다. 다른 법안도 큰 논란이었지만, 국가보안법이 가장 큰 논란이 됐다.

'국가보안법' 이슈에 대한 입장은 크게 세 가지로 나뉜다. ①폐지 ②개정 ③유지다. 폐지론이 가장 진보적이고, 개정론이 그 다음 진보적이고, 유지론은 가장 보수적이다.

현재 민주당의 전신이었던 당시 열린우리당 당론은 '폐지'였다. '개정'은 요즘 유행하는 표현으로 치면 '수박들'이나 주장하는 것으로 치부됐다. 당시에는 이들을 '사쿠라'라고 불렀다. 폐지만이 참된 진보이고, 개정은 불의(不義)와 타협하는 것처럼 생각됐다. 당시 국회의원들과 한겨레신문과 경향신문 같은 진보언론도, 참여연대와 민변(민주사회를 위한 변호사 모임)같은 진보적 시민사회단체도 그랬다. 진보정당이었던 민주노동당도 개정은 안 된다는 입장이었다. 폐지는 너무 옳고, 너무 당연한 것이었다. 개정은 상상하기 어려운 것이었다. 의석수가 152석으로 원내 과반을 넘었기에 개정을 추진할 이유는 더더욱 없었다.

## '선명하고 진보적인' 고립 노선

[표 1-2]는 2004년 당시 국가보안법과 관련된 여론조사 결과다.* 7개 여론조사의 단순평균은 폐지론 21.7%, 개정론 61.8%, 유지론 14.8%다. 열린우리당과 민주노동당의 당론은 폐지였다. 국민의 21.7%만 지지하는 입장을 당론으로 결정하고 추진한 것이다. 결과적으로, 폐지를 찬성하지 않는 약 78%의 여론과 대결하는 입장이 됐다. 스스로 고립을 자초하는 정치 전략이었다.

당시 진보 성향의 법대 교수들은 형법에 간첩죄를 처벌하는 조항이 있으니, 국가보안법을 폐지해도 걱정할 필요가 없다는 기자회견을 하기도 했다. 국가보안법과 유사한 법안이 선진국에는 없다고도 주장했다.

그 모든 논리에도 불구하고 국가보안법 폐지를 지지하는 국민 여론은 21.7%였다. 진보 성향의 학자들과 진보적 열정을 간직한 진보 성향 정치인들은 국가보안법 폐지가 '정의를 실현하는 것'이라고 생각했다. 국가보안법 폐지는 물론, 국가보안법

---

* 국민일보, 〈보안법 유지여론 왜 높나…전문가 분석/불안감+경제난 상승작용〉, 2004년 9월 14일.

표 1-2 2004년 당시, 국가보안법 여론조사 결과 (단위: %)

| 조사 시기 | 조사기관 | 폐지 | 개정 | 현행 유지 |
|---|---|---|---|---|
| 9월 11일 | KSOI | 32.0 | 62.1 | - |
| 9월 11일 | KRS | 36.9 | 57.2 | - |
| 9월 7일 | R&R | 17.1 | 56.0 | 20.3 |
| 9월 6일 | 중앙일보 | 14.0 | 66.0 | - |
| 7월 27일 | KSOI | 33.0 | 57.0 | - |
| 5월 14일 | 한겨레 | 10.4 | 63.9 | 12.5 |
| 5월 2일 | KRC | 8.4 | 70.2 | 11.8 |
| 여론조사 평균값 | | 21.7 | 61.8 | 14.8 |

개정도 불의와 타협하는 것이라고 생각했다.

하지만 국민들의 생각은 달랐다. 국민들에게는 한국전쟁과 냉전, 군사적으로 대치했던 경험이 중요했다. 국가보안법 개정은 바람직하지만, 폐지는 안 된다고 생각했다. 국민 61.8%가 개정을 찬성했던 이유다.

당시 한나라당 박근혜 대표도 개정은 찬성했다. 제7조에 대해서는 말이다. 제7조는 찬양·고무를 다룬 조항인데, 포괄 범위가 매우 넓고 모호해서 표현의 자유와 사상의 자유를 침해한다는 비판이 강했다. 당시 열린우리당과 민주노동당은 한나라당과 박근혜 대표가 개정 입장을 취했기에 더욱 폐지 입장을 고수했다. 그래야만 '정치적 차별화'가 가능해지기 때문이다.

국가보안법은 첨예하게 대립되는 사안이었다. (현재 국민의힘 계열 정당인) 당시 한나라당은 국가보안법 폐지에 완강하게 반대했다. 당시 국회 법제사법위원회 위원장은 한나라당 김기춘 의원이었다. 김기춘 의원은 박정희 정부 시절 유신헌법에도 관여했던 강경우파의 상징적인 존재다. 이후 박근혜 정부 시절 청와대 비서실장을 하기도 했다. 김기춘 위원장과 한나라당 의원들은 법사위 회의장을 내부에서 봉쇄했다. 문을 걸어 잠그고, 며칠간 그 안에서 생활했다. 바리케이드를 돌파하려는 시위대처럼, 그해 가을과 겨울 내내 국회는 몸싸움을 반복했다.

국가보안법으로 구속된 사람의 약 90%는 제7조의 이적표현물 조항 때문이다. 열린우리당이 박근혜 대표의 제안을 수용해서 제7조 개정을 합의 처리했다면, 국가보안법의 역기능은 상당 부분 사라졌을 것이다. 국가보안법 자체가 사문화(死文化)되었을 가능성도 높다. 그러나 당시 열린우리당 국회의원들은 그런 선택을 하지 않았다.

왜 그랬을까? 두 가지 이유 때문이었을 것이다. 첫째, 자신들만 옳고, 다른 사람들의 주장은 틀린 주장이라고 생각했다. 오직 폐지만 정의(正義)를 실현하는 것이고, 개정은 불의라고 생각했다. 둘째, 한나라당과의 정치적 차별화가 더욱 중요하다고 봤다. 한나라당이 개정을 찬성하고 있기에 더욱 폐지를 주장했다. 결과적으로, 차별화에 눈이 멀어 정치적 고립과 소수파 노선을 자초했다. 결국, 국가보안법 폐지는 실패했다. 개정도 실패했다. 국가보안법은 한 글자도 고치지 못했다.

## 국가보안법 폐지 투쟁의 실천적 귀결:
## 한나라당과 오세훈의 압승

2006년 5월 31일, 지방선거가 있었다. 열린우리당은 16개 광역단체장 중 15곳에서 패배했다. 당시 서울시장 투표 결과가 흥미롭다. 한나라당 후보는 오세훈, 열린우리당 후보는 강금실이었다. 오세훈 후보의 압승이었다. 흥미로운 것은 국가보안법 폐지 대 개정의 여론 비율과 서울시장 후보였던 오세훈 대 강금실의 득표율 비율이 매우 흡사했다는 점이다. 최종 득표율은 오세훈 61%, 강금실 27%였다. 국가보안법 개정 찬성은 62%였고, 폐지는 22%였다.

열린우리당 강금실 후보의 패배 원인을 한 가지로 단정할 수는 없다. 그러나 결과적으로 2004년 열린우리당의 국가보안법 폐지 투쟁은 '한나라당 선거운동을 도와준 것'으로 귀결됐다. 당시 노무현 정부, 열린우리당, 민주노동당, 진보 언론, 진보계열 시민사회단체, 진보계열 노동조합이 다함께 혼신의 힘을 다해서 한나라당을 도운 것이다.

이때 국가보안법 폐지를 주장했던 진보계열 시민사회단체들과 2018년 최저임금 1만 원의 조속한 실현을 주장했던 단체들은 대체로 일치한다. 가슴이 너무 뜨거운 것도, 실수의 내용, 실수의 결과도 비슷하다. 견해의 다름을 '불의한' 주장으로 간주한 것, 정치적 차별화를 위해 '선명한 진보'에 집착했던 패턴도 동일했다.

## 의도의 진보성 vs. 결과의 진보성

　정치는 다중주체 간에 벌어지는 집합적 행위다. 나와 상대방만 있는 게 아니다. 다양한 스펙트럼을 갖는 중간지대 유권자들이 존재한다. 정치적 행위자들은 항상 중간지대 유권자들이 어떻게 생각하는지까지를 고민하면서 행동해야 한다. '내 가슴의 뜨거움'만 중시하면, 의도가 진보적이어도 보수적 결과로 귀결될 수 있다. 앞서 말한 국가보안법 폐지 투쟁이 대표적인 사례다.

　독일의 사회학자 막스 베버는《소명으로서의 정치》에서 정치인의 덕목을 신념윤리와 책임윤리로 구분한다. 신념윤리는 정치인이 추구하는 이상을 의미한다. 책임윤리는 결과까지를 고려한 정치적 책임성이다. 신념윤리는 의도의 진보성, 책임윤리는 결과의 진보성으로 표현할 수 있겠다.

　진보적인 '의도'를 가진 것과 진보적인 '결과'를 만들어내는 것은 다르다. 국가보안법에 대한 입장은 폐지, 개정, 유지 세 가지였다. 폐지가 가장 진보적이고, 개정이 그 다음 진보적, 유지가 가장 보수적이다. 국가보안법 폐지는 얼핏 보면 가장 진보적인 주장인 것처럼 보인다. 그러나 당시 폐지 찬성 여론은 21.7%에 불과했다. 약 80%의 국민이 반대한 폐지론은 결과적으로 유지론과 같았다. 비록 의도한 것은 아니었지만, 국가보안법 폐지 투쟁은 결과적으로 '한나라당 재집권'을 가장 강하게 도와준 정책이었다. 의도의 진보성과 결과의 진보성은 완전히 다른 것이다.

## 정치는 '다수의 주관과 소통하는' 커뮤니케이션 산업

국가보안법 폐지 논란이 뜨겁던 시절, 나 역시도 국가보안법 폐지론자였다. 당시 나는 민주노동당 원내 당직자였다. 민주당으로 비유하면 원내대표실과 비슷한 곳에 있었다. 나는 그때나 지금이나 북한 체제에 매우 비판적인 입장을 갖고 있었고, 유럽식 사회민주주의와 유럽식 복지국가를 지향하고 있었다. 형법에는 간첩죄가 있기에, 국가보안법을 폐지해도 북한과 연계된 간첩은 잡을 수 있다고 생각했다.

국가보안법 폐지 논란은 나에게 '정치란 무엇인지'에 대한 입장을 바꾸는 계기가 됐다. 나는 내 생각을 복기(復棋)했다. 왜 우리의 실천은 한나라당 재집권을 도와주는 것으로 귀결된 것일까? 내 판단은 도대체 뭐가 틀렸던 것일까?

내가 내린 결론은 '정치에 대한 나의 이해'가 틀렸다는 것이다. 나 역시도 사회운동을 통해 정치를 처음 접했다. 진보 쪽의 압도적 다수는 학생운동, 시민운동을 통해 정치를 접했다. 나는, 우리는, 정치를 '옳고 그름을 실천하는 공간'으로 생각했다. 학문적 진리, 객관적 진리를 실천하는 것으로 이해했다. 그러나 이는 절반은 맞고, 절반은 틀린 생각이었다.

정치는 '다수의 주관과 소통하는 커뮤니케이션 산업'이다. 여기서 가장 중요한 것은 '다수의 주관'이라는 개념이다. 객관적 진리와 학문적 진리를 관철한다고 생각해선 안 된다. 다수의 주관이라는 개념은 한 명 한 명의 주관적 판단을 소중하게 생각해야 한다는 의미다.

　예를 들어, 정치적 공론장에서 국민의 85%가 '최병천 돼지'라고 생각한다고 가정해보자. 나는 엄연한 사람이다. 그런데도 정치적으로 논란이 됐다고 가정해보자. 이 경우, 나는 어떻게 해야 하는 게 바람직할까? 나는 돼지가 아니라 사람임을 입증하는 정치적 실천을 해야 한다. 의사의 진술도 수집하고, 생물학자와 동물학자의 증언도 활용하고, 우리 가족들의 증언도 활용해야 한다. 다양한 통계와 데이터, 증언들을 통해서 '최병천은 사람이다'라는 것을 입증하는 실천을 해야 한다. 그런데 이 모든 실천을 충분히 전개했음에도 여전히 국민들의 60%가 '최병천은 돼지'라고 생각한다면 어떻게 해야 할까? 이 경우, 최소한 '정치적으로는' 최병천이 돼지임을 일단 인정할 필요가 있다. 그 순간, 나와 우리 진영이 해야 하는 최선의 선택은 다수의 주관을 있는 그대로 인정하고, 퇴각하는 것이다.

　정치를 하다 보면, 언론의 과장된 프레임에 의해서 공격받는 경우가 비일비재하다. 이 경우, 사죄 및 사퇴하는 경우가 일반적이다. 실제로 잘못해서 그런 경우도 많지만, 과장된 프레임에 걸려든 경우도 많다. 잘못은 50만큼 했는데, 500만큼 두들겨 맞는 경우도 비일비재하다. 그런데 우리는 인정해야 한다. '정치라는 공간'은 원래 그런 공간임을. 학문적 진리와 객관적 진리를 구현하는 공간이 아니라 '다수의 주관과 소통하는' 커뮤니케이션 산업이라는 것을. 2004년 국가보안법 폐지 논란을 통해 내가 배운 교훈이었다.

# 3장

# 최저임금 1만 원:
# 촛불연합의 1차 이탈

　가슴이 너무 뜨거워서 상대방 선거운동을 도와준 또 다른 사례는 최저임금 1만 원 이슈다. 2017년 5월, 문재인 대통령이 제19대 대통령으로 취임했다. 대선후보 시절 대표 공약은 2020년까지 최저임금을 시급 1만 원으로 올리는 것이었다. 2017년 당시 최저시급은 6,470원이었다. 2020년까지 1만 원을 달성하려면 연평균 15.7%를 3년 연속으로 올려야 한다. 우리나라 경제성장률은 연평균 2~3%에 불과하다. 적정 수준에서 최저임금을 인상하는 것은 저임금 노동자들의 처우 개선에 도움이 된다. 그러나 경제성장률을 지나치게 상회하는 수준으로 최저임금을 급진적으로 인상하는 건 다른 문제다. 당연히 부작용이 있을 수밖에 없다.

표 1-3 최저임금 인상률과 경제성장률(+소비자물가)의 관계

| 구분 | 최저임금 인상률 [A] | 경제성장률+물가 상승률 [B] | 격차 (A-B, %p) | 명목 성장률 대비 최저임금 인상률 (배율) |
|---|---|---|---|---|
| 2018년 인상 | 16.4% | 4.2% | 12.2%p | 3.9배 |
| 2019년 인상 | 10.9% | 2.4% | 8.5%p | 4.5배 |
| 2년 합계 | 29.1% | 6.6% | 22.5%p | 4.4배 |

[표 1-3]은 2018~2019년 최저임금 인상률과 명목 성장률의 관계를 보여준다. 2018년도 최저임금 인상률은 16.4%, 2019년도는 10.9%였다. 2년 합계 최저임금 인상률은 29.1%였고, 같은 기간 경제성장률과 물가 상승률 합계(=명목 성장률)는 6.6%였다. 배율로 표현하면 최저임금 인상률이 4.4배 더 많았다.

최저임금 인상 논란 당시 한국의 진보계열 경제학자들과 지식인들, 언론들은 최저임금 인상률을 경제성장률의 4~5배로 올려도 부작용이 없을 거라고 주장했다. 그러나 선진국 중에서 명목 경제성장률의 4~5배 수준으로 최저임금을 급격하게 인상하는 나라는 없다. 너무 당연한 이유지만 부작용이 발생하기 때문이다.

결론부터 말하자면, 최저임금 1만 원 정책은 '정책적으로' 과도했고, '정치적으로' 부적절했다. 정책적으로는 더 힘없는 약자들이 피해를 봤다. 정치적으로는 '촛불연합'을 해체시키는 데 기여했다. 이하에서는 그 각각의 내용을 구체적으로 알아볼 것이다.

표 1-4 1991~2020년 전년 대비 취업자 증감 (단위: 만 명)

| 연도 | 1991년 | 1992년 | 1993년 | 1994년 | 1995년 |
|---|---|---|---|---|---|
| 취업자 증감 | 56.4 | 36.0 | 22.5 | 61.4 | 56.6 |
| 연도 | 1996년 | 1997년 | 1998년 | 1999년 | 2000년 |
| 취업자 증감 | 43.9 | 36.1 | -127.6 | 35.3 | 88.2 |
| 연도 | 2001년 | 2002년 | 2003년 | 2004년 | 2005년 |
| 취업자 증감 | 44.1 | 61.8 | -1.0 | 46.0 | 14.9 |
| 연도 | 2006년 | 2007년 | 2008년 | 2009년 | 2010년 |
| 취업자 증감 | 35.7 | 37.3 | 21.4 | -8.7 | 34.5 |
| 연도 | 2011년 | 2012년 | 2013년 | 2014년 | 2015년 |
| 취업자 증감 | 49.4 | 42.8 | 34.5 | 59.8 | 28.1 |
| 연도 | 2016년 | 2017년 | 2018년 | 2019년 | 2020년 |
| 취업자 증감 | 23.1 | 31.6 | 9.7 | 30.1 | - 21.8 |

## 정책적 부작용: 고용 쇼크

정책적 부작용을 보여주는 지표는 크게 두 가지가 있다. 하나는 고용 쇼크 지표다. 통계청이 매월 발표하는 〈고용동향〉을 통해 알 수 있다. 다른 하나는 분배 쇼크 지표다. 분배 쇼크는 불평등의 악화를 의미한다. 이중에서 고용 쇼크에 국한해서 살펴보자.

결론부터 말하면, 취업자 증가 규모가 과거에 비해 1/4 수준으로 줄었다. [표 1-4]는 1991년부터 2020년까지 30년 동안의 취업자 증감 데이터다.* 30년간 취업자가 마이너스가 된 경우는

---

\* 최병천, 2022년, 《좋은 불평등》, 메디치미디어, 180쪽 재인용.

표 1-5 역대 정부 취업자 증감 (통계청)

| 구분 | 경제 위기 제외(연평균) [A] | 경제 위기 포함(연평균) [B] |
|---|---|---|
| 김영삼 정부 (1993~1997) | 44.1만 명 | - |
| 김대중 정부 (1998~2002) | 57.3만 명 | 20.3만 명 |
| 노무현 정부 (2003~2007) | 33.5만 명 | 26.6만 명 |
| 이명박 정부 (2008~2012) | 37.0만 명 | 27.9만 명 |
| 박근혜 정부 (2013~2017) | 35.4만 명 | - |
| 문재인 정부 (2018~2020) | 19.9만 명 | 6.0만 명 |
| 1991~2020년 (30년 기간) | 40.0만 명 (26년 평균) | 29.4만 명 (30년 평균) |

1998년, 2003년, 2009년, 2020년, 딱 4번이다. 이 네 연도는 경제 위기가 있었던 해다. 1998년은 IMF 외환위기 이후, 2003년은 카드대란 사태 이후, 2009년은 글로벌 금융위기 직후다. 그리고 2020년은 코로나19 위기가 터진 당해 연도다. 이때는 모두 일자리가 마이너스가 됐다.

우리가 주목할 것은 2018년이다. 2018년은 최저임금 논란이 발생한 첫해 연도다. 이 해에 취업자는 9만 7천 명 증가했다. 2018년은 30년을 통틀어서 경제 위기가 없는데 취업자 증가 규모가 10만 명 미만이 됐던 '유일한' 해다.

같은 내용을 정부별로 분류해보면, 더 선명하게 비교된다. [표 1-5]를 보자. '경제 위기를 포함한' 30년간, 취업자 증감 규모

(B)는 연평균 29만 4천 명씩 늘어났다. 경제 위기가 있었던 4개 연도를 포함한 30년 평균이다. '경제 위기를 제외한' 26년치간 취업자 증감 규모(A)는 연평균 40만 명씩 늘어났다. 2018년의 경우, 취업자가 9만 7천 명 늘어났다. '경제 위기를 포함하면' 1/3로 줄었다. '경제 위기를 제외하면' 1/4로 줄었다. 고용 쇼크였다.

2019년 문재인 정부는 최저임금을 10.9% 인상했다. 그리고 2018년 고용 쇼크를 겪으며 고용안정지원금, 어르신 일자리 대폭 상향, 근로장려금(EITC) 대폭 확대 등 대규모 재정투입을 통해 고용 쇼크를 '완화하는' 조치들을 취한다. 2019년 취업 증감률이 2018년에 비해 줄어든 이유다.


## 정치적 부작용: 촛불연합의 1차 이탈

문재인 정부 기간 동안 전체 여론조사 흐름을 보면, 촛불연합은 3단계로 해체됐다. 1단계 소득주도성장론 논란, 2단계 조국 논란, 3단계 부동산 논란이 그것이다.

촛불연합의 1차 이탈을 촉진한 정책은 '최저임금 1만 원' 혹은 '소득주도성장론 논란'(이하 소주성 논란)이었다. 이 두 가지 정책 논란은 특히 한국의 경제성장 과정에서 수출 중심 산업화 노선의 지역적 거점이었던 부산-울산-경남(이하 부울경) 지역이 촛불연합에서 이탈하는 데 결정적 역할을 했다.

국정농단에 따른 박근혜 전 대통령 탄핵은 민주당 지지층

만의 힘으로 이룬 게 아니었다. 절차적으로, 대통령 탄핵은 2단계를 거친다. 먼저, 국회의원 2/3가 찬성해야 한다. 다음으로, 헌법재판소에서 재판관 9명 중 6명 이상이 찬성해야 한다.

국회에서 탄핵이 가결된 날은 2016년 12월 9일이다. 한국갤럽 12월 2주차 조사에 의하면, 탄핵 찬성은 81%, 반대는 14%였다. 모름/응답 거절은 5%였다. 헌법재판소 인용은 2017년 3월 10일이다. 한국갤럽 3월 1주차 조사에 의하면, 찬성 77%, 반대 18%, 모름/응답 거절이 5%였다. 특히 부울경 여론이 중요했다. 3월 1주차, 헌법재판소에서 탄핵이 인용될 때 부울경 여론은 탄핵 찬성 75%, 탄핵 반대 21%, 모름/응답 거절이 4%였다. 탄핵 정치연합이었다.

탄핵정치연합은 중도 및 개혁보수 유권자도 동참했기에 가능했다. 지역으로 보면, 특히 부울경 합류가 중요했다. 2018년 1월부터 최저임금 16.4% 인상이 적용됐다. 3월경부터 부정적인 통계가 뚜렷해졌다. 고용은 줄고, 불평등은 오히려 커졌다. 통계가 발표될 때마다 언론은 크게 보도했다. 여론은 악화됐다.

2018년 1월부터 최저임금 16.4% 인상→매월 고용통계 발표→언론의 부정적 보도→분기별 소득분배 통계 발표→언론의 부정적 보도→비판 여론의 확산 경로를 거치게 된다. 문재인 정부는 '통계 발표를 두려워하는' 정부가 됐다. 정책적 부작용은 결국 정치적 지지 철회로 연결됐다. 최저임금 부작용과 소득주도성장론을 둘러싼 논란이 가열되자 부울경 민심이 이탈하기 시작했다.

## 2018년 최저임금 및 소주성 논란: 부울경의 민심 이반을 촉진하다

최저임금 1만 원은 듣기에 좋은 구호다. '단돈 1만 원'은 직관적 호소력을 가졌다. 저임금 노동자의 처우 개선이라는 대의명분도 있었다. 유권자의 상당 부분은 노동자 혹은 청년이다. 당연히 여론의 반응도 좋을 수밖에 없었다. 한국갤럽 2017년 7월 3주차 기준, 최저임금 대폭 인상에 대한 여론은 대체로 긍정적이었다. 우리나라 경제에 미치는 영향에 대해 긍정 45%, 부정 28%였다.[*] 긍정 여론이 과반에 근접했다.

하지만 경제적 부작용이 발생하자, 여론도 덩달아 변했다. 한국갤럽 2019년 1월 3주차 조사는 여론의 변심을 잘 보여준다. 긍정 영향은 24%, 부정 영향은 52%로 바뀌었다.[**]

2017년 7월과 2019년 1월을 비교하면, 긍정 평가는 21%포인트 줄었다. 부정적 평가는 24%포인트 증가했다. 정책적으로 부작용이 있는 경우 반드시 정치 여론도 악화된다. 정치에서는 여론도 중요하다. 그러나, 여론이 경제학을 대신할 수는 없다.

탄핵 사건의 전초전은 2016년 총선이었다. 부울경 민심이 현재 국민의힘(당시 새누리당)에 대해 비판적으로 돌아섰다. 2016년 이후 부울경은 전국 여론의 '선행 지표' 역할을 했다.

2018년 6월 2주차 문재인 대통령의 국정운영 평가는 전국

---

[*]   한국갤럽 데일리 오피니언 제268호(2017년 7월 3주)
[**]  한국갤럽 데일리 오피니언 제338호(2019년 1월 3주)

과 부울경 모두 긍정이 압도적으로 높았다. 전국은 긍정 79%, 부정 12%, 부울경은 긍정 76%, 부정 14%였다.[*]

2018년 여름을 지나며 최저임금 인상 논란과 소주성 논란이 본격화됐다. 주 52시간제도 본격 실시됐다. 부정적 통계가 연이어 발표되고, 여론은 악화됐다. 2018년 11월 3주차를 분기점으로 긍정/부정 여론은 뒤집어진다. 2018년 11월 3주차 문재인 대통령의 직무평가 여론이 분기점이었다. 전국은 긍정 52%, 부정 40%였다. 부울경의 경우 긍정 46%, 부정 49%로 역전됐다.[**] 긍정 여론이 더 높았던 부울경에서 부정 여론이 더 많아진 최초의 시점이었다. 한국갤럽 조사는 긍정 평가와 부정 평가의 이유를 주관식으로 물었다. ①경제/민생 문제 해결 부족(44%) ②대북관계/친북 성향(21%) ③최저임금 인상(3%) ④일자리 문제/고용 부족(3%) ⑤전반적으로 부족하다(3%)는 결과가 나왔다. ①, ③, ④번 답변이 모두 경제/민생/고용을 부정적으로 평가하는 이유로 꼽았다.

여기서 재밌는 지점은 왜 다른 지역보다 부울경 민심이 '먼저' 이탈했는지다. 이를 알려면, 부울경 지역이 갖는 정치-경제적 역사성을 이해할 필요가 있다.

[*] 한국갤럽 데일리 오피니언 제310호(2018년 6월 2주)
[**] 한국갤럽 데일리 오피니언 제331호(2018년 11월 3주)

## 부울경의 역사적 특징과 촛불연합의 1단계 해체

2016년 4월 총선부터 2021년 하반기까지 한국 정치에서 가장 중요한 관전 포인트는 '보수의 분열'이었다. 한국 보수는 '권위주의에 비판적인' 보수와 '권위주의를 옹호했던' 보수로 나눌수 있다. 전자는 부울경 보수, 후자는 대구경북 보수다. 탄핵 촛불연합은 권위주의에 비판적인 DNA를 갖고 있는 부울경 보수가 국민의힘 계열에서 이탈한 사건이었다. 하지만 최저임금 급등과 소주성 정책은 정치적으로 봤을 때 결국 부울경을 국민의힘 계열로 다시 내쫓은 것으로 귀결됐다.

한국 정치사와 한국 경제사를 고려할 때, 부울경은 네 가지 특징을 간직하고 있다.

첫째, 부울경은 민주화운동의 한 축이었다. 4·19 운동의 도화선은 김주열 열사의 시신이 마산 앞바다에서 발견된 것이다. 1987년 6월 항쟁의 도화선이 됐던 사건은 물고문으로 인한 박종철 열사의 죽음이었다. 한국 민주화운동의 한 축은 김영삼 대통령이다. 부울경 지역은 3·15 부정선거 규탄, 1979년 부마항쟁, 1987년 6월 항쟁에 이르기까지 한국 민주화운동의 중요 국면에서 결정적인 역할을 했다. 즉, '권위주의와 맞서 싸운' DNA가 살아있던 곳이다.

둘째, 부울경은 정치인 김영삼이 1990년 '3당 합당'에 합류하면서 보수대연합에 합류한 곳이다. 부울경은 보수성을 간직한 지역이다. 셋째, 부울경은 노동운동이 가장 활발했던 지역이다. 1987년 789월 노동자 대투쟁의 진원지는 울산이었다. 진보 정당은 부산-울산-경남 지역을 '영남 진보 벨트'라고 표현했다. 이렇게 부울경은 한국 제조업의 중심 지역인 동시에 노동운동이 가장 활발한 지역이었다. 소득주도성장론은 노동운동과 연대하는 '노동친화적' 성장 전략의 일환이었다. 노동운동이 활발한 영남 지역의 특수성을 반영한 것이다.

넷째, 부울경은 박정희식 경제성장의 혜택을 가장 많이 본 지역이다. 문재인 정부가 근본적으로 간과한 특징이 바로 이 지점이다. 박정희식 경제성장은 정책적인 차원에서 보면 수출중심 산업화 노선이었고, 지역적으로 보면 '부울경을 거점으로 하는' 산업화였다. 박정희 정부는 왜 호남과 충청을 산업화의 거점으로 삼지 않고 부울경을 산업화의 거점으로 삼았을까? 그 이유는 간단하다. 한국의 경제성장 방식이 일본에서 장비와 부품을 조달해서, 한국에서 조립 및 가공을 하고, 미국과 일본에 수출하는 방식이었기 때문이다. 국제 분업 구조와 물류비용 측면으로 봤을 때 부울경을 거점으로 삼는 것이 경제학적으로 가장 '합리적인' 전략이었다.

우리는 앞서 살펴본 부울경 지역의 네 가지 특징을 통합적으로 이해할 필요가 있다. 부울경은 권위주의에 비판적인 지역이되, 보수적인 곳이다. 박정희식 경제성장 모델에 맞서는 저항의 거점이지만 동시에 최대 수혜지역이기도 하다.

박정희식 경제성장론의 요체는 ①외자동원 ②불균형 발전 ③수출중심 산업화 ④대기업 및 중화학공업 중심 산업화 ⑤낙수효과 ⑥국제적인 가격경쟁력 유지를 위한 임금억제 ⑦노동 3권 탄압이었다. 소득주도성장론은 박정희식 경제성장에 대한 '안티테제'였다. ①내자동원 ②균형발전 ③내수주도 경제 ④중소기업 중심 경제 ⑤분수효과 ⑥대폭적인 임금인상 ⑦노동3권의 대폭 인정 및 노동존중 사회 실현이었다.

　세계가 한국에 대해 가장 부러워하는 것은 K-pop이 아니다. '한국형 경제기적'이다. 한국형 경제기적은 세계가 가장 부러워하는 K-콘텐츠의 진짜 핵심이다. 한국형 경제기적은 여러 가지 요인이 복합적으로 작용했다. 냉전, 농지개혁, 지정학, 지경학적 요인 등이 모두 작용했다. 그렇더라도 한국형 경제기적은 박정희식 경제성장 모델을 제외하고는 설명이 불가능하다. 물론 박정희식 경제성장은 '빛과 그림자'가 있다. 빛과 그림자 비율이 6 대 4였다면, 문재인 정부의 경제정책은 빛은 더욱 빛나게, 그림자는 줄이는 정책이었어야 했다.

　그러나 소득주도성장론은 박정희식 성장모델의 정반대 방향을 대안으로 상정하고 있었다. 1960~1970년대 박정희식 성장 모델에 맞서는 진보의 대안담론은 '민족경제론'이었다. 정책적 내용은 소득주도성장론과 대체로 비슷했는데, 공통적으로 ①내수주도 경제 ②중소기업 중심 경제 ③분수효과 ④대폭적인 임금인상을 경제성장의 원동력으로 가정하고 있다.

　민족경제론은 1960년대 식민지의 경험이 있는 제3세계의 '주류 이론'이었다. 박정희식 경제성장 모델이 오히려 이단(異端)적 정책 실험이었다. 제3세계 국가 중에서 박정희식 경제성장과 유사한 모델을 채택한 나라는 한국을 제외하면 대만, 홍콩, 싱가포르뿐이었다. 하버드 대학교의 에즈라 보겔(Ezra Feivel Vogel) 교수는 이들 나라들에 대해 '아시아의 네 마리 용'이라는 호칭을 붙여줬다. 민족경제론을 채택했던 인도를 포함한 대부분의 동남아시아 국가들은 산업화에 성공하지 못했다. 민족경제론과 유사한 종속이론을 채택했던 남미의 국가들도 경제적 성과가 좋지 못했다. 반면, 박정희식 경제성장과 유사한 모델을 채택한 동아시아 4개국은 장기간에 걸친 고도성장에 성공했다.

부울경은 박정희식 경제성장의 메커니즘을 한평생 경험하고, 몸으로 터득하고 있는 곳이다. 소득주도성장론과 그 연장선상에서 나온 최저임금의 급등, 넓게 보면 주 52시간제의 무리한 추진을 보면서 이들은 문재인 정부에 대한 지지를 철회하기 시작했다. 그리고 민주당과 문재인 정부를 '합리적' 진보세력이 아니라 '이념 편향적'인 세력으로, 민주당을 '민주노총당' 쯤으로 인식하기 시작했다.

앞서 살폈듯 부울경은 민주화운동의 한 축이었다. 1990년 3당 합당 이후 보수에 합류했지만 2009년 5월 노무현 대통령의 서거를 접하며 미안한 마음을 갖게 됐다. 그리고 박근혜 정부의 권위주의적인 행태를 접하며 민주당에 부분적으로 합류했다. 2016년 총선에서 민주당이 부울경에서 선전했던 이유였다. 또, 2016~2017년에는 박근혜 대통령을 탄핵하는 데 원동력이 되어주었다. '권위주의에 비판적인' 보수였던 부울경 보수가 국민의힘 계열(당시는 새누리당)에서 떨어져 나온 사건이 바로 탄핵 촛불연합이었다. 1990년 3당 합당 이후 무려 26년 만에 크게 마음 먹고 한 다른 선택이었다.

하지만 '지나치게 진보적인' 소주성 정책은 조심스럽게 민주당을 찍은 부울경 유권자들을 다시 국민의힘 계열로 되돌려보냈다. 이렇게 민주당은 부울경을 품을 수 있는 역사적인 '기회의 창'을 스스로 닫아버렸다. 매우 안타까운 일이었다.

## 최저임금 1만 원 정책 실험의 정치적 교훈

바둑의 고수일수록 복기를 중시 여긴다. 한 수 한 수 순서대로 기억을 더듬으며, 어디에서 실수했는지를 되짚어보는 것이다. 모든 정책은 실수할 수 있다. 좋은 취지로 추진했지만 부작용이 더 클 수도 있다. 중요한 것은 실수에서 배우는 것이다. 그래야 더 유능해질 수 있다. 그러자면, 먼저 실수를 인정해야 한다. 실수와 오류를 인정하지 않으면, 우리는 실수에서 배울 수도 없다.

문재인 대통령과 대통령을 모시는 정무참모들은 왜 최저임금 1만 원 정책을 대선공약으로, 그리고 국정 과제로 채택했을까? 그 이유를 짐작하는 것은 크게 어렵지 않다. 세 가지 판단이 작용했을 것이다. 첫째, 드디어 '진보적' 경제정책을 실현한다고 생각했을 것이다. 노무현 정부 때는 '왼쪽 깜빡이 켜고 오른쪽으로 간다'는 비아냥을 들었다. 한미 FTA가 대표적이었다. '관료들에게 포획되었다'라는 비판도 유행했다. 소득주도성장론은 한두 명의 정책참모가 추진한 정책이 아니었다. 한국 진보세력 대부분이 합의하고 있던 내용이었다. 둘째, 노동 표와 청년 표를 얻는 데 도움이 된다고 생각했을 것이다. 소위 정무적 판단이 작용했다는 뜻이다. 셋째, 여론조사를 보면 실제로 이 정책을 긍정적으로 보는 여론이 더 많았다. 이런 점을 고려하면서 최저임금 1만 원과 소주성 논란이 우리에게 주는 교훈을 정리해보자.

첫째, 정책은 여론조사만 고려해서는 안 된다. 최저임금 1만 원보다 최저임금 2만 원이 더 화끈한 정책이다. 2만 원보다 3만 원이 더 화끈하다. 그러나 여론이 더 높다고 쉽게 채택해서는 안 된다. '경제학적 정합성'을 고려해야 한다.

정책은 선거의 원리를 내재하고 있기에, 유권자와의 커뮤니케이션이 중요하다. 그 연장에서 '정책의 가시성'이 중요하다. 그러나 '정책의 정합성' 역시 중요하게 여겨야 한다. 정합성이 왜 중요한가? 정책적으로 부작용이 발생하는 것은 정치적으로도 부작용이 발생하는 게 일반적이다. 또한, 정치를 하고 정책을 집행하는 궁극적인 목표는 '더 좋은 세상'을 만들기 위해서다.

둘째, 정책 생태계의 '정치적 오염' 가능성이다. 근대 경제학의 창시자인 애덤 스미스(Adam Smith)는 각 개인의 이기심이 우리를 더욱 풍요롭게 만든다고 갈파했다. 경제학 교과서는 기업가를 '이윤 극대화'를 추구하는 주체로 가정한다. 같은 원리를 적용하면, 정치인이 '당선 극대화'를 추구하는 것은 인지상정이다. 정치인은 표를 추구한다. 학문의 세계에서는 옳고/그름의 시시비비(是是非非)가 중요하다. 정치의 세계에서는 유/불리의 득실이 중요하다.

일반적으로 정치 집단은 '득표 중심' 사고를 한다. 정책적 정합성에는 상대적으로 둔감하다. 이를 필터링해주는 역할을 전문가 집단이 해줘야 한다. 그러나 실제로는 전문가 집단도 정치인들과 유사하게 움직이고 있는 것이 현실이다. 그 이유를 추론하는 것도 어렵지 않다. 정치적 줄서기, 이념적 편향, 진영론적 사고방식 때문이다. 2004년 국가보안법 폐지 논란, 세금폭탄 수준의 종부세와 양도세, 2018년 최저임금 1만 원 논란의 반복 양상은 모두 '진보적 정책생태계,' 즉 진보계열 학자들, 진보계열 언론, 진보적 시민사회들의 집단지성이 집단오류를 일으켰던 정책 사례들이다.

개인적으로, 경제성장률이 2~3%인 나라에서 최저임금을 약 16%씩 3년 연속 인상해도 아무런 부작용이 없다고 강변하는 진보 성향 경제학자들을 접하며 큰 충격을 받았다. 최저임금 급등의 부작용을 공개적으로 비판하는 진보 경제학자들은 한 명도 접하지 못했다.

물론 보수 진영도 정치적 줄서기, 이념 편향, 진영론적 사고 방식에서 유사하다. 분명한 것은 진보적 정책생태계도 크게 다르지 않다는 점이다. 슬픈 일이다. 과도한 진영론은 한국사회 전체를 황폐화시킬 뿐만 아니라, 자기 진영도 황폐화시킨다.

셋째, 우리는 어떻게 같은 오류를 반복하지 않을 수 있을까? 먼저, 현실을 인정해야 한다. 국가적 중요 정책이 대중적 관심사와 여론조사에 의해 결정될 유인을 갖고 있다. 전문가들도 이러저러한 이유로 진영론에 가담하는 게 일반적인 현실이다. 우리는 어떻게 이 모든 것을 현실로 인정하면서 좋은 정책을 만들고, 좋은 정치를 통해 좋은 세상을 만들 수 있을까? 물론 매우 힘든 일이다. 근본적으로 인간은 '욕망'을 가진 존재이기 때문이다.

하지만 방법이 전혀 없는 것은 아니다. 크게 두 가지 방향이 가능하다. 첫째, '반론을 경청하는 버릇'이다. 보수든 진보든 진영론 자체는 어느 정도 불가피하다. 그러나 앞서 사례로 본 것처럼 과도한 진영론은 반드시 상대방 선거운동을 도와주게 된다. 정치 지도자는 반드시 '동지적 관계의 참모'로 구성된 팀이 있어야 한다. 노무현 대통령의 경우에는, 안희정과 이광재가 곁에 있었다. 정치 지도자와 핵심 참모는 반드시 '동지적 관계'여야 한다. 상명하복이 작동하는 주종(主從) 관계여서는 안 된다. 정치권력의 본질적 특성은 자원 배분에 대한 권한이기에, 진보든 보수든 권력 주변에는 정무적 아첨꾼들과 정책적 아첨꾼들이 득실거리게 된다. 정치 지도자가 이를 극복할 수 있는 유일한 방법은 '팀'을 갖는 것이다. 팀의 핵심 구성원들은 직언을 할 수 있는, 동지적 관계의 참모여야 한다. 팀 내부에는 레드 팀(Red Team)의 역할을 하는 사람이 포함되어야 한다. 레드 팀은 조직의 내부 전략을 보완하기 위해 조직 내 취약점을 발견하고 공격하는 역할을 부여받은 조직을 말한다.

둘째, 정당 내부에 정책전문가를 더 많이 육성하고 우대해야 한다. 현재 여의도 정치권은 민주당 계열이든, 국민의힘 계열이든 정당 내부에 정무참모는 압도적으로 많지만 정책전문가 집단은 매우 취약하다. 정책은 시중에 유행하는 이슈를 모방 및 채택하거나, 대학교수 같은 전문가 집단에게 외주를 맡기는 경우가 일반적이다. 집권을 하게 될 경우, 대통령 비서실과 내각에 파견되는 정무직 관료들(어공들)은 대통령 당선자에게 도움을 줬던 정치인들을 중심으로 구성된다.

집권 세력이 집권에 기여했던 사람들을 중심으로 진용을 꾸리는 것은 어느 정도 이해가 된다. 다만, 집권의 목표는 '자리'를 나누는 게 아니라, '좋은 국정운영'을 하는 것이어야 한다. 그러자면 정책 일꾼들이 풍부해져야 한다. 국회에는 유능한 보좌진들이 많다. 보좌진들은 주특기가 조금씩 다르다. 지역구 관리를 잘하는 보좌진, 정무적 판단 능력이 좋은 보좌진, 네트워크가 두터운 보좌진, 정책에 미쳐 있는 보좌진들이 있다. 이 중에서 '정책을 좋아하는' 보좌진에게 더 많은 국정운영 참여 기회가 주어져야 한다. 정책 전문가가 만들어지는 과정은 자전거 타기와 비슷한 암묵지(暗默知)의 특성을 갖기에 경험 축적이 무엇보다 중요하다.

정치권 출신 정책 전문가들은 관료 출신 정책 전문가와 존재 조건이 다르다. '정책적 내용에, 정무적 기획의 결합'이 가장 수준 높은 정치다. 정무적 판단 능력을 갖는 정책 전문가가 많아져야, 한국 정치가 제대로 발전할 수 있다.

## 국가보안법 폐지와 최저임금 1만 원의 교훈을 종합하면

2004년 국가보안법 폐지 이슈와 2018~2019년 최저임금 1만 원 이슈는 서로 상반되는 교훈을 우리에게 제공하고 있다. 국가보안법 폐지의 실천적 교훈은 '국민 여론'을 고려해야 한다는 것이다. 반대로 최저임금 1만 원의 실천적 교훈은 '국민 여론'만 좇으면 안 된다는 것이다. 그럼, 어쩌란 말인가? 무엇이 정답이란 말인가?

맞다, 우리는 '둘 다를 모두 충족하는' 정답을 찾아야만 한다. 정책은 학문과 다르다. 여론을 중시해야 한다. 그러나 정책은 학문의 속성도 내재하고 있다. 좋은 정책이란 무엇인가? 여론도 고려하고, 동시에 사회과학적 정합성도 고려하는 것이다. 좋은 정책 전문가는 학자와 다르다. 좋은 정책 전문가는 미디어 감각, 정무적 감각, 사회과학적 소양을 동시에 갖추고 있어야만 한다. 그래야만 실제로 정책 현장에 투입되었을 때 좋은 산출물을 만들어낼 수 있다.

# 4장

## 무상급식:
## 국힘 계열도 민주당 선거운동을 도와주다

민주당만 가슴이 뜨거운 게 아니다. 국민의힘 계열도 뜨거운 가슴으로 민주당 선거운동을 도와주는 경우가 많다. 민주당에게 받은 만큼 되돌려주는 의리의 정치집단이다. 1987년 이후 9번의 총선이 있었다. 민주당이 원내 1당이 된 것은 세 번이다. 2004년 총선, 2016년 총선, 2020년 총선이다. 세 번의 선거 모두 국민의힘 계열의 분열 또는 실책에 의한 반사이익이 결정적으로 중요했다. 민주당이 승리할 때, 항상 그 뒤에는 국민의힘 계열의 도움이 있었다. 실제로도 서로 도움주고 도움받는 사이다. 서로 너무 미워할 이유가 없다.

국민의힘 계열이 뜨거운 가슴으로 민주당 계열 정당을 도와준 사례들 가운데 가장 대표적인 경우는 2010년 무상급식 이슈다.

## 한나라당 경기도의회가 반대한 두 가지 이유

먼저, 당시의 정치 환경을 이해할 필요가 있다. 2008년 이명박 정부가 출범했고, 광우병 촛불 시위가 있었다. 이후 김상곤 씨가 경기도 교육감으로 당선됐고, 2009년부터 초등학교 무상급식을 추진했다. 그는 서울대학교 출신에, 민교협(민주화를 위한 전국 교수협의회) 공동의장 출신이다. 1949년생으로 연배도 꽤 되는, 진보의 좌장 같은 인물이다.

무상급식 방법에는 두 가지가 있다. 1안은 모든 학년을 대상으로 하되 선별적으로 제공하는 방식이다. 예를 들면 가정 형편이 어려운 학생들에 한해 무상급식을 실시하는 것이다. 2안은 대상은 일부 학년으로 한정하되 보편적으로 제공하는 방법이다. 예컨대 1~3학년에 한해 전면 무상급식을 하는 것이다. 2009년 김상곤 경기도 교육감은 2안을 채택했다. 다시 말해, 한정된 학년의 아이들에게 보편적 무상급식을 제공하는 방식이었다.

국민의힘 계열(당시 한나라당)은 2006년 지방선거, 2007년 대선, 2008년 총선에서 연이어 압승을 거뒀다. 대통령, 국회, 지방의회를 모두 한나라당이 장악했다. 당시 경기도의회 역시 국민의힘 계열이 압도적 다수파였다. 경기도지사도 국민의힘 계열의 김문수였다.

국민의힘 계열은 김상곤 교육감의 초등학교 무상급식 정책을 반대했다. 반대 이유는 두 가지였다. 첫째, 김상곤 교육감이 기분 나빴다. 그가 '진보' 교육감이었기 때문이다. 경기도의회의원들은 진보 교육감에게 정책적 성과를 주는 게 싫었다. 둘째, '무상' 급식이라는 정책 네이밍이 기분 나빴다. 그들이 보기에 '무상' 글자가 들어가는 정책은 '빨갱이스러운' 정책이라고 생각했다.

무상급식 예산은 교육청과 경기도 예산이 매칭되는 방식이다. 국민의힘 계열 도의원들은 뜨거운 가슴을 간직한 사람들이었다. 그래서 김상곤 교육감이 경기도의회에 올리는 무상급식 예산을 번번이 부결시켰다. 일반 국민들은 국회에서 하는 일에도 별 관심이 없다. 그만큼 일개 지방의회에 대해서는 더 관심이 없다. 그런데 갑자기 '아이들 밥 먹는 정책'이 연이어 부결되는 것을 목격하게 된다. '도대체 무슨 일이길래' 하면서 관심이 커졌다. 경기도의회 무상급식 이슈는 전국적 쟁점이 됐다.

만일, 당시 한나라당 경기도 의원들이 김상곤 교육감이 성과를 내든 말든 무상급식 예산을 승인해줬으면 뉴스도 안 됐을 일이다. 도의회에서 예산을 승인했다면 김상곤 교육감만의 정책이 아니라, 모두의 성과로 인정되었을 것이다. 한나라당 경기도 의원들은 그런 꼴도 용납할 수 없었다. 김상곤은 빨갱이였고, 무상급식은 빨갱이 정책이었기 때문이다.

경기도 무상급식 예산은 2009년에 연거푸 부결된다. 2010년 6월은 지방선거가 예정되어 있었다. 민주당은 2010년 지방선거에서 무상급식을 핵심 공약으로 내걸었다. 당시 한나라당은 무상급식 반대 입장이었다. 무상급식은 2010년 지방선거에서 정치 전선과 정책적 차별화의 핵심을 차지하게 된다.

    2010년 1월이 되자 정세균 민주당 대표는 '민주-진보 지방 연립정부'를 제안한다. (여당이었던 한나라당에 맞서) 민주노동당, 창조한국당, 진보신당과 같은 진보정당들에게 '야권 연대'를 제안했다. 3월 26일에는 백령도 인근 해상에서 '천안함 폭침 사건'이 발생해 46명이 전사했다. 4월 12일, 민주당과 민주노동당, 창조한국당, 진보신당, 국민참여당 등 야5당은 '친환경 무상급식 야5당 대표 협약식 및 토론회'를 열고 무상급식 이슈 띄우기에 나선다. 5월 초중순에는 서울, 경기, 인천, 부산, 경남, 울산, 대전 등에서 광역단체장 야권연대가 속속 합의된다. 지역에 따라 4~5개 정당이 후보단일화를 하게 되고, 이명박 정부 심판 프레임이 본격적으로 가동하게 된다.

    이명박 대통령은 이에 맞서, 5월 24일 용산 전쟁기념관에서 남북교역을 중단하는 소위 '5·24 조치'를 발표한다. 주요 내용은 남북교역 중단, 북한 선박 운항 불허, 금강산 관광 중단, 북한 신규 투자 불허, 대북 지원 사업 보류였다. 사실상 개성공단을 제외한 모든 남북관계를 중단한 것이다. 천안함 사건은 3월 26일에 터졌는데, 왜 이명박 대통령은 군이 5월 24일에 용산 전쟁기념관까지 가서 남북교역을 중단한다고 발표했을까? 이유는 간단하다. 지방선거를 앞두고 '안보 이슈'의 전면적 쟁점화를 위해서였다. 5월 24일은 6·2 지방선거를 불과 9일 앞둔 날짜였다.

    결국, 2010년 6·2 지방선거는 보수가 가장 자신 있어 하는 '안보 이슈'와 민주당 계열이 처음 시도해보는 '복지 이슈'가 정면충돌한 최초의 선거였다. 보수의 안보 이슈는 천안함 폭침 사건이었고, 진보의 복지 이슈는 무상급식이었다. 강 대 강의 대결, 안보 이슈와 복지 이슈의 대결, 보수와 진보의 대결이었다. 시속 300킬로미터 속도로 박치기를 한 결과는 진보의 압승이었다. 복지 이슈가 안보 이슈를 제압했다. 무상급식 이슈가 천안함 이슈를 제압했다.


## 무상급식 이슈의 파워는 얼마나 강력했을까?


무상급식 이슈의 파워는 얼마나 막강했던 것일까? SBS, 중앙일보, 동아시아연구원은 여론조사 기관 한국리서치에 의뢰해서, 2010년 5월 4~6일 동안, 2010년 지방선거 투표 시 고려 사항이 무엇인지에 대한 전화면접조사를 진행했다. 여론조사 답변은 우선순위대로, 무상급식(74.8%), 4대강 사업(63.3%), 세종시 사업(57.6%), 전교조 명단 공개(53.9%), 천안함 사건(48.1%), 노무현 전 대통령 서거(40.3%)였다.* 전체적으로 볼 때, 이명박 정부에 우호적인 이슈보다 민주당에 우호적인 이슈의 지지율이 더 높다. 특히 무상급식(74.8%)과 천안함 사건(48.1%)의 여론 격차가 눈에 띈다.

2010년 지방선거 광역단체장 당선자 현황은 매우 놀랍다.

* 이내영 외, 2010년, 동아시아연구원, EAI 여론브리핑 제79호.

한국 정치사에서 광역단체장에 대한 지방선거가 다시 실시된 것은 1995년부터다. 인천시장(송영길), 강원도지사(이광재), 충남도지사(안희정), 충북도지사(이시종), 경남도지사(김두관)의 경우 민주당 계열이 최초로 당선됐다. 이들 지역은 대체로 농촌 인구가 많고, 상대적으로 고령자가 많은, 전통적으로 보수 색깔이 강한 지역들이다. 민주당이 얼마나 선전했는지를 보여준다.

2010년에는 지방선거와 교육감 선거가 동시에 실시됐다. 2010년 지방선거 이전, 진보 교육감은 경기도가 유일했다. 그러나 2010년 지방선거를 거치면서 각 지역에는 진보 교육감이 대거 당선된다. 서울시 곽노현 교육감, 경기도 김상곤 교육감, 강원도 민병희 교육감, 광주시 장휘국 교육감, 전북도 김승환 교육감, 전남도 장만채 교육감 등 총 6명이었다. 그 이전까지는 16명의 교육감 중 경기도 1명만 '진보 교육감'이고 나머지 15명은 '보수 교육감'이었다. 진보와 보수의 구도는 1 대 15였는데, 6 대 10으로 바뀌었다. 진보 교육감의 대약진이었다. 김상곤 경기도 교육감이 추진한 무상급식, 학생인권조례, 혁신학교가 모두 학부모들로부터 좋은 반응을 얻은 탓도 있었다. 하지만 무엇보다도 국민의힘 계열이 김상곤 교육감의 정책을 반대해준 게 진보 교육감 승리에 큰 도움이 됐다.

## 무상급식 이후의 한국 정치: 복지 정치의 주류화

민주당과 진보 계열은 2010년 지방선거에서 무상급식 이슈를 통해 완승한다. 이는 두 가지 변화를 만들어내며 이후 한국 정치에 지대한 영향을 미치게 된다.

첫째, '복지 정치의 주류화'가 이뤄졌다. 2010년 지방선거 이전에는 한국에서 '유럽식 복지 정치는 등장할 수 있을까?'라는 주제로 토론회가 열릴 정도였다. 한국에서 과연 복지 정치가 가능할지에 대해 회의적인 시각이 많았다.

하지만 2010년 지방선거를 분기점으로 모든 것이 바뀌었다. 2011년 연초에 민주당 정책위원회는 '3무(無) 1반(半) 정책'을 정식 당론으로 채택한다. 3무 1반이란, 무상급식, 무상보육, 무상의료, 그리고 반값등록금 정책을 의미한다. 3무 1반 정책은 '복지 정치'가 민주당의 주류 노선이 되었음을 상징한다.

'선거의 여왕' 박근혜도 복지 정치의 주류화를 이끈 사람이었다. 정치인들과 정책 분야 전문가들도 모르는 경우가 많은데, 박근혜가 '복지국가 이슈'를 제기한 것은 2010년 지방선거 이전이다. 박근혜는 박정희 전 대통령의 기일이었던 2009년 10월 26일, "내 아버지의 꿈은 복지국가였다"라는 취지의 추념사를 한다. 2012년 총선과 대선까지를 내다본, 중도확장을 위한 사전 포석(布石)이었다. 박근혜 대선 준비팀의 선견지명이 빛나는 장면이다.

이후 박근혜는 2012년 4월 총선과 12월 대선 과정에서 파격

적인 복지 공약을 제시한다. 무상보육과 기초연금 20만 원 지급
이 대표적이다. 바야흐로 '복지 정치의 주류화'가 이뤄진 셈이다.

# 5장

# 유승민 찍어내기와 진박 공천 논란: 탄핵 사태의 시작

국민의힘 계열(새누리당)이 무상급식보다도 훨씬 세게 민주당을 도와준 사건을 살펴보자. 2016년 총선부터 2021년 4·7 재보선까지 한국 정치의 키워드는 '보수의 분열'이었다. 2016년 이후 민주당의 승리는 민주당이 잘해서 이긴 측면보다 보수의 분열과 반사이익 요인이 더 컸다.

보수의 분열은 두 단계로 진행됐다. 1단계 분열은 2015~2016년 네 가지 사건을 계기로 실현된다. 첫째, 2015년 여름 유승민 원내대표 찍어내기다. 둘째, 2015년 가을 국정교과서 추진이다. 셋째, 2016년 초에 발생한 진박 감별 논쟁이다. 넷째, 2016년 4월 총선을 앞두고 당시 김무성 당 대표가 "유승민 찍어내기를 들어줄 수 없다, 너무하다"며 당 대표 직인을 들고 잠적한 일이다. 이를 '김무성 옥새 파동'이라고 한다. 그즈음, 안철수가 국민의당을 창당했다. 문재인 대표와 새정치민주연합에 같이 있다가 분당을 한 것이다.

　유승민 찍어내기, 국정교과서 추진, 진박 감별 논쟁, 김무성 옥새 파동. 이러한 사건들이 안철수 국민의당 창당과 맞물리며 보수는 분열됐다. 권위주의에 비판적인 부울경 보수 또는 부울경 출신인데 수도권에 거주하고 있는 중도 보수가 새누리당 지지층에서 이탈했다. 이들은 민주당은 찍기 싫었지만, 안철수가 만든 국민의당은 찍을 수 있었다.

　부울경 보수의 반란은 2016년 총선의 의석수 변동으로 나타난다. 2012년과 2016년 부울경 의석수는 총 40석이었다. 2012년은 새누리당 36석(90.0%), 민주당 3석(7.5%), 무소속 1석이었다. 진보정당 계열은 0석이었다. 그런데 2016년에는 새누리당 27석(67.5%), 민주당 8석(20%), 진보정당 계열 3석(7.5%), 무소속 2석이 된다. 새누리당은 -9석, 민주당은 +5석이 됐다. 민주당과 새누리당의 의석수 격차 변동을 보면 -33석에서 -15석으로 무려 18석이 변동됐다. 2016년 민주당과 진보정당 계열을 합치면 40석 중 총 11석이 된다. 비율로 치면 약 28%다. 놀라운 변화다.

　부울경 보수의 반란은 수도권에서도 극적으로 나타난다. 수도권 의석수는 2012년 112석이었고, 2016년에는 122석이었다. 10석이 늘어났다. 인구 배율을 2대 1 이내로 하라는 헌법재판소 판결에 따른 것이다. 2012년과 2016년 총선을 비교하면, 새누리당은 112석 중 43석(38.4%)에서 122석 중 35석(28.6%)이 된다. 민주당은 112석 중 65석(58.0%)에서 122석 중 82석(67.2%)이 된다.

새누리당은 8석이 줄었고, 민주당은 17석이 늘었다.

2016년 총선 결과는 2017년 탄핵의 징후였다. 보수의 분열이 있었기에 2016년 12월, 국회에서 박근혜 대통령에 대한 탄핵 투표가 가결될 수 있었다.

2016년 총선에서 민주당의 부울경 선전과 수도권 압승은 박근혜 대통령의 공이 결정적이었다. 소위 '진박 감별' 작업이 결정적으로 큰 도움이 됐다. 보수의 가슴이 너무 뜨거워서, '진박'이 아닌 사람은 전부 솎아냈다. 유승민도 솎아내고, 김무성도 솎아냈다. 그러자 권위주의에 저항했던, 개혁지향적 중도 보수가 '반란'을 일으켰다. 2016년 총선 민주당의 선전, 2016년 12월 박근혜 대통령 탄핵에 대한 국회 가결, 2017년 3월 헌법재판소의 박근혜 대통령 탄핵 인용은 중도 보수의 반란이 결정적으로 중요했다.

부울경 보수와 수도권의 중도 보수는 2016년 총선 이후 '너무 권위주의적인' 행태에 열 받아서 국민의힘 지지를 철회했다. 2018년 이후에는 '너무 좌파적인' 민주당 정책에 열 받아서 민주당 지지를 철회했다. 새누리당의 너무 뜨거운 가슴에, 민주당 역시 너무 뜨거운 가슴으로 화답했다. 아무 일도 없었던 것처럼, 부울경 지역은 다시 '2016년 이전'으로 돌아갔다.

# 2부

## 종부세는 '정권 교체 촉진세'였다

# 1장

# 증세의 정치학:
# 세계 정치사와 한국 정치사

2022년 대선 때 연령별 유권자 구성은 크게 세 덩어리로 나눌 수 있다. 2030세대, 4050세대, 그리고 6070 이상 세대다. 이들 비중은 각각 어떻게 됐을까? 32%, 38%, 30%였다. 이해하기 쉽게 3:4:3으로 외워도 된다. 참고로, 2024년 총선 시점이 되면 31:38:31이 된다.

## 연령별 유권자 지형은 유리했는데 대선은 패배했다

2022년 대선 방송사 출구조사에 의하면, 20대 남성에서는 윤석열 후보가 6대 4 정도로 많았다. 20대 여성은 그 반대였다. 이재명 후보가 6대 4 정도로 많았다. 30대에서도 비슷했다. 나중에 선거관리위원회(이하 선관위)가 공개한 자료에 의하면,

2030세대에서는 여성 투표율이 더 높았다. 종합해보면, 2030세대에서는 이재명 후보가 살짝 승리했다.

4050세대는 민주당 지지 성향이 강하다. 607080세대는 국민의힘 지지 성향이 강하다. 4050 유권자 비중은 38%다. 6070 유권자 비중은 30%다. 민주당 핵심 지지층이 국민의힘 핵심 지지층보다 유권자 비중에서 8%포인트 더 많았다. 그럼에도 불구하고, 이재명 후보는 0.7%p 차이로 대선에서 졌다.

왜 이런 일이 벌어졌을까? 논리적으로 생각해보면 이유는 간명하다. 민주당을 지지하던 4050세대의 투표율은 상대적으로 떨어졌고, 국민의힘을 지지하던 607080세대의 투표율은 상대적으로 올라갔기 때문이다. 여러 가지 이유가 있을 수 있지만, 부동산 문제를 빼놓을 수 없다.

대선은 2022년 3월 9일이었다. 대선을 약 3주 앞둔 2022년 2월 18~19일, 한국일보와 한국리서치는 차기 대선후보 결정에 영향을 미칠 정책 이슈를 묻는 조사를 했다.* 복수응답이 가능했던 결과를 보면, 전체 응답자 중 45.4%가 부동산/주거안정을 1순위로 꼽았다. 이어서 경제성장 25.6%, 일자리·고용 22.0%의 순으로 나타났다. ①부동산 ②경제성장 ③일자리가 대선후보를 결정할 때 가장 중요한 3대 정책의제였다.

조사 결과를 보면, 20대에서는 다른 세대에 비해 '페미니

---

* 중앙선거여론조사심의위원회 등록번호 8992번, (주)한국리서치-한국일보, 〈전국 정기조사 대통령선거 정당 지지도 정치, 사회현안 등〉, 등록일 2022년 2월 20일.

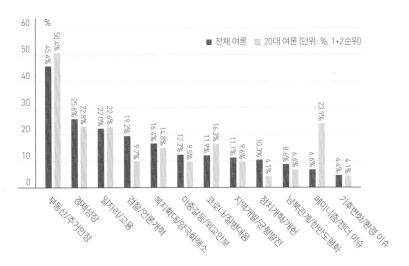

그림 2-1 2022년 대선후보 결정에 영향을 미친 이슈

즘/젠더 이슈'가 23.9%를 차지했다. 전체 여론 6.6%에 비해 두드러지게 높은 수치다. 그러나 20대조차 50.4% 비중으로 부동산/주거안정을 1순위로 꼽았다. ([그림 2-1] 참조)

## 서울 지역, 한강벨트에서 초토화되다

대선 직후 중앙일보는 서울 지역의 동별 득표 자료를 토대로 2020년 총선과 2022년 대선의 서울지역 득표율 변화를 그래픽으로 보도했다.[**] 2020년 총선에서 민주당은 서울에서 압승했

**　중앙일보, 〈서울 424개 동 집값 순서대로 세우니…尹 득표율과 판박이였다〉, 2022년 3월 14일.

그림 2-2 서울 지역 동별 득표 변화

**2020년 총선**

■ 더불어민주당
■ 미래통합당

**2022년 대선**

■ 더불어민주당
■ 국민의 힘

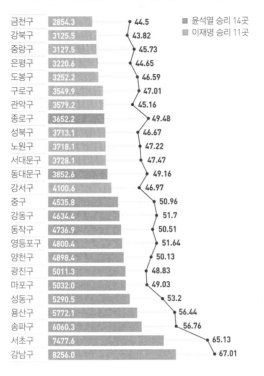

그림 2-3 구별 평당 가격과 윤석열 당선자의 득표율

| 금천구 | 2854.3 | 44.5 |
| 강북구 | 3125.5 | 43.82 |
| 중랑구 | 3127.5 | 45.73 |
| 은평구 | 3220.6 | 44.65 |
| 도봉구 | 3252.2 | 46.59 |
| 구로구 | 3549.9 | 47.01 |
| 관악구 | 3579.2 | 45.16 |
| 종로구 | 3652.2 | 49.48 |
| 성북구 | 3713.1 | 46.67 |
| 노원구 | 3718.1 | 47.22 |
| 서대문구 | 3728.1 | 47.47 |
| 동대문구 | 3852.6 | 49.16 |
| 강서구 | 4100.6 | 46.97 |
| 중구 | 4535.8 | 50.96 |
| 강동구 | 4634.4 | 51.7 |
| 동작구 | 4736.9 | 50.51 |
| 영등포구 | 4800.4 | 51.64 |
| 양천구 | 4898.4 | 50.13 |
| 광진구 | 5011.3 | 48.83 |
| 마포구 | 5032.0 | 49.03 |
| 성동구 | 5290.5 | 53.2 |
| 용산구 | 5772.1 | 56.44 |
| 송파구 | 6060.3 | 56.76 |
| 서초구 | 7477.6 | 65.13 |
| 강남구 | 8256.0 | 67.01 |

■ 윤석열 승리 14곳
■ 이재명 승리 11곳

지만 2022년 대선에서는 패배했다. 가장 크게 달라진 점은 한강 벨트가 민주당 우세 지역에서 국민의힘 우세 지역으로 바뀐 것이다. 한강벨트는 서울 오른쪽 끝에서 왼쪽 끝 방향으로, 마용성(마포, 용산, 성동)과 강동, 광진, 동대문, 동작, 영등포, 양천이 포함된다. 부동산 가격이 높고, 가격 변동 역시 민감한 곳이다. ([그림 2-2] 참조)

같은 기사에서 중앙일보는 구별 평당 가격과 윤석열 당선인의 득표율을 비교했다. 서울에는 25개 행정구(區)가 있다. 윤석열 후보는 14곳에서, 이재명 후보는 11곳에서 승리했다. 서울에서 평당 집값이 비싼 14개 지역을 순차적으로 정리해보면, ①강남구 ②서초구 ③송파구 ④용산구 ⑤성동구 ⑥마포구 ⑦광진구 ⑧양천구 ⑨영등포구 ⑩동작구 ⑪강동구 ⑫중구 ⑬강서구 ⑭동대문구 순이다. 놀랍게도 14개 지역 중에서 ⑬강서구 딱 한 곳만 제외하고 전부 윤석열 후보가 승리했다. 즉, 집값이 비싼 상위 14개 중 13개 지역에서 윤석열 후보에게 표를 준 것이다. 평당 집값과 윤석열 후보 승리의 상관관계는 매우 높았다. ([그림 2-3] 참조)

### 3대 자유주의 혁명:
### 의회주의는 원래 조세 저항에서 시작됐다

부동산 문제와 대선 득표율의 상관관계가 높다는 것은 두 가지 해석이 가능하다. 하나는 계급 투표였다. 쉽게 말해, '가진 자들이' 부자 정당의 부자 후보에게 투표했다고 해석할 수 있다. 다른 하나는, 조세 저항이다. 그런데, 두 가지 모두 맞는 해석이다. 이들은 조세 저항의 일환으로 계급 투표를 한 것이다.

역사적으로 전근대 정치 질서에서 근대적 정치 질서로 이행했던 3대 정치혁명이 있다. 1688년 영국의 명예혁명, 1776년 미국의 독립혁명, 1789년 프랑스 혁명이다. 여기엔 공통점이 있다. 모두 귀족 및 부르주아의 '조세 저항'에서 시작된 혁명이라는 점이다.

영국은 비슷한 시기에 두 차례 정치혁명을 겪는다. 1642년 청교도 혁명과 1688년 명예혁명이다. 두 번 모두 조세 저항에서 비롯됐다. 1642년 청교도 혁명은 찰스 1세가 귀족들에게 세금을 무리하게 걷다가 벌어졌다. 청교도 혁명의 결과, 귀족들은 찰스 1세의 목을 친다. 유혈 혁명이었다. 이후 의회파의 우두머리였던 올리버 크롬웰(Oliver Cromwell) 장군은 독재자가 된다. 크롬웰이 죽은 이후, 영국 귀족들은 다시 찰스 2세를 왕으로 세운다. 그런데 찰스 2세와 그의 동생 제임스 2세 역시 무리하게 세금을 걷으려고 했다. 귀족들은 다시 들고 일어났고, 제임스 2세는 조기에 항복한다. 2차 혁명은 피를 흘리지 않는 무혈 혁명이 되었다. 이를 '명예혁명'이라고 부르는 이유다.

명예혁명 1년 뒤인 1689년, 영국 의회는 권리장전을 채택한다. 권리장전의 핵심 내용은 의회의 동의 없는 과세 금지, 지나친 벌금 및 형벌 금지, 선거와 언론의 자유 등이다. 권리장전은 영국 의회주의와 법치주의를 상징한다.

미국의 독립혁명도 영국 의회가 무리하게 올린 차 세금 징수에 저항하여 북아메리카 식민지인들이 차가 든 상자를 바닷물에 버렸던 보스턴 차 사건이 시작이었다. 프랑스 혁명도 세금을 걷기 위해 국민의회를 소집한 것이 발단이었다. 영국 명예혁명, 미국 독립혁명, 프랑스 혁명은 근대적 정치 질서를 만든 3대 자유주의 혁명이다. 모두 세금 징수에 대한 귀족 혹은 부르주아(상공인) 계층의 반발에서 시작됐다. 근대 민주주의는 의회가 최고 상위기구다. 의회의 핵심 권한은 조세에 대한 동의권이다. 대한민국 헌법도 마찬가지다. 조세에 대한 동의권은 의회민주주의가 발생한 역사적 본질에 해당한다. 의회민주주의 자체가 역사적으로 '증세의 정치학'에서 태동했다.

세금을 걷는 것 자체는 불가피하다. 부자가 세금을 더 내는 것은 자유주의 경향이 강한 미국도 마찬가지다. 중요한 것은 너무 단기간에, 너무 명분 없이, 너무 많이 걷는 것은 부당하다는 점이다. 필요한 증세는 해야 한다. 그러나 증세 자체를 당연시하는 태도는 반성해야 한다.


## 증세의 정치학: 1977년 부가가치세 도입과 박정희 정부

서구의 자유주의 혁명이 조세 저항에서 비롯된 것처럼, 한국 정치사에서도 증세의 정치학이 작동했었다. 특히 중요한 사건은 두 가지다.

첫 번째 사건은 1977년 박정희 정부가 부가가치세를 도입한 일이다. 부가가치세 도입 이전에는 물품세가 있어서, 물건마다 소비세 비율을 다르게 매겼다. 물품세는 조세 당국 입장에서 포착하기가 어려운 단점이 있었다. 세율도 다 달랐다. 거꾸로 납세자 입장에서는 숨기기가 상대적으로 용이했다.

1977년 7월, 물품세의 단점을 보완한 부가가치세가 실시됐다. 세율은 일률적으로 10%가 적용됐다. 부가가치세는 양방향으로 작동하는 게 특징이다. 판매한 쪽과 구입한 쪽 양쪽에서 카

운팅되기에 거래를 숨기는 게 어려워진다. 부가가치세가 도입된 다음 해인 1978년 12월에는 제10대 국회의원 선거가 있었다. 1978년이면 유신체제 시절이다. 당시 집권 여당인 민주공화당은 제1야당인 신민당(신한민주당)에 비해 정당 득표율에서 뒤진다. 민주공화당은 31.7%, 신민당은 32.8%를 득표한다. 당시에는 국회의원의 1/3을 대통령이 지명했다. 그걸 유신정우회(줄여서 '유정회')라고 한다. 민주공화당은 의석수는 더 많았지만, 정치적으로는 패배한 선거였다.

당시 신민당의 총선 공약 중 하나가 '부가가치세 폐지'였다. 박정희 정부 입장에서는 충격적인 패배였다. 박정희 대통령은 총선 패인을 부가가치세와 물가상승으로 진단한다. 총선 패배 이후, 부가가치세 도입을 주도한 남덕우 경제기획원 장관과 김정렴 대통령 비서실장을 경질하는 개각을 단행한다.

부가가치세 도입은 '역사의 나비효과'가 되어 유신체제를 무너뜨리고, 박정희 대통령을 죽음에 이르게 한다. 1979년, 연초부터 이란에서 이슬람 원리주의 혁명이 발생한다. 이란은 최대의 석유 생산국이었는데, 미국과 마찰을 빚으면서 제2차 석유파동이 발생한다. 물가는 치솟고, 수입 물가는 폭등하고, 경제는 어려워졌다. 부산과 마산은 수출중심 산업화의 거점이었는데, 수입 물가 상승과 경제 불황의 직격탄을 받게 된다. 부산-마산의 회사 부도율은 급증하고, 체불임금을 받지 못하는 노동자도 속출했다.

서울에서는 YH무역 노동자들이 회사 폐업에 맞서 신민당사에 도움을 요청했다. 1979년 5월, 신민당 전당대회에서는 선명야당론을 주장했던 김영삼이 총재로 선출됐다. 김영삼은 YH무역 여공들에게 신민당 당사를 농성장으로 제공해줬고, 신민당사는 YH 여공들에게 '투쟁의 거점'이 된다.

1979년 8월 박정희 정부는 신민당사에 공권력을 투입해서 YH무역 여성노동자들의 농성을 강제로 진압한다. 경찰의 무리한 진압 과정에서 노조 간부였던 21세 김경숙 씨가 사망하는 사건이 벌어진다. 김영삼 총재와 신민당은 YH무역 여성노동자 사건을 쟁점화하고, 박정희 정부에게 책임을 추궁한다. 10월 4일, 박정희 대통령은 공화당 의원들을 통해, 국회에서 김영삼 총재의 국회의원직을 제명한다.

김영삼 총재의 정치적 기반은 부산-경남이었다. 일률적으로 10%가 적용되는 부가가치세 도입, 치솟는 물가, 높은 회사 부도율, 체불임금의 급증, YH무역 노동자들에 대한 강제진압, 부산-마산을 대표하는 정치 지도자 김영삼에 대한 의원직 제명까지. 드디어 1979년 10월 16일 부마항쟁이 발생한다. 부산-마산 지역의 시민들이 거리에서 들고 일어났다. 이때 시위대의 구호 중하나가 "부가가치세 폐지하라"였다. 민주화에 대한 열망과 함께 증세에 대한 분노 역시 상당했음을 보여준다.

부마항쟁에 대해 박정희 정부는 계엄령을 발동한다. 계엄령 발동 이후, 차지철 대통령 비서실장은 캄보디아의 급진적 공산주의 크메르 루주가 대규모 양민학살을 했던 것처럼 부산-마산 시민들을 깡그리 죽여야 한다고 주장했다. 차지철의 주장을 접하게 된 중앙정보부 김재규 부장이 박정희와 차지철에게 총을 겨누게 된 이유다.

이 모든 일련의 사태가 1977년 부가가치세 도입 하나 때문은 아니었다. 그러나 부가가치세가 실시되지 않았다면, '역사의 나비효과'는 분명히 달라졌을 것이다.

### 증세의 정치학:
### 2005년 종합부동산세 신설과 노무현 정부

한국 정치사에서 증세의 정치학이 작동했던 두 번째 사례는 노무현 정부의 종합부동산세(이하 '종부세') 도입이다. 종부세는 2005년에 도입된다. 이전에는 종합토지세와 재산세가 있었다. 토지, 건물, 주택에 따라 과세 방식이 모두 달랐다. 노무현 정부는 종부세와 재산세로 통합 및 분리하며 과세체계를 정비했다.

노무현 정부의 종부세 신설로 기존의 부동산 세제와 달라지는 점이 있었다. 부동산 세제는 크게 거래세와 보유세로 구분된다. 보유세의 중심축은 재산세다. 종부세도 보유세에 해당한다. 2005년 종부세 도입으로, 부동산 보유세 구조는 '국세'인 종부세와 '지방세'인 재산세를 이중으로 걷는 형식이 됐다. 이렇게 국세와 지방세로 보유세를 이중적으로 부과하는 경우는 세계적으로 매우 이례적이다. 종부세는 지금까지도 정치적으로 공격

받는 핵심 약점이다.

종부세를 도입하던 2005년 무렵은 부동산 가격이 치솟던 시기와 겹친다. 종부세와 재산세 모두 '누진세' 구조다. 세율이 그대로여도 부동산 가격이 급등하면 세액은 누진적으로 상승하게 된다. 가만히 있어도 부동산 세금이 급증할 상황이었는데, 노무현 정부는 '부동산 증세'로 연결되는 제도들을 추가로 도입한다.

노무현 정부 시기에 부동산 세금이 급등한 것은 네 가지 상황이 맞물린 경우였다. 첫째, 앞서 말한 종부세가 신설된 것이다. 국민들 입장에서는 없던 세금이 새로 생겼다. 둘째, 2006년부터 부동산 실거래가 공개 시스템이 도입된다. 그전까지는 '서류상' 가격과 '실제' 가격이 달랐다. 취득세를 적게 내기 위해 다운계약서를 쓰는 경우가 비일비재했다. 실거래가 공개는 매우 바람직한 제도 변화다. 다만, 결과적으로 '증세 효과'를 발휘하게 된다. 셋째, 부동산 실거래가에 가깝게 공시가격 현실화를 추진했다. 이를 위해 공정시장가액 비율을 단계적으로 상향했다. 공시가격 현실화 작업 역시 '증세 효과'를 발휘하게 됐다. 넷째, 실제로 부동산 가격이 폭등했다. 한국 경제사에서 부동산 가격은 약 10~12년을 주기로 움직이는 경향을 보였다. 경기변동 주기가 작동하는 것처럼, 부동산 경기변동 주기가 작동했다. 노무현 정부의 집권 기간은 부동산 가격 상승기였다.

국세인 종부세의 새로운 신설, 부동산 실거래가 공개 시스템, 실거래 수준으로 공시지가 현실화, 부동산 가격 폭등이 결합되면 무슨 일이 벌어질까? 바로 '부동산 세금의 폭등'이다.

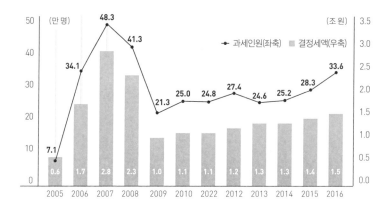

그림 2-4 종합부동산세 과세 인원 및 결정세액 : 2005~2016년

[그림 2-4]는 종합부동산세 과세 인원 및 결정세액의 변화를 보여준다.* 노무현 정부 기간을 주목하며 살펴보자. 2005년 대비 2007년의 추이 변화를 보면, 노무현 정부 집권 기간에 과세인원과 결정세액 모두 급증했다. 과세인원은 2005년에 7만 1천 명이었는데, 2007년에는 48만 3천 명이 된다. 증가 인원은 41만 2천 명이니, 불과 2년 만에 6.8배가 증가한 것이다. 결정세액은 2005년에 6천억 원을 걷었는데, 2007년에는 2조 8천억 원을 걷었다. 금액은 2조 2천억 원을 더 걷었고, 배율로는 2년 만에 4.7배 증가했다. 배율의 증가와 결정세액의 증가 모두 다른 기간에는 발견되지 않을 정도로 2년 만에 '가파르게' 상승했다. 납세자 입장에서는 그간 내지 않았던 세금을, 너무 갑자기, 너무 많이 내게 됐다. 조세 저항 심리가 생기는 게 인지상정이다.

*  채은동, 2018년, 《부동산세제 현황 및 최근 논의동향》, 국회 예산정책처, 28쪽.

종부세의 납세자와 납세액 모두 약 3/4(75%)은 서울과 경기도에 몰려 있다. 서울과 경기도는 여론 주도층이 많다. 조세 저항과 여론 주도층은 겹치는 경우가 일반적이다. 1688년 영국의 명예혁명, 1766년 미국의 독립혁명, 1789년 프랑스 혁명 역시도 원래 귀족 및 부르주아의 조세 저항에서 시작된 자유주의 정치혁명이었다. 증세의 정치학은 노무현 정부에서도 같은 원리로 작동했다.

노무현 대통령의 임기 말 국정 지지율은 15~20%였다. 노무현 대통령의 낮은 지지율이 종부세 하나 때문은 아니다. 하지만 낮은 국정운영 지지율이 노무현 대통령의 '정치적 고립'을 의미한다는 점은 분명하다. 노무현 정부는 2006년 지방선거 참패, 2007년 대선 참패, 2008년 총선 참패를 연달아 겪었다. 그리고 노무현 대통령은 다음 해인 2009년 5월 23일, 부엉이 바위 아래로 비운의 죽음을 맞게 된다.

박정희 전 대통령의 죽음과 부가가치세 도입이 직접적으로 연결되지 않는 것과 마찬가지로, 노무현 전 대통령의 죽음과 종부세 도입이 직접적으로 연결되는 것은 아니다. 그러나, 부가세 도입과 종부세의 과도한 인상이 역사의 나비효과가 된 것은 분명하다. 세금 문제는 그만큼 위험한 이슈다.

어떤 정치 세력이든, 대한민국 발전에 필요한 증세는 앞으로도 해야 한다. 그러나 민주당이 '증세를 하고 싶어 안달하는' 정치세력이라는 이미지를 전달해서는 안 된다. 민주당의 주요 정치인들과 핵심 지지층 모두 조심할 필요가 있다. 정치적으로 매우 어리석은 행태다. 민주당은 이념 편향 세력이라는 이미지와 거리두기를 해야 한다. 본질적으로는 신뢰감, 책임감, 사려 깊음의 문제다.

# 주택분 종부세: 4년 만에 대상자는 3배, 세액은 14.7배가 늘어나다

종부세는 정책적으로도 과도했고, 정치적으로도 부적절했다. '정권 교체 촉진세'였던 셈이다. 민주당은 종부세를 폐지하고 재산세와 통합하는 게 바람직하다. 이 방식은 '보유세의 대표 국가'인 미국 방식이기도 하다. 한국 진보파들은 '미국 보유세'의 장점을 강조하면서 정작 '미국식 보유세'로 전환하는 것에 대해서는 반대하는 이율배반을 보이고 있다. 한국식 보유세는 여러모로 문제가 많다. 미국식 보유세 체계로 전환해야 한다. 왜 그래야 하는지 살펴보기로 하자.

## 부동산 세금의 3단계: 매입, 보유, 처분

부동산 관련 세금은 크게 세 덩어리다. 매입, 보유, 처분 단계마다 세금을 낸다. 매입할 때는 취득세, 보유할 때는 보유세, 처분할 때는 양도소득세를 낸다. 보유세는 두 종류인데, 국세인 종부세(종합부동산세)와 지방세인 재산세가 해당한다.

부동산 가격의 평가 기준으로 공시지가 반영 비율이 있다. 토지와 주택마다 가치가 다르기 때문이다. 예컨대, 시골에 있는 토지와 도시 한복판에 있는 토지를 면적 기준으로 똑같이 평가하진 않는다. 시골 토지는 좀 낮게 평가하고, 도시 토지는 좀 높게 평가하는 식이다. 공장과 주택도 다르게 평가한다.

보유세는 종부세와 재산세를 모두 포함하므로 종부세를 폐지해도 보유세가 사라지는 것은 아니다. 대부분의 선진국은 지방세인 재산세만 있다. 한국처럼 국세인 종부세와 지방세인 재산세가 동시에 있는 경우는 극히 예외적이다.

한국 진보파 중에는 부동산 세제를 보유세 중심으로 바꿔야 한다고 주장하는 사람들이 많다. 이들은 보유세는 바람직하고 거래세는 바람직하지 않다고 주장한다. 이들 주장이 일관성이 있으려면, 보유세를 인상하기 전에 거래세(취득세)를 대폭 낮춰야 했다. 문재인 정부는 종부세도 올리고, 재산세도 올리고, 거래세(취득세)도 올렸다. 그뿐 아니다. 양도소득세도 올리고, 공시지가 반영비율도 올렸다. 올릴 수 있는 부동산 관련 세금은 몽땅 다 올렸다.

도대체 '정책의 목표'가 뭐였는지 이해할 수 없다. 일부에서는 부동산 가격 안정이 정책의 목표였다고 주장한다. 부동산 가격은 문재인 정부 때 평균적으로 약 2배 올랐다. 10억 원짜리 아파트는 20억 원이 됐다. 서울 평균이 이랬고, 강남3구(강남-서초-송파)와 마용성(마포-용산-성동) 등 노른자 지역은 더 많이 올랐다. 30억 원짜리 아파트는 60억 원보다 더 많이 올랐다.

종부세와 지방세는 누진세 구조를 갖는다. 부동산 가격이 비싼 경우일수록, 다주택자일수록 더 많이 부담한다. 부동산 가격 상승기일 경우, 세율을 안 올려도 세금은 '누진적으로' 올라가도록 설계되어 있다. 문재인 정부는 세율도 올렸다. 누진 구간이 적용되는 사람일수록 세금 인상 폭은 더 컸을 것이다.


## 주택분 종부세:
### 4년 만에 대상자는 3배, 세액은 14.7배 늘어나다


종부세가 '정권 교체 촉진세'로 작동했던 이유는 납세자 입장에서 분노를 촉발한 것 말고 또 있다. 도대체 정책 목표가 무엇인지가 불분명했기 때문이다. 혹자는 종부세 내는 국민은 극소수라고 반론을 제기한다. 그렇다면 종부세 부과 대상 인원은 얼마나 될까?

종부세는 크게 주택분 종부세와 토지분 종부세로 구분된다. 이 중에서 주택분 종부세 대상에 한정하면, 문재인 정부가 출범한 2017년에는 33만 명이었다가, 2021년에 94만 7천명으로 늘어난다. 배율로는 약 2.9배, 숫자로는 61만 5천 명이 늘었다.[*]

---

[*] 기획재정부, 〈주택분 종합부동산세 고지 관련 주요 내용〉. 2016년~2021년 매년 보도자료.

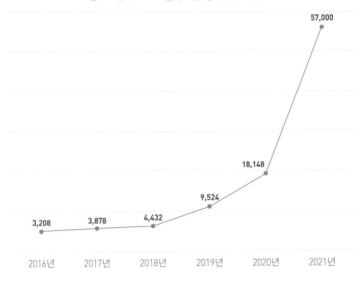

그림 2-5 2016~2021년 주택분 종부세액 변동 추이

- 2016년: 3,208
- 2017년: 3,878
- 2018년: 4,432
- 2019년: 9,524
- 2020년: 18,148
- 2021년: 57,000

　　문재인 정부는 종부세를 얼마나 더 걷었을까? [그림 2-5]에서 종부세액의 변동을 눈여겨보면, 문재인 정부가 출범한 첫해인 2017년 주택분 종부세액은 3,878억 원이었다. 2021년에는 5조 7천억 원으로 늘어났고, 배율로는 14.7배가 증가했다. 증가분 금액만 보면, 5조 3천억 원이 더 늘었다.[**]

　　대한민국 세금의 역사에서 4년 만에 14.7배가 늘어난 세금이 또 있을까 의문이다. 2022년 3연임에 성공한 시진핑 주석은 공동부유(共同富裕)를 주창하고 있다. '더불어 부자가 되자'는 주장이다. 개혁개방 초기 덩샤오핑의 선부론(先富論)에 대응하는

----

[**]　기획재정부, 위의 자료.

개념이다. 선부론은 '먼저 부자가 되어라'였다. 1960~1970년대 문화대혁명 시기에 부자를 꿈꾸는 사람은 부르주아 사상을 가진 자로 간주되어 인민재판에 회부되었다. 덩샤오핑의 선부론은 중국판 낙수효과론이자 동시에 문화대혁명 시대와의 단절을 의미했다.

많은 중국 전문가들이 시진핑의 공동부유론에서 가장 주목하는 것은 '상속세 신설' 여부다. 중국은 상속세가 없다. 개인의 재산세도, 개인의 소득세도 없다. 중국 정부의 재정은 기업에게 걷는 세금이 중심이다. 미국의 독립혁명은 "대표 없이 과세 없다"를 명분으로 시작됐다. 중국 정부는 인민들이 직접 선출한 대표로 구성하는 방식이 아니다. 중국공산당 지도부도 이를 잘 알고 있다. 시진핑 주석이 상속세 신설도, 재산세 신설도 주저하는 이유다. 국민들의 저항을 두려워하기 때문이다. 증세는 일당 체제이며 종신집권을 꿈꾸는 중국공산당 시진핑 주석조차도 신중할 정도로 민감한 이슈다. 한국 민주당 정치인들과 핵심 지지층은 증세를 너무 가볍게 여기는 경향이 있다.

일부에서는 '집값이 2배 올랐기에' 종부세가 오른 것이라고 주장한다. 이런 주장은 사실이 아니다. 문재인 정부가 집권한 5년 동안 집값은 약 2배 올랐다. 그러나 종부세의 납부세액은 훨씬 가파르게 증가했다. 주택분 종부세 납부 금액은 매년 약 2배씩 올랐다. 2021년에는 약 3배 증가했다. 결과적으로, 2017년 대비 2021년의 4년간 증가 배율은 14.7배가 됐다.

# 3장

# 미국 보유세와 한국 보유세의
# 7가지 차이점

한국 진보파 중에는 보유세 강화론자들이 많다. 이들은 종부세 세율 인상을 주장하며, 미국의 높은 보유세율을 사례로 제시한다. 그러나 미국 보유세와 한국 보유세(종부세)는 작동 원리가 매우 다르다. 세금에 담겨 있는 철학 자체도 다르다. 그런 뜻에서 미국 보유세 체계와 한국 보유세 체계를 비교하는 것은 매우 유의미하다. 미국 보유세 체계는 한국 종부세의 바람직한 개편 방향에 많은 시사점을 줄 수 있다. 미국 보유세와 한국 보유세는 7가지가 다르다. 하나씩 살펴보기로 하자.

## 이원적 과세 체계: 세계적으로 매우 예외적인 사례

첫째, 미국 보유세는 지방세다. 연방 정부에 납부하는 별도의 보유세가 없이 지방세'만' 있다. 이 방식은 대부분의 선진국에서 채택하고 있는 방식이다.

미국 보유세가 지방세라는 의미는 세금을 얼마 걷을지도 지방자치단체가 결정하고, 어디에 쓸지도 지방자치단체가 결정한다는 의미다. 한국으로 비유하면, 강남구의회와 서초구의회가 해당 주민들에게 보유세를 얼마 걷을지 결정하는 것이다.

반면, 한국 보유세는 지방세(재산세)도 내고 국세(종부세)도 내는 이원적 과세 체계다. 세계적으로 매우 예외적인 경우다.

둘째, 미국 보유세는 '편익과 연동된' 응익세(應益稅, Benefit tax)다. 실리콘밸리 인근에는 부자들이 많이 거주하는 팔로알토 지역이 있다. 팔로알토는 스티브 잡스, 구글의 공동 창업자 중 한 사람인 래리 페이지 등 실리콘밸리 부자들이 많이 살았고, 지금도 살고 있는 곳이다. 이 지역은 미국에서 집값이 가장 비싼 곳 중 하나다. 2층짜리 단독주택이 한국 돈으로 200~300억 원 하는 곳이니 말이다. 이 팔로알토 지역을 예로 들어보자.

인근 지역 보유세율이 1%라고 가정해보자. 팔로알토 지방의회가 자기네 동네 보유세(재산세) 세율을 옆 동네보다 많은 3%로 결정했다고 해보자. 이렇게 걷은 돈은 학교, 도로, 소방, 치안 등 '동네 공공 인프라'에 활용된다. 예를 들면, 옆 동네는 범죄예방 차원에서 설치된 CCTV가 인구 1만 명당 10개 밖에 없는데, 팔로알토 지역은 30개를 설치한다. 옆 동네는 소방관 숫자가 인구 1만 명당 100명밖에 없는데, 팔로알토 지역은 300명이 존재하는 식이다. 자기네 '동네 공공 인프라'에 사용할 예산 규모를 먼저 결정하고, 그만큼을 보유세(재산세)로 걷는다. 동네 주민들의 '편익과 연동된' 세금이기에 'Benefit tax', 응익세라고 표현한다.

반면, 한국 종부세는 '부담 능력과 연동된' 응능세(應能稅, Ability to pay tax)다. 쉽게 말해, 부유세(富裕稅) 성격이 매우 강하다. 부자라서 세금을 더 내는 것이다. 우리 집, 우리 동네 재산 가치를 지키는 공공 인프라 투자와 직접적으로 연결되지 않는다. 강남3구와 마용성에서 걷은 종부세는 '우리 동네'에 사용되지 않고, 다른 지역 지방자치단체 재원으로 활용된다. 강남3구와 마용성에서 걷은 세금이 전북, 전남, 경북, 경남, 강원 어딘가의 재원으로 쓰이는 것이다.

셋째, 미국 보유세는 같은 지역일 경우 단일세율이 적용된다. 집이 더 비싸다고 더 많은 세율을 적용받지 않는다. 또한, 합산 과세를 하지 않는다. 뉴욕에 한 채, 캘리포니아에 한 채 있으면 각각에 대해 보유세를 부과한다. 지방세이기 때문이다. 한국 종부세는 누진세 구조이며 합산 과세한다. 누진세가 적용된다는 의미는 과세 구간이 여러 개라는 의미다. 똑같이 집이 한 채여도 가격에 따라 세율이 높아진다. 보유세에 누진세를 적용하는 경우도 다른 선진국에는 거의 없는 한국적 특징이다. 문재인 정부 기간에는 종부세 구간이 총 6개였다. 집값이 비싼 경우, 종부세액은 매우 가파르게 올라갔다. 한국 종부세는 서울에 한 채, 세종시에 한 채가 있는 경우 '합산'해서 세율을 적용한다. 더 높은 구간의 누진세가 적용될 확률이 높다.

## 재산세가 적용되는 원리가 다르다

넷째, 미국 보유세는 '다주택자'라고 해서 내야 할 세금이 추가되지 않는다. 집이 3채 있다고 해서 '합계 3채'라는 이유로 세율이 추가 적용되지는 않는다. 세율 자체가 추가되는 경우, 이를 중과(重課)라고 표현한다. 중과와 합산과세는 다른 개념이다. 예를 들면, 합산 3채에 대해 2%의 세율이 적용됐다고 가정해보자. 중과는 여기에 1%포인트가 추가로 적용되는 경우다. 양도소득세의 경우, 3주택 이상이면 10%포인트가 추가로 적용된다.

미국의 경우, 보유세율이 2%이고, 같은 동네에 10억짜리 집이 3채가 있으면, 10억짜리마다 각각 2%의 재산세가 부과된다. 물론 실거주 목적의 주택에 대해서는 재산세 일부를 감면해주거나 양도세 일부를 감면해주는 게 일반적이다. 예컨대, 미국 연방소득세 소득공제 항목에는 '자가 거주 주택분에 대한 재산세 납부세액(Deductibility of State and local property tax on owner-occupied homes)'이 있다. 재산세 부담액 대비 7.5%를 연방소득세에서 감면받는 것이다.*

한국 종부세는 '다주택자'에게 아주 가혹한 세금을 부과한다. 문재인 정부는 2018년 9·13 대책을 발표했다. 여기에는 다주택자에 대한 종부세 중과 방안이 포함되어 있었다. 9·13 대책은 2019년부터 시행됐는데, '3주택자 또는 서울 등 조정대상 지역의

---

* 채은동, 2018년,《부동산세제 현황 및 최근 논의동향》, 국회 예산정책처, 43쪽.

2주택자'에 대해 중과세율을 적용했다. 종부세 최고 세율은 6%가 됐다.

미국의 경우 단일세율이며, 합산 과세되지 않고, 다주택자라고 세율이 추가로 부과되지 않는다. 한국은 다르다. 누진세율이 적용되고 합산 과세되며, 다주택자인 경우 세율이 중과된다. 한국의 종부세는 '부자들에게 기어이 고율의 세금을 때리고야 말겠다는' 의지가 충만하다.

대부분의 나라에서 보유세를 재산세라고 부르는 이유는 지역 공공 인프라가 '재산 가치'와 직접적으로 연결되기 때문이다. 재산세가 적용되는 원리다. 그러나, 한국 보유세는 작동 원리가 다르다. 특히 종부세가 그렇다.

다섯째, 미국은 1가구 1주택 실거주자의 경우 '취득가액'을 기준으로 보유세를 과세한다. 보유세가 가장 높은 캘리포니아가 대표적이다. 5년 전에 10억 원으로 주택을 매입했고, 지금은 30억 원이 됐다고 가정해보자. 이 경우, 캘리포니아에서는 30억 원을 기준으로 보유세(재산세)를 부과하지 않고, 10억 원을 기준으로 부과한다. 왜? 부동산 가격이 오른 것은 '거주자의 잘못'이 아니고, 거주자 입장에서 세금이 너무 가파르게 증가하는 것을 막아주기 위해서다.

캘리포니아의 경우 보율세율을 적용할 때 '물가연동제'를 실시한다. 예컨대, 물가가 2% 올랐을 경우, 보유세율에 대해 물가인상 수준의 2%를 적용한다. 10억 원을 주고 주택을 매입한 경우, 다음 연도 보유세 과세기준은 10억 2천만 원이 된다.* 한국 종부세는 '세부담 상한제'라는 게 있다. 전년도 세 부담에 비해 300%를 상한선으로 정한다. 문재인 정부 출범 이전에는 150% 였는데 300%로 상향했다. 전년도에 종부세를 1천만 원 부담했 으면, 3천만 원을 넘지 못한다. 미국 캘리포니아의 물가연동 방 식은 세부담 상한제를 102%로 적용하는 것과 같다.

거시경제학에서 경기변동론은 정설로 자리 잡았다. 역대 추이를 보면, 부동산 가격도 '부동산 경기변동 사이클'이 작동했 다. 한국의 부동산 경기변동 주기는 약 10~12년이다. 8년간 수 축기를 겪고, 4년간 팽창기를 겪었다. 수축기에는 가격 하락, 팽 창기에는 가격 급등을 겪었다. 하필 노무현 정부와 문재인 정부 의 집권 기간은 '부동산 경기변동 상승기'였다. 한국의 경우, 보 유세액에 '가격변동'이 고스란히 반영되는 구조다. 부동산 가격 상승은 거주자의 잘못이 아니었다. 하지만 세금은 납세자 입장 에서는 가혹할 정도로 가파르게 증가한다. 한국은 매년 연초마 다 공시지가를 발표하는데, 이 공시지가가 종부세의 부과 기준 이 된다. 노무현 정부와 문재인 정부는 모두 공시지가 현실화를 추진했다. 시장가격에 맞춰 공정시장가액 비율을 단계적으로 90%까지 상향 조정할 계획이었다.

노무현 정부와 문재인 정부 기간에 종부세가 급진적으로 인상된 요인은 같았다. ①부동산 가격의 가파른 상승 ②종부세

---

* 채은동, 2018년,《부동산세제 현황 및 최근 논의동향》, 국회 예산정책처.

세율 인상 ③공시지가 반영비율의 단계적 상향이 결합된 경우였다. 한국도 보유세 부과기준을 미국 캘리포니아 방식처럼 '취득 원가 기준＋물가연동제'를 적극 고려할 필요가 있다.


### 미국 보유세: 효능감은 높고, 반감은 적게
### 한국 종부세: 효능감은 낮고, 반감은 크게


여섯째, 미국의 경우, 보유세 과세에 대한 이연(移延) 제도가 있다. 보유세 이연 제도는 일정한 소득이 발생하기 전까지 세금 납부를 연기시켜주는 것을 의미한다. 이연 제도는 일정한 소득 이하인 1주택자에게 적용된다. 예컨대, 은퇴한 70세 노인 A씨가 50억 원짜리 타워펠리스에 살고 있는데 소득이 없다고 가정해보자. 이 경우, 자산은 50억 원이지만 소득은 없다. 자산(Asset)은 쌓여 있는 것(Stock), 소득(Income)은 흐르는 것(Flow)이기에 개념이 다르다. 이런 경우 미국은 주택을 처분하거나 사망해서 '소득'이 발생할 때, 한꺼번에 보유세를 낸다. 특히 은퇴한 노인들의 경우, 자산은 있지만 소득이 없을 수 있다.

한국의 경우에는 이연 제도가 없다. 이연 제도가 없다는 것은 소득 흐름과 무관하게 세금을 걷는다는 의미다. 민주당 및 진보 쪽에서는 "너는 종부세 대상자잖아. 집이 비싸서 좋겠다. 집 팔아서 세금 내"라고 주장하는 사람들이 많다. '세금을 내기 위해' 집을 팔아야 한다면, 그게 과연 정상적인 세금인지 반문하고 싶다. 자동차 재산세를 내기 위해, 자동차를 팔아야만 한다면 그게 정상적인 나라일까?

　일곱째, 국민 수용성의 문제다. 미국 보유세와 한국 보유세는 국민 수용성에서 차원이 다르다. 미국의 경우 효능감은 높고 반감은 적게 설계되어 있다. 미국 보유세가 효능감이 높은 이유는 두 가지 때문이다. 하나는, '편익과 연동된' 세금이기 때문이다. 다른 하나는, '지역 공공 인프라'에 투자하기 위해 걷는 세금이기 때문이다. 두 가지 요인이 모두 동네 발전과 내 재산 가치를 지키는 것에 직접적으로 연결된다. 세금과 재산 가치의 연계성이 매우 높다. 효능감이 클 수밖에 없다. 또, 반감이 적은 이유는 취득가액 기준으로 과세하고, 물가연동제가 작동하고, 이연 제도가 있기 때문이다. 취득가액을 기준으로 부과하는 이유는, 외생적 요인으로 집값이 상승한 경우 1주택 실거주자에게 부과되는 보유세가 지나치게 상승되는 것을 막아주기 위해서다. 이연 제도 역시 자산과 소득 개념을 엄격히 구분하고 있기 때문이다.

　한국은 정반대다. 효능감은 없고, 반감은 크게 설계되어 있다. 종부세는 우리 동네 발전, 내 재산 가치의 보호와 별 관계가 없다. 효능감이 있을 리 없다. 종부세는 부유층과 다주택자를 응징하는, 계급적 적개심이 강하게 담겨 있다. 부동산 가격 상승은 다주택자들 때문이라는 증오심을 담은 정책이다. 종부세 납부자는 고액의 세금을 내면서도 사회악 취급을 받게 된다. 세금을 내면서도 기분이 좋을 리가 없다.

　정리해보자. 미국 보유세는 효능감은 크고, 반감은 적게 설

표 2-1 미국 보유세 vs. 한국 보유세(종부세) 7가지 차이점

| 구분 | 국세/<br>지방세 | 편익/<br>부담능력 | 단일/누진<br>& 합산과세<br>유무 | 다주택<br>중과 | 과세<br>기준 | 과세<br>이연 | 국민 수용성 |
|---|---|---|---|---|---|---|---|
| 미국<br>보유세 | 지방세 | 응익세<br>(편익과<br>연동) | 단일세율 &<br>합산과세<br>없음 | 없음 | 취득가액 | 이연<br>가능 | 효능감은 높고,<br>반감은 적게<br>설계 |
| 한국<br>보유세 | 국세 +<br>지방세<br>(이원<br>구조) | 응능세<br>(부담<br>능력과<br>연동) | 누진세율 &<br>합산과세<br>있음 | 있음 | 당해<br>공시지가 | 이연<br>불가능 | 효능감은 적고,<br>반감은 높게<br>설계 |

계되어 있다. 한국 종부세는 효능감은 적고, 반감은 크게 설계되어 있다. 종부세 그 자체가 '조세 저항 촉진세'의 성격을 강하게 내포하고 있다. 문재인 정부 4년 만에 대상자는 3배 늘었고, 세액은 14.7배가 늘었다. 납세자 입장에서 '조세 저항'을 하지 않는다면 그게 도리어 신기한 일이다. 미국 보유세와 한국 보유세(종부세+재산세) 체계의 7가지 차이점을 정리해보면, [표 2-1]과 같다.

# 4장

# 종부세는
# '정권 교체 촉진세'였다

## 종부세를 인상해도 '부동산 가격 안정' 효과는 없다

진보 내부에는 거래세는 바람직하지 않고, 보유세는 바람직하다는 사람들이 꽤 있다. 그래서 거래세는 낮추고 보유세는 높이자고 주장한다. 그런데, 문재인 정부는 부동산 관련 세금을 몽땅 올렸다. 거래세(취득세)도 올리고, 보유세도 올리고, 양도소득세도 올리고, 공시지가 반영비율도 올렸다. 왜 그랬을까? 정책 취지를 선의로 이해하면, '부동산 가격 안정화'를 위해서였다. 예컨대, 보유세 대폭 인상은 주택 보유 비용을 높여 주택 매도를 유도하는 정책이었다. 한국은행이 금리 조절을 통해 거시경제를 관리하는 것처럼 세금 조절을 통해 부동산 가격을 관리하려는 발상이다.

이런 발상은 두 가지 측면에서 문제다. 첫째, '집을 팔아야

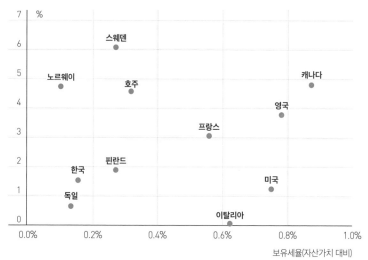

그림 2-6 보유세율과 주택가격 변동률의 관계

주택 실질가격변동률('00-'16)

할 정도로' 보유세가 높다면, 그 세금은 결코 정상적으로 볼 수 없다. 발상 자체가 황당한 것으로 봐야 한다. 비유하자면 자동차 매도를 유도하기 위해 자동차 재산세율을 높이는 것과 같다. 주택 매도 목적의 보유세 인상은 정책이 먹힐수록 '반감의 강도'는 더 강해질 것이다.

두 번째는 더 놀라운 점인데, 실증적으로 보유세 수준과 부동산 가격 안정은 별 관계가 없다. [그림 2-6]은 보유세율과 주택가격 변동률을 국제적으로 비교하고 있다. 국회 미래연구원 이선화 박사의 연구다.* Y축은 주택가격 변동률, X축은 보유세

---

\* 이선화, 2020년, 〈보유세, 어떻게 설계할 것인가: 조세기능과 부동산 정책의 조화〉, 열린민주당 정책 브리핑 자료.

율이다. 보유세율이 높을수록 가격 안정화 효과가 있다면, 그래프는 X축을 기준으로 원점에서 멀어질수록 '우하향하는' 그래프여야 한다. 보유세율이 높을수록 가격 변동률이 낮을 것이기 때문이다. 그러나 실제로는 그렇지 않다. 보유세율과 주택 가격 변동률을 찍어보면, 사방팔방 여기저기 중구난방으로, 즉 '랜덤하게' 분포되어 있다는 걸 알 수 있다. 보유세율의 높고 낮음과 주택가격 변동률의 높고 낮음이 '별 관계가 없음'을 의미한다.

주택가격이 변동하는 요인은 매우 다양하다. 유동성, 주택의 경기변동 사이클, 주택 공급, 규제정책의 변화, 거시경제 환경의 변화 등이 종합적으로 작동한다. 보유세율은 극히 일부의 요인으로만 작용할 뿐이다.

그럼, 종부세의 급진적 인상을 통해 추구한 정책 목표는 무엇인가? 문재인 정부는 어떤 정책 목표를 달성했나? 혹은 앞으로라도 달성할 수 있나? 안타깝게도 알기가 어렵다. 납세자들을 분노하게 만들고, 조세 저항을 촉진하고 정권 교체를 촉진하는 것 외에 뭐가 더 있을까? 정말, 잘 모르겠다. 종부세는 정치적으로도 너무 과도하고, 정책적으로도 별 효과가 없는 세금이다.

물론, 그렇다고 보유세 자체를 없앨 필요는 없다. 종부세를 없애도 재산세는 남게 된다. 보유세 본래의 취지는 재산세를 통해 상당 부분 실현할 수 있다. 민주당은 종부세를 폐지하고 재산세와 통합해야 한다. 종부세에는 '지역 균형 발전'이라는 문제의식이 담겨 있다. 종부세를 통해 걷은 재원을 세원이 적은 지역에 배분하고 있기 때문이다. 이러한 문제의식은 법 개정 과정에서

표 2-2 종합부동산세 대상자 '백가쟁명' : 종부세 대상자는 누구인가?

| 민주당 | 인구 1.8% | = | 97만 명/<br>5,182만 명 | 총인구 대비<br>주택분 종부세 납세자수 |
|---|---|---|---|---|
| 홍남기<br>경제부총리 | 전체 3.7% | = | 53만 호/<br>1,421만 호 | 전체 공동주택 대비<br>공시지가 9억 원 이상 주택 |
| 김은혜<br>국힘 의원 | 서울 아파트<br>24.5% | = | 41만 호/<br>168만 호 | 서울 전체 아파트 대비<br>공시지가 9억 원 이상 아파트 수 |
| | 서울 전체<br>주택의 10% | = | 41만 호/<br>441만 호 | 서울 전체 주택 대비<br>공시지가 9억 원 이상 주택 |

부분적으로 반영이 가능하다. 현재 서울시 재산세의 경우도, 서울 광역 내부에서 지역 균형 발전의 문제의식을 부분적으로 실현하고 있다.

## 종부세 대상자는 서울 지역 아파트의 24.5%

종부세 대상자는 얼마나 될까? 문재인 정부 내내 논란이 됐던 내용이다. 2021년을 기준으로 전국의 종부세 대상자는 97만 명이었다. 가구 수로 53만 호다. 이 중에 서울은 41만 호다. 53만 호 중에 41만 호가 서울에 있다. 다시 말해, 종부세 대상자의 약 80%는 서울에 있다.

[표 2-2]는 문재인 정부 기간 종부세 대상자에 대한 서로 다른 표현들이었다.* 민주당은 종부세 대상자는 전체 인구의

---

\* 한겨레신문, 〈종부세 대상은 1%? 24%?…여야, 제 논 물대기 계산법〉, 인터넷판 기준 2021년 04월 23일. 2021년 자료 업데이트를 통한 부분 재가공.

1.8%에 불과하다고 방어했고, 문재인 정부의 홍남기 경제부총리는 전체 공동주택 중에 3.7%밖에 되지 않는다고 답변했다. 김은혜 국민의힘 의원은 서울 지역 아파트의 24.5%가 종부세 대상자라고 주장했다. 서울 전체 주택과 비교하면 약 10%가 종부세 대상자다.

이 중에서 도대체, 누구 말이 맞는 것일까? 정답은 '모두 맞는 말'이다. 민주당이 주장한 인구 1.8%는 대한민국 전체 인구와 비교했다. 여기에는 응애응애 하는 갓난아이까지 모두 포함됐다. 홍남기 경제부총리는 대한민국 전체 공동주택과 비교했다. 참고로, 대한민국 전체 주택은 약 2천만 호다. 국민의힘 김은혜 의원은 서울 전체 아파트 대비 종부세 대상 아파트를 비교했다. 김은혜 의원의 비교가 가장 리얼하다.

대한민국 인구는 약 5천 200만 명이다. 서울은 약 950만 명이 산다. 이해하게 쉽게 전 국민의 약 1/5이 산다. 서울의 절반은 자가이고, 절반은 전월세에 산다. 다시 자가의 절반은 아파트이고, 나머지 절반은 단독주택과 빌라다. 여기서 다시 아파트 4채당 1채가 종부세 대상자다. 서울 전체 주택은 441만 호다. 이 중에서 종부세 대상자는 41만 호다. 비율은 약 10%다.

노무현 대통령은 과거 민주노동당 국회의원들을 만났을 때 '종부세는 권영길 후보님이 주장하셨던 부유세를 부동산 쪽에서 반영한 것'이라는 취지로 말했다. 종부세가 부유세의 일환이었음을 밝힌 것이다. 민주당은 2022년 대선과 지방선거 때 한강벨트 지역에서 참패했다. 민주당은 서울 지역 아파트 4채당 1채,

한강벨트 10채당 8~9채를 부유세 대상자로 만들어놓고 대선에서 승리할 생각을 했던 셈이다. 어찌 보면 민주당은 '매우 용감한' 정당이었다. 문재인 정부가 집권하던 2022년에는 종부세와 재산세를 합쳐 약 1천만 원을 냈는데 2023년에는 약 100~200만 원으로 줄었다는 사람을 주변에서 접하게 된다. 종부세와 재산세는 누진 구조이기에 세금을 많이 냈던 사람일수록 체감 세액은 훨씬 더 컸을 것이다. 물론, 부동산 시장의 침체도 반영된 것이긴 하다. 하지만 민주당은 역지사지(易地思之)하며 그들의 처지에서 생각해볼 수 있어야 한다.


## '진보의 심장'을 취하고, 상대방에게 '정권 교체'를 선물해주다

2004년 국가보안법 폐지는 '진보의 심장' 같은 이슈였다. 국가보안법 폐지에 찬성하지 않으면 진보가 아닌 것으로 치부됐다. 문재인 정부 기간에는 최저임금 1만 원이 그랬다. 최저임금 1만 원에 찬성하지 않으면 진보가 아닌 것으로 치부됐다. 진보 내부에서 최저임금 1만 원을 비판하면, 보수 반동, 변절자, 혹은 조중동의 앞잡이쯤으로 간주됐다. 종부세도 진보의 심장에 해당하는 이슈다. 진짜 진보는 이런 이슈들에 대해 무조건 찬성해야 한다는 생각이 팽배하다.

결과적으로, 2004년 국가보안법 폐지 투쟁은 진보세력이 혼신의 힘을 다해 '보수의 선거운동'을 도와준 경우였다. 2018~2019년 최저임금의 과도한 인상은 '탄핵 촛불연합'을 해체시켰다. 촛불연합에 합류했던 부울경 지역 유권자를 국민의 힘 쪽으로 쫓아낸 정책이었다.

종부세도 딱 그런 정책이다. '정권 교체 촉진세'였다. 자유민주주의를 채택하고 있는 전 세계 그 어떤 나라에서 불과 4년 만에 세금을 14.7배 올리는 사례가 있을까? 서울 지역 아파트의 24.5%가 종부세 대상자가 됐다. 너무 많은 세금을, 너무 빨리, 너무 부당하게, 너무 많은 사람들에게 걷었다. 문재인 정부에 참여했던 청와대 핵심 관계자들, 민주당의 전략가들, 정책 결정자들이 이 모든 것을 다 알고 결정한 것이라면, 그 역시 참으로 대단한 일이다. 그 사람들은 정무적으로 '용감한' 사람들이다.

그러나 십중팔구 본인들도 무슨 일을 했는지 잘 모르고 결정했을 것이다. 진보세력 전체 분위기에 휩쓸려서, 진보적 열정이 너무 충만해서, 부자들에게는 세금을 많이 때려도 된다고 생각해서, 세금을 올려서 부동산 가격을 잡겠다는 사명감에 충만해서, 혹은 별 생각 없이, 민주당에게 '가장 불리한 정치 지형'을 만든 사람들이다. 결과적으로, 상대방 선거운동을 도와주었다.

민주당은 부동산 정책에서 똑같은 실수를 반복하고 있다. 노무현 정부 때도 과도하게 부동산 세금을 많이 올렸다. 실제로는 4단계 증세였다. 종부세 신설, 부동산 실거래가 공개, 공시지가 상향, 부동산 가격 폭등이 결합됐다.

문재인 정부 때도 부동산 세금을 너무 많이 올렸다. 세금을 올려서 부동산 가격을 잡겠다는 발상 자체가 애초에 잘못된 접근이다. 양도세도 올리고, 취득세도 올리고, 올릴 수 있는 세금은 몽땅 올렸다. 주택분 종부세는 불과 4년 만에 14.7배 증가했다. 납세자들 입장에서는 '세금 폭탄'으로 받아들여지기에 충분했다.

정무적으로도 노무현 정부와 문재인 정부는 같은 실수를 반복했다. 국민들이 보기에 부자를 미워하고, 세금을 올리지 못해 안달하는 정치세력이라는 이미지를 만들었다. 덕분에, 보수정당의 대선 캠페인은 식은 죽 먹기가 됐다. 보수정당 후보는 '종부세 인하'를 대선공약으로 내걸면 된다. 그러면 당선된다. 당선 이후, 실제로 종부세를 인하한다. 국민들로부터 박수 받는다. 왜? 실제로 과도하게 세금을 올렸기 때문이다.

민주당은 왜 어리석은 실수를 반복하고 있는가? 김대중, 노무현, 문재인 정부를 잇는 4기 민주당 정부가 들어서도 같은 실수를 또 반복할 것인가? 그 때도 '종부세 폭탄'을 통해 부동산 가격을 잡으려고 할 것인가? 서울 지역 아파트 4채당 1채를 종부세 대상자로 만들 것인가? 종부세 납세자에 대한 적개심을 드러내며, '부자들아, 집 팔아서 보유세 내라!'라고 조롱 혹은 협박을 할 것인가? 민주당은 진보정당이기에 '세금폭탄당'을 스스로 자임하고, 국민의힘에게는 '세금인하당'의 프레임을 선물해줄 것인가? 스스로 상대방에게 정권 교체를 선물해준 이후에 고장 난 레코드처럼 '종부세 인하는 부자감세'라고 주장하면 그만인가? 한강벨트 전체를 국민의힘 계열에 내주고, 서울에서의 선거 승리는 포기할 것인가? 왜 이렇게 어리석은 오류를 반복하는가?

민주당은 종부세를 폐지하고 재산세와 통합해야 한다. 민주당은 '미국식 보유세 체계'로 바꿔야 한다. 세금 폭등을 통해 부동산 가격을 잡으려는 발상을 버려야 한다. 1~2% 부자에게는 함부로 세금을 때려도 된다는 발상과 단절해야 한다. 계급적 적개심과 부자에 대한 증오심을 동원하는 마르크스주의적 세계관, 혹은 80년대 운동권식 세계관과 결별해야 한다.

이 모든 행태들은 필연적으로, 국민들을 분노하게 만들고 이념 편향적인 정치세력이라는 인식을 강화시킨다. 경제에 무능하고, 스스로를 정치적으로 고립시키고, 상대 정당의 선거운동을 도와주는 것으로 귀결된다. 노무현 정부 때 했던 실수를 문재인 정부 때 완전히 그대로 반복했다. 다음에도 똑같은 실수를 또 반복할 것인가?


## 한국의 부동산 세금은 이미 높다

한국 진보파에는 보유세 강화론자들이 많다. 이들은 한국 보유세율이 OECD 평균에 비해 낮으니 보유세율을 더 높여야 한다고 주장한다. 문재인 정부 출범 이전을 기준으로, 한국 보유세율이 OECD 평균에 비해 더 낮았던 것은 사실이다. 그러나 한국은 보유세는 낮지만 거래세가 높은 나라다. 부동산 세금은 거래세와 보유세 두 가지를 종합적으로 살펴봐야 한다.

부동산 세금의 양대 축은 거래세와 보유세다. [그림 2-7]은

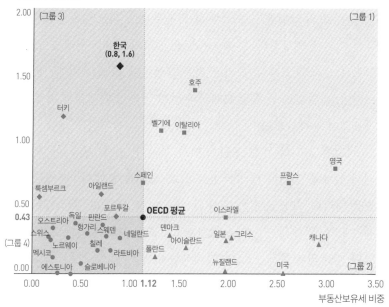

그림 2-7 OECD 35개국의 부동산 세제 세입 비중(명목 GDP대비) : 2015년

2015년 기준, OECD 35개국의 부동산 세제의 GDP 대비 세입 비중이다.[*] 2015년 시점의 자료를 토대로, OECD 국가들을 비교한 자료를 살펴보자. 보유세와 거래세를 기준으로, 크게 4그룹으로 나눌 수 있다. 그룹 1은 높은 보유세+높은 거래세 조합이다. 35개국 중 영국, 프랑스, 호주, 이탈리아, 벨기에 등 7개국이 여기에 해당한다. 그룹 2는 높은 보유세+낮은 거래세 조합이다. 미국이 가장 대표적이고 캐나다, 일본 등 8개국이 해당한다.

---

[*]　　채은동, 2018년, 《부동산세제 현황 및 최근 논의동향》, 국회 예산정책처, 51쪽.

이 그룹에서는 보유세 비중이 2%를 초과하는 경우가 많다. 그룹 3은 낮은 보유세+높은 거래세 조합이다. 한국이 여기에 포함된다. 그 외 아일랜드, 포르투갈, 룩셈부르크, 튀르키예 등 5개국이 여기에 해당한다. 그룹 4는 낮은 보유세+낮은 거래세 조합으로, OECD 35개국 중 가장 많은 유형이다. 독일, 스웨덴, 노르웨이, 네덜란드 등 유럽 13개국과 남미 국가인 멕시코와 칠레가 4 그룹에 해당한다.

[그림 2-7]의 관전 포인트는 두 가지다. 첫째, 보유세+거래세 합계를 고려할 때 한국은 OECD 35개국 중에서 9번째로 높은 나라다. 2015년 명목 GDP와 비교할 때, OECD 평균 보유세는 1.1%, 거래세는 0.43%, 합계는 1.55%다. 한국은 합계 2.4%였다. 한국의 보유세는 0.8%, 거래세는 1.6%였다.

둘째, OECD에서 가장 흔한 유형은 그룹 4에 해당하는 보유세와 거래세 모두가 낮은 나라다. 복지국가의 상징으로 불리는 스웨덴, 노르웨이, 핀란드, 네덜란드가 모두 이 그룹에 해당한다. 미국은 그룹 2에 해당하는데, 보유세는 높고, 거래세는 아예 없다. 미국 보유세는 명목 GDP 대비 2.56%다. 부동산 세금의 합계로 보면, 미국은 OECD 국가 중 6위에 해당한다.

2015년은 문재인 정부가 출범하기 이전이다. 문재인 정부는 집권기간 동안 종부세, 재산세, 취득세, 공시지가 반영비율 모두를 크게 올렸다. 최근 자료를 기준으로 본다면, 한국의 보유세와 거래세 합계 수준은 OECD 국가 중에서 '최상위 수준'일 것이다. 진보 일각에서는 부동산 세금을 올리면 무조건 좋은 것처럼 생각하는 경향이 있는데, 이는 절대로 균형 있는 시각이 아니다. 한국은 이미 부동산 세금이 세계에서 가장 많은 나라다.

# 3부

세대교체는
나이 교체가 아니라
세계관의 교체다

# 1장

# 세대교체는
# 어떻게 작동하는가?

1980년 광주 민주화운동 이후부터 최근까지 한국 정치의 갈등 축은 크게 세 가지였다. 민주 대 반민주 구도, 지역주의 구도, 그리고 세대 구도였다. 예컨대, 2016~2017년 탄핵 촛불시위는 민주 대 반민주 구도의 부활이었다. '권위주의와 투쟁했던' 경험이 있던 부울경 지역의 개혁적 보수 그룹과 2030세대가 탄핵 촛불연합에 합류했던 경우다. 한국 정치를 구조적으로 이해하려면 민주화운동과 지역 구도, 세대 구도를 이해해야 한다.

이 장에서는 '세대론'을 본격적으로 다룬다. 세대 및 세대론을 이해하는 것이 중요한 이유는 다음과 같다.

첫째, 지난 25년간 한국 정치의 지배적인 흐름은 '86세대의 부상'이었다. 86세대는 '80년대에 대학을 다니고, 60년대에 태어난 세대'로, 사실상 '80년대 학생운동 세대'를 지칭한다. 하지만 현재 86세대 역시 세대교체론의 압박을 받고 있다. 이런 상황에서 세대교체가 실제로 어떻게 이뤄지는지 이해하기 위해 '세대교체의 매커니즘'에 대해 살펴볼 것이다.

둘째, 86세대를 압박하는 세대교체 흐름은 크게 2030세대와 97세대로 볼 수 있다. 이들의 특성에 대해 각각 살펴볼 것이다.

셋째, 현재 2030세대는 유권자 중에서 최대 규모의 스윙 보터다. 다르게 표현하면, '중도 유권자층' 가운데 양적으로 가장 많은 집단이다. 민주당이든 국민의힘이든 선거 승패의 핵심은 누가 2030세대의 지지를 받는지에 의해 결정된다. 이제 하나씩 살펴보기로 하자.


## 세대효과와 연령효과


세대론을 본격적으로 탐구하기에 앞서, 알아야 할 기본 개념부터 짚고 시작하자. 먼저 '세대효과'다. 사람은 보통 20대 때 경험한 세계관이 죽을 때까지 지속되는 경우가 많다. 예컨대, 20대 때 나훈아와 남진을 좋아하면 죽을 때까지 나훈아, 남진을 좋아하는 게 일반적이다. 20대 때 김광석, 서태지, 이문세를 좋아하면 죽을 때까지 김광석, 서태지, 이문세를 좋아한다. 이처럼 특정 세대의 경험이 지속되는 것을 세대효과라고 한다. 다시 말해, 세대효과는 변하지 않고, '지속되는 것'이다.

반대로, 연령효과는 나이를 먹어감에 따라 '변하는' 경우다. 변화 방향이 보수인지, 진보인지는 중요하지 않다. 예를 들면, 젊었을 때는 상대방 외모를 중요하게 생각했는데 나이를 먹고 나서는 돈, 인간성, 성실함이 더 중요하다고 생각할 수 있다. 젊었을 때는 전월세를 살아도 괜찮다고 생각했는데, 나이를 먹어감에 따라 자가 주택이 중요하다고 생각할 수 있다. 모두 나이를 먹어감에 '생각이 바뀌는' 경우다.

## 세대교체 30년 주기 패턴

세대교체는 약 30년을 주기로 작동한다. 왜 30년을 주기로 작동할까? 세계관 형성은 20대 때 이뤄지고, 그 사회에서 의사결정 주도권을 잡는 시기는 50대인 경우가 일반적이다. 즉, 우리는 20대 때 형성된 세계관으로 50대 때 의사결정을 한다.

한국은 유럽과 달리 압축 고도성장을 했다. 세계에서 가장 빠른 변화, 가장 굴곡이 심한 근현대사 150년을 살았다. 앞 세대 30년과 자기 세대 30년은 독립 여부, 냉전/탈냉전/신냉전 여부, 경제발전 단계, 민주화 여부가 질적으로 달랐다. 그래서 그 어떤 나라보다 한국의 '세대교체 30년 주기'는 더 드라마틱하게 작동한다. 새롭게 등장한 20대의 입장에서 이전 세대 행태가 '꼰대' 처럼 보이는 이유다. 반항이 수반되지 않은, '얌전한' 세대교체가 어려운 이유이기도 하다.

세대교체 30년 주기론을 한국 정치에 적용해보면, 한국 정치사에서 세대교체는 크게 2번 있었다. 첫 번째 세대교체는 1960~1970년대 '1박 3김'의 등장이고, 두 번째 세대교체는 2000년대 초반에 본격화된 학생운동 출신 '86세대의 부상'이다. 그리고 현재, 한국 정치는 세 번째 세대교체 국면의 초입에 있다.

첫 번째 세대교체는 1960~1970년대 '1박 3김'의 등장이다. 박정희(1917년생), 김대중(1924년생), 김종필(1926년생), 김영삼(1927년생)이다. 한국 정치에서 최초의 세대교체는 1961년 5·16 군사 쿠데타였다. 1961년을 기준으로, 박정희는 만 44세였고, 김종필은 만 35세였다. 박정희가 가장 나이 많은 축에 속했고, 5·16쿠데타의 주역은 김종필 또래였다. 5·16쿠데타 자체가 30대 군부 엘리트의 집권을 의미하기에 이 사건은 세대교체 성격을 포함하고 있었다. 이전까지 한국 정치 주역들은 이승만, 여운형, 신익희, 윤보선, 조봉암, 장면 등이었다. 이분들은 모두 구한말 출생자들이다. 이승만은 1875년생, 여운형은 1886년생, 신익희는 1894년생, 윤보선은 1897년생, 조봉암은 1898년생, 장면은 1899년생이었다.

집권 여당인 공화당은 '젊은 정당'이었다. 민주당-신민당 계열의 정치 지도자들은 신익희, 윤보선, 장면이었다. 이들은 1926년생인 김종필과 비교하면, 서른 살 정도 더 많았다. 1970년 대선 경선에서 신민당의 '40대 기수론'은 이런 배경에서 등장했다. 김대중은 박정희보다 일곱 살 적었고, 김영삼은 김종필보다 한 살 적었다. 세대교체는 공화당이 주도하고, 10년 이후 신민당이 뒤쫓는 형국이었다.

한국 정치사에서 두 번째 세대교체는 '86세대의 대규모 부상'이다. 86세대의 최대 업적은 직선제 쟁취와 민주주의의 공고화다. 86세대의 국회 진입은 1996년 총선에서 만 32세 나이로 당시 여당의 거물급 정치인이었던 나웅배 후보를 꺾고 화려하게 당선된 김민석 의원(1964년생)을 출발로 한다. 이 사건은 학생운동 출신의 '득표력'이 입증된 것으로 이해됐다. 2000년 총선은 아예 '젊은피 수혈'을 표방하며 여야가 경쟁적으로 86세대 학생운동권 출신들을 영입한다. 역대 전대협 의장 출신들은 대부분 국회의원 후보로 출마하게 된다. 소위 SKY 대학의 총학생회장 출신은 정치권이 가장 선호하는 영입대상이었다. 86세대 정치인들의 대부분은 2000년 총선과 2004년 총선을 통해 국회에 진입한다.

86세대의 정치권 유입에서, 민주당은 학생운동 출신이 압도적으로 많았고, 국민의힘 계열은 전문가 비중이 상대적으로 많았다. 국민의힘에서 86세대를 대표하는 인물인 오세훈(1961년생), 나경원(1963년생), 원희룡(1964년생), 남경필(1965년생)은 모두 화려한 학생운동 경력을 갖고 있지 않다. 변호사, 판사, 검사, 방송인 등 전문직이 더 일반적이었다.

오세훈의 경우 39세에 국회의원을 시작하고, 45세인 2006년에 서울시장에 당선됐다. 김민석은 32세에 국회의원을 시작하고, 38세인 2002년에 서울시장 후보로 출마했다. 30세 초중반에 국회의원이 되고, 40세 초중반에 서울시장을 했다는 것은 지금 생각하면 참으로 놀라운 일이다.

## 세대효과와 유권자 3분법

　세대를 기준으로, 한국의 유권자 집단은 크게 세 덩어리로 구분할 수 있다. 6070 이상 세대, 4050세대, (18~19세를 포함한) 2030세대다. 이들의 유권자 비율은 얼마나 될까? 2022년 3월 대선을 기준으로, 6070 이상 세대는 30%, 4050세대는 38%, 2030세대는 32%다. 2030세대가 6070 이상 세대보다 2%포인트 더 많다. 다만, 세대별 투표율을 고려하면 조금 달라진다. 6070 이상 세대가 2030세대에 비해 10%포인트 이상 더 많이 투표한다. 쪽수는 2030세대가 더 많지만, 동원력은 6070 이상 세대가 더 빵빵하다.

　우리는 앞서 '세대효과' 개념의 핵심이 20대 때 형성된 세계관이 죽을 때까지 지속되는 것임을 살펴봤다. 세대효과 개념은 유권자별 특성을 이해하는 데 유용한 분석 틀을 제공한다. 가장 중요한 것은 '그들이 경험했던 20대'를 한국 현대사의 맥락에서 이해하는 것이다. 20대 시절의 경험 및 세계관을 전제로, 각 세대의 특성을 분석하면 다음과 같다.

　[표 3-1]은 세대효과와 유권자 3분법 그리고 각 세대별 특성을 정리했다. 먼저 6070 이상 세대의 경우, 이들이 20대였던 때는 1960~1970년대였다. 가장 중요한 키워드는 북한과 가난이다. 즉 북한의 남침야욕을 막고, 가난을 극복하는 것이었다. 이 시기는 폭력이 일상이던 권위주의 시대였다. 맞고 자라고, 때리고 자라던 시절이었다. 1인당 GDP는 1천 달러가 되지 않던 후진국 시

표 3-1 세대효과와 유권자 3분법과 각 세대별 특성
(유권자 비중은 2022년 대선 기준)

| 구분 | 6070 이상 세대 | 4050세대 | 2030세대 (18~19세 포함) |
|---|---|---|---|
| 유권자 비율 | 30% | 38% | 32% |
| 20대 시절 연도 | 1960~1970년대 | 1980~1990년대 | 2000년대~최근 |
| 최대 관심사 (한국 현대사) | 북한과 가난 (북한의 남침위협, 산업화) | 민주화, 권위주의와 투쟁 (군부독재 타도) | 요즘 문제들 (최근 새로운 이슈들) |
| 정치 발전 단계 | 권위주의 시절 | 민주화 이행기 | 민주주의 공고화 |
| 경제 발전 단계 | 후진국 | 중진국 (개발도상국) | 선진국 |
| 미디어 발전 단계 | TV 세대 | 인터넷 & 모바일 세대 | 모바일 세대 |

절을 살았다. 한국 경제사에서 1인당 GDP가 1천 달러를 돌파하는 시점은 1977년이다. 1960년대에는 500달러가 되지 않았다.

4050세대의 경우, 이들이 20대로 살았던 때는 1980~1990년대였다. 가장 중요한 키워드는 군부독재 타도와 권위주의 세력의 회귀를 막는 것이다. 이들에게 가장 큰 영향을 줬던 사건은 1980년 광주, 1987년 6월 항쟁, 2002년 월드컵 열풍과 노무현의 당선, 2009년 노무현 대통령의 서거다. 권위주의 세력에 맞서 민주화 이행기를 살았고, 1인당 GDP가 1만 달러를 돌파하던 (1995년) 중진국의 시대를 살았다.

2030세대의 경우, 이들이 20대인 시기는 2000~2010년대다. 이들에게 대한민국은 원래 민주주의였고, 원래 선진국이었다. 이들은 이명박 정부와 박근혜 정부에 반감이 강했는데, 그들의 권위주의적 행태가 '너무 구리기' 때문이었다. 이들은 이전 세대와 비교할 때, 새로운 환경에서 살고 있고, 새로운 어젠다에 관심이 많다. 젠더, 중국의 부상, 경제환경의 변화, 기후위기를 비롯한 에너지 전환, 외교안보 환경의 변화 등에 관심이 많다.

세대론의 관점에서 한국 정치사를 복기해보면, 이승만, 김구, 여운형, 윤보선 등 1세대 정치인들의 최대 업적은 독립과 건국이었다. 1박 3김으로 집약되는 2세대 정치인들의 최대 업적은 산업화의 성공과 민주주의의 씨앗을 뿌린 것이다. 86세대로 상징되는 3세대 정치인들의 최대 업적은 직선제를 쟁취하고, 권위주의 체제의 회귀를 막고, 민주주의를 안착시킨 것이다.


## '밥그릇을 바꾸는' 청년 정치


세대교체는 항상 바람직한 것일까? 결론부터 말하면, 그렇지 않다. 단지 '밥그릇을 바꾸는' 청년 정치가 있고, '시대를 바꾸는' 세대교체가 있기 때문이다.

정치권에서 청년의 기준은 만 45세로 통한다. 사람들은 왜 나이가 청년인 것에 주목하는 것일까? '세대교체 열망'이 투영돼 있기 때문이다. 국민의힘 다수는 여전히 종북 빨갱이 타령을, 민주당 다수 역시 독재 타령을 한다. 그러니 청년들은 좀 낫지 않을까 하는 기대가 있는 것이다. 정신 멀쩡한 청년 보수와 정신 멀쩡한 청년 진보가 등장하면, 그간의 저급한 싸움과는 구분되는, 조금은 더 멋진 정치를 해줄 거라는 기대다.

2020년 21대 국회가 개원할 때, 만 45세 이하 청년 국회의원은 총 26명이었다. 비율로 보면, 전체 국회의원 300명 중에 8.7%였다. 총 26명 중 민주당 소속은 15명(57.7%)이다. 국민의힘 소속은 8명(30.8%)이다. 민주당 소속 청년 국회의원 숫자가 국민의힘에 비해 7명 더 많다. 그밖에는 정의당 2명, 기본소득당 1명이었다.

중간평가를 해본다면, 2030 청년세대가 먼저 주도해서 한국 정치의 품질을 개선했다고 볼 수 있을까? 그간의 청년 정치에 대해 좋은 점수를 주기 어렵다면, 그 이유는 무엇이고, 바람직한 세대교체는 어떤 경우일까?

정치는 '대국민 공공 서비스업'의 성격을 갖는다. 정치는 정치 플레이어들을 위한 것이 아니다. 궁극적으로는 국민들을 위한 것이다. 현재 청년 정치는 크게 세 가지 노선으로 구분할 수 있다. 첫째, 청년 할당제 노선이다. 둘째, 선출 횟수 제한 혹은 연령 차별 노선이다. 셋째, 시대교체 노선이다. 앞의 두 노선은 '밥그릇을 교체하는' 청년 정치에 불과하다. 민주당 내부에서 나오는 담론인데, 매우 퇴행적이다. 정치 발전에 기여하는 바가 거의 없다.

첫째, 청년 할당제 노선은 청년들의 인구 비중만큼을 할당해줘야 한다는 발상이다. 예컨대, 전체 유권자와 비교해서 2030 유권자 비중이 32%이면, 전체 국회의원의 32% 정도는 2030세대가 담당해야 한다는 논리다. 청년 할당제 노선에는 다음과 같은 생각이 깔려 있다. "형님들도 무능하고 나도 무능하니, 우리 함께 나눠 먹읍시다." '나눠먹기 세계관'에 기반한 발상이다.

둘째, 선출 횟수 제한 노선 혹은 연령 차별 노선이다. 예컨대, 현재 민주당 일각의 청년들이 주장하는 "3선 이상은 같은 지역구에 출마하지 마라."는 입장이 여기에 해당한다. 선출 횟수 제한 노선의 바탕에는 몇 살 이상 나이 먹은 노인네들은 정치를 하지 않는 게 바람직하다는 연령 차별 발상이 깔려 있다.

선출 횟수 제한과 연령 차별의 부적절함은 미국 정치에서 찾을 수 있다. 조 바이든 대통령, 낸시 펠로시가 대표적이다. 2023년 기준, 미국의 조 바이든 대통령(1942년생)은 81세다. 1973년부터 2009년까지 델라웨어 주에서 연방 상원의원을 했다. 상원의원을 했던 기간만 36년이다. 연방 상원의원 임기는 6년인데, 같은 지역구에서 7선을 했다. 2009년부터는 버락 오바마 대통령과 함께 러닝메이트로 부통령을 했고, 2020년 대선에서 당선됐다.

최근까지 민주당 하원의장을 했던 낸시 펠로시(1940년생)는 83세다. 1987년부터 현재까지 연방 하원의원을 하고 있다. 기간은 36년이다. 연방 하원의원 임기는 2년이다. 낸시 펠로시는 같은 지역구에서 무려 19선을 하고 있다.

한국 정치에서도 노익장(老益壯)으로 최고의 정치 품질을 보여줬던 정치인이 있다. 김대중 전 대통령(1924년생)과 김영삼 전 대통령(1927년생)이다. 김대중 대통령은 지역구 4선, 전국구 2선을 포함해서 총 6선의 국회의원을 했다. 대통령 선거는 세 번 떨어졌고, 네 번째 당선됐다. 김영삼 대통령은 지역구 8선, 전국구 1선을 포함해서 총 9선을 했다. 대통령 선거는 한번 떨어졌고, 두 번째 당선됐다.

현재 민주당 일각의 청년들이 주장하는 "3선 이상 같은 지역구 출마 금지"에 의하면, 조 바이든, 낸시 펠로시 같은 사람은 정치를 진작 그만뒀어야 한다. 김대중 전 대통령과 김영삼 전 대통령 같은 정치인도 배출되지 못했을 것이다. 민주당 청년들 스스로가 자신들이 내세울 것은 '경험 없음'과 '나이 적음'밖에 없다고 고백하는 꼴이다. 국민들 입장에서 아무런 부가가치가 없다.


## '시대를 바꾸는' 세대교체 노선

세 번째는, 시대교체 노선이다. '시대를 바꾸는' 청년 정치가 성공하기 위해서는, 청년 정치의 약점과 강점을 분석하는 것에서 시작할 필요가 있다. 청년 정치는 두 가지 약점이 있다. 첫째, 자원이 부족하다. 둘째, 경험이 부족하다. 청년 할당제, 선출 횟수 제한도 이런 문제의식에서 출발했기에 전혀 이해되지 않는 것은 아니다.

반면, 청년 정치는 두 가지 강점을 갖고 있다. 첫째, 변화 지향성이다. 이는 청년이 '비주류'인 것에서 연유한다. 둘째, '요즘 문제'에 가장 관심이 많은 세대다. 이 지점이 가장 중요하다.

6070 이상 세대의 최대 관심사는 지금도 북한과 가난이다. 4050세대의 최대 관심사는 지금도 민주화와 권위주의 세력과

의 투쟁이다. 모두 한국 현대사에서 이들이 겪었던 '20대 때 경험'에서 비롯됐다. 세대효과 개념은 현재 주류 세대가 '아직도, 20대 시절의 과거와 싸우고 있음'을 의미한다. 6070 이상 세대는 지금도 죽은 김일성과 싸우고 있고, 4050세대는 지금도 죽은 전두환과 싸우고 있는 중이다. 국민의힘의 빨갱이 타령, 민주당의 독재 타령도 같은 맥락이다.

기존 세대와 구분되는, 청년 정치의 가장 중요한 경쟁력은 '요즘 문제'와 싸우는 것이다. 과거에는 덜 중요했지만 최근에 와서 더 중요해진, 국민 다수가 관심을 갖는 문제와 대결해야 한다. 그런 게 뭐가 있을까?

크게 7가지 이슈를 꼽아볼 수 있다. ① 젠더 ② 중국 ③ 글로벌 가치사슬(GVC)을 포함한 경제 환경의 근본적 변화 ④ 기후위기·탄소중립·에너지 전환 ⑤ 외교안보 환경의 근본적 변화 ⑥ 저출산·초고령화 ⑦ 지방소멸·지역격차 확대가 여기에 해당한다. 2022년 대선 국면에서 청년 정치를 선도했던 국민의힘 이준석과 민주당 박지현의 경우, 이 중에서 '젠더 보수'와 '젠더 진보'를 상징했던 사람들이다.

물론, 7가지 이슈의 중요도가 1/N로 같은 비중은 아니다. 통상적으로 국민 다수가 가장 중요하게 생각하는 것은 경제와 안보다. ② 중국 ③ 글로벌 가치사슬(GVC)을 포함한 경제 환경의 근본적 변화 ④ 기후위기·탄소중립·에너지 전환 ⑤ 외교안보 환경의 근본적 변화 ⑥ 저출산·초고령화는 모두 경제 및 안보와 직결되는 사안들이다. 경제와 안보는 과거에도 중요했다. 문제는 국제적 상황변화 등 '요즘 상황'을 반영해야 한다.

세대교체는 나이 교체가 아니라 세계관의 교체여야 한다. 97세대가 되었건, 2040세대의 청년 정치인이 되었건, 단순한 나이 교체는 정치인들끼리의 '밥그릇 교체'에 불과하다. 국민들의 지지와 엄호를 받을 수 없다. 성공하는 세대교체는 오직 '세계관의 교체'를 이룰 때다.

현재 세계질서와 대외환경은 급변하고 있다. 북한은 사실상의 핵보유국이 됐다. 미국과 중국의 패권경쟁은 강화되고, 중국의 추격으로 산업 경쟁력은 낮아졌다. 과거에는 없던 무역적자가 발생하는 경우가 잦아지고 있다. 2025년부터는 노인 비중이 20%를 넘는 초고령화 국가가 된다. 한국의 초고령화 속도는 세계에서 가장 빠르다. 부양비 및 증세 압박이 강해지고, 세대갈등이 강해질 것이다.

국민의힘 계열은 지금도 빨갱이와 싸우고 있다. 민주당 계열은 지금도 전두환, 토착왜구와 싸운다. 증오심을 동원하는 건 자신들의 무능을 은폐하는 가장 효과적인 방법이다. 국민의힘과 민주당 청년 정치인의 90% 이상은 '혐오 경쟁'에 올라타고 있다. 이는 생계형 청년 정치에 불과하다. 성공하는 세대교체의 유일한 방법은, 현재 대한민국이 당면한 '요즘 문제'와 대결하는 것이다. 나이를 바꾸려 하지 말고, 세계관과 의제를 바꿔야 한다.

# 2장

# 이준석-천하람 돌풍,
# 왜 민주당에는 없는 것일까?

2021년 6월 11일, 국민의힘 전당대회가 있었다. 2022년 3월 9일에 있는 대선을 앞두고 있었기에, 대선의 총사령탑을 뽑는 선거였다. 주호영 의원, 나경원 의원, 원외 청년이었던 이준석 등이 대표로 출마했다. 놀라운 일이 벌어졌다. 여론조사에서 이준석 지지율이 1위로 치고 올라가더니, 대표로 당선됐다. 당시 국힘의힘 대표 선출 방식은 당원 70%, 여론조사 30%였다. 이준석은 여론조사에서는 압도적 1등, 당원 투표에서는 나경원 후보와 근소한 격차로 2등을 했다. 합산 1등을 했다.

경선 과정에서 이준석 후보 선거운동의 백미(白眉)는 대구 유세였다. 이준석 후보는 대구 지역 당원들에게 '박근혜 대통령에 대한 탄핵은 정당했고, 다가오는 대선에서 승리하려면 함께 탄핵의 강을 건너자'고 제안했다. 광주가 민주당의 지역적 본거지이듯, 대구 역시 국민의힘의 지역적 본거지다. 국민의힘 당원들은 1985년생, 당시 36세인 원외 청년 이준석을 당 대표로 선출했다. 헌정 사상 최초의 30대, 역대 최연소 대표였다. 동시에 선출직 공직자 경험이 없는 최연소 제1야당 대표였다. 제1야당 대표는 대한민국 국가의전 서열 7위에 해당한다.

이준석은 '세대 포위론'을 주장했다. 세대 차원에서, 민주당의 핵심 지지층은 4050세대다. 2030세대와 6070세대가 연합해서, 4050세대를 포위하자는 주장이다. 이준석은 2030세대 전부를 끌어당기지는 못했다. 그러나 최소한 2030세대 남성 유권자 일부를 끌어당기는 것은 성공했다. 세대 포위론은 '절반의' 성공을 했다. 그 이전에는 남녀를 가리지 않고, 2030세대 대부분이 민주당을 압도적으로 지지했다. 2030세대 중 남성 유권자만이라도 국민의힘 지지층으로 끌어당긴 것은 큰 변화였다.


### '원외 청년' 천하람,
### 국민의힘 대표 선거에서 15%를 득표하다


2021년 6월 11일, 이준석의 당 대표 선출은 '세대교체의 신호탄'으로 받아들여졌다. 혹은 2030세대 정치 지도자의 등장을 상징했다. 이준석은 대선 과정에서 윤석열 후보와 공개적으로 다툰다. 현직 당 대표가 대선 선거운동 기간 중에 두 번에 걸쳐 '잠적'하는 황당한 사건도 발생한다. 윤석열 후보는 대통령에 당선된 후, 결국 이준석을 대표직에서 몰아낸다.

이준석을 대표직에서 몰아낸 이후, 2022년 3월 8일 국민의힘은 새로운 대표를 뽑는 전당대회를 개최한다. 3·8 전당대회다. 대표 후보로 김기현, 안철수, 황교안, 천하람이 출마한다. 천하람은 1986년생으로 37세다. 이준석과 정치 행보를 함께하고 있고, 이준석과 한 살 차이다.

이준석과 정치 행보를 같이 하는 이준석 계열은 분야별로 1명씩 출마했다. 이들은 자신들을 '천아용인'이라고 불렀다. 대표는 '천'하람, 최고위원은 허은'아', 김'용'태, 청년 최고위원은 이기'인' 후보가 출마했다. 당 대표 선거에서 최종 결과는 김기현 52.9%, 안철수 23.4%, 천하람 15.0%, 황교안 후보 8.7%였다. 천하람 후보는 4자 구도에서 15%를 득표했다. 다른 후보들이 쟁쟁했던 것을 고려하면, 엄청난 선전이었다.

천하람 후보의 '세대별' 득표율은 어땠을까? 국민의힘은 선거 결과의 세부내역을 공개하지 않지만, 선거운동 기간 중에 언론을 통해 알려진 여론조사 결과를 통해서 추정해볼 수 있다. 마침, 전당대회 선거운동 기간 중 뉴시스가 국민리서치그룹과 에이스리서치에 여론조사를 의뢰해서 보도한 내용이 있다. 조사는 2월 11~13일간 실시됐고, 국민의힘 지지층에 국한된 조사다.

[표 3-2]를 보면, 지지율은 김기현 38.6%, 안철수 29.8%, 천하람 16.5%, 황교안 후보 10.7%였다. 천하람 후보는 황교안 후보보다 5.8%p 더 많은 3위를 차지했다.*

---

*　뉴시스, 〈輿 당대표 적합도…4자 김기현 38.6% 안철수 29.8% 결선 金 49.1% 安 42%〉, 인터넷판 기준 2023년 2월 15일 보도.

표 3-2 국민의힘 대표 적합도(국민의힘 지지층 대상, N=484, %)

| 구분 | 김기현 | 안철수 | 천하람 | 황교안 | 기타후보/지지 없음/잘 모름 |
|------|--------|--------|--------|--------|--------|
| 전체 | 38.6 | 29.8 | 16.5% | 10.7% | 4.4% |
| 20대 | 16.4 | 31.7 | 31.8% | 13.1% | 7.0% |
| 30대 | 31.8 | 34.1 | 19.3% | 7.9% | 6.9% |
| 40대 | 37.3 | 31.2 | 17.2% | 11.5% | 2.8% |
| 50대 | 45.0 | 23.3 | 20.3% | 7.9% | 3.5% |
| 60대 이상 | 48.5 | 29.5 | 6.9% | 12.0% | 3.2% |

천하람 후보의 연령별 지지율이 흥미롭다. (18세와 19세가 포함된) 20대만 살펴보면, 천하람 후보가 1위로 31.8%, 안철수 31.7%, 김기현 16.4%, 황교안 13.1%다. 천하람 후보를 비롯한 천아용인 후보들이 '20대의 지지'를 받고 있음을 보여준다.[**]

## 이준석과 천하람: 탈냉전 스마트 청년 보수의 등장

이준석과 천하람 돌풍을 마주하는 우리의 질문은 두 가지다. 첫째, 이준석-천하람 돌풍은 한국 정치에서 어떤 의미를 갖는가? 둘째, 왜 민주당에서는 이준석-천하람 같은 세대교체 돌풍이 발생하지 않는가?

[**] 중앙선거여론조사심의위원회 등록번호 11140번, ㈜국민리서치그룹 조사, 뉴시스 의뢰, 〈전국 정당지지도, 국정수행 평가 등〉, 등록일 2023년 2월 14일.

첫째, 이준석-천하람 돌풍은 한국 정치에서 어떤 의미를 갖는가? 한마디로 말하면, '탈냉전 스마트 청년 보수'의 등장을 의미한다. 세대효과 측면에서, 2030 남성의 보수 성향과 6070 이상 세대의 보수 성향은 질적으로 다르다. 6070 이상 세대는 냉전＋안보＋권위주의를 지지했던 보수였다. 반면, 2030 남성은 탈냉전＋시장＋권위주의에 비판적인 보수다.

윤석열 정부 출범 직후, 이준석은 북한 방송을 한국에 완전히 개방해서 '자유민주주의 가치'를 제대로 구현했어야 한다고 주장했다. 놀라운 발상이었다. 과거 6070 보수 세대는 북한 방송을 법으로 금지해서 대한민국 안보를 지키려고 했다. 2030 청년 보수는 북한에 비판적인 태도는 똑같지만 방법론은 정반대다. 오히려 북한 방송을 전면 공개해서 대한민국의 '체제 우월성'을 보여주려 했다. 이러한 접근은 '천아용인' 후보 모두에게 확인된다. 경선 기간에 천하람, 허은아, 김용태, 이기인 후보는 제주 4·3 평화공원을 찾아 피해 유족들을 위로하고 4·3 희생자들에 대한 보상액 상향을 공약으로 내걸었다.

과거 6070 이상 세대의 안보 보수는 종북 빨갱이 타령이 정체성의 한 축이었다면, 2030 청년 보수는 종북 빨갱이 타령에 동의하지 않는다. 2030 청년 보수는 '탈냉전' 보수다. 2030 청년 보수는 민주화 운동의 성과를 인정하는 '자유민주주의를 지지하는' 보수다. 다르게 표현하면, 2030 청년 보수는 '권위주의에 비판적인' 보수다. 이는 2016~2017년 기간에 박근혜-최순실 국정농단 사태 때 명징하게 드러났다. 2030 청년 보수도 탄핵 촛불연합의 한 축이었다. 문재인 정부와 민주당은 탄핵 촛불연합을 민주당의 전유물로 생각하는 경향이 강했다. 이것은 사실이 아니다. 탄핵 촛불연합의 한 축은 분명 민주당 지지층이었다. 하지만 다른 한 축은 '권위주의에 비판적인' 부울경 보수와 '권위주의에 비판적인' 2030 청년 보수도 합류했던 거대한 통일전선이었다.

6070세대는 '안보 보수' 성격이 강하다. 이들이 20대였던 1960~1970년대는 북한의 남침 위협이 중요하고 엄중한 시기였다. 2030 청년 보수는 '시장 보수'의 성격이 강하다. 능력주의에 기반하고 있는 이준석은 할당제에 비판적이다. 시장 보수의 특성을 보여주는 단면이다. 또, 2030세대는 남녀를 막론하고 '중국에 대한 거부감'이 매우 강하다. 안보 문제도 앞으로는 중국에 대한 경계심이 더 강해질 것이다.


## 민주당에서는 왜 세대교체 돌풍이 일어나지 않는 것일까?

둘째, 왜 민주당에서는 이준석-천하람 같은 세대교체 돌풍이 발생하지 않는가? 사회 현상을 분석하는 방법은 크게 두 가지가 있다. 하나는, 행위자 중심 접근이다. 다른 하나는, 구조 중심 접근이다. 실제 현실은 두 가지가 모두 작동한다.

먼저, 행위자를 중심으로 살필 때, 민주당에서 세대교체 돌풍이 발생하지 않는 이유는 뭘까? 해답은 간결하다. 민주당에는 이준석과 천하람 같은 대중과 교감하면서도 용기 있는 청년 정치인이 없기 때문이다. 세대교체란 개념 자체가 '기존 세대의 부정'을 내포한다. 이준석과 천하람은 전통 우파와의 싸움을 주저하지 않았다. 이들은 탄핵을 반대하는 우파를 비판하고, 2017년 대선 음모론을 주장하는 강경 우파와의 싸움을 마다하지 않았다. 냉전 우파 혹은 권위주의를 옹호하는 우파와 선명하게 차별화했다.

민주당에도 이준석, 천하람과 연령대가 비슷한 청년 정치인들이 있다. 그러나 이들처럼 '기존 세대와 차별화되는' 청년 정치인은 아직까지 없다. 민주당 정치인의 압도적 주류는 1980년대 학생운동을 했던 86세대다. 1980년대 학생운동은 시대적 한계로 인해 '냉전 좌파적' 사고를 수용해야 했다. 1980년대적인 맥락에서 한국 진보는 반(反) 대기업 정서, 규제 완화에 비판적인 정서, 국가 개입 선호, 미국과 일본에 비판적인 정서를 공유하고 있다. 민주당 핵심 지지층의 사고방식이기도 하다. 민주당에 필요한 세대교체도 원리는 같다. '냉전 좌파와 차별화되는' 탈냉전 스마트 좌파의 등장이다.

민주당의 청년 정치인들은 '86세대 주류 질서'에 순응하는 경우가 더 많다. 문재인 전 대통령이 주류일 때는 '친문(親文) 질서'에 순응하고, 이재명 대표가 주류일 때는 '친명(親明) 질서'에 순응하고 있다. 콘텐츠와 용기에 기반하여 86세대 진보와 구분되는, 탈냉전 스마트 좌파의 흐름은 아직 등장하지 않고 있다.

다음으로, 구조 중심 접근이다. 세대효과 개념, 세대교체 30주년 주기 패턴, 세대효과를 고려한 유권자 3분법에 입각해서 보면, 다음과 같은 세 가지 지점을 주목할 필요가 있다.

하나, 2030세대 중에서 남성은 국민의힘 지지 성향이 강하고, 여성은 민주당 지지 성향이 강하다. 원래 2030세대 전체적으로는 기존 세대에 비해 무당파적 성향이 강했다. 하지만 2021년 4·7 재보선과 2022년 3·9 대선을 치르면서 남성과 여성의 지지 성향이 확 갈라졌다.

둘, 세대별로 볼 때, 6070 이상 세대는 국민의힘 지지성향이 강하고, 4050세대는 민주당 지지성향이 강하다. 결국, 국민의힘 지지 세력은 2030 남성과 6070 이상 세대가 한 묶음이다. 민주당 지지 세력은 2030 여성과 4050세대가 한 묶음이다.

셋, 당의 핵심 지지층과 2030세대의 '간극'이다. 민주당 지지층의 경우, 2030 여성과 4050세대의 사회문화적 간극이 상대적으로 가깝다. 반면 국민의힘 지지층의 경우, 2030 남성과 6070 이상 세대의 사회문화적 간극이 상대적으로 더 멀다.

세대 간 사회문화적 간극이 더 먼 경우 정치적으로 어떤 의미를 갖게 될까? 2030 남성 입장에서 국민의힘은 '할아버지 당'이다. 2030 여성 입장에서 민주당은 '삼촌 당'이다. 사회문화적 간극은 할아버지 정당이 더 멀고, 삼촌 정당이 더 가깝다. 사회문화적 간극이 더 먼 2030 남성들의 경우, 이전 세대와 확연히 구분되는 청년들의 '독자 세력화'가 더욱 용이하다. 반면 사회문화적 간극이 더 가까운 2030 여성의 경우, 삼촌 정당에서 청년들의 '독자 세력화'는 더욱 불리하다. 2030 청년 보수 입장에서, 할아버지당(국민의힘)에서는 '구심력'이 더 강하게 작동한다. 2030 청년 진보 입장에서, 삼촌당(민주당)에서는 '원심력'이 더 강하게 작동한다.


## 세대교체와 연동된,
## 혁신 보수와 혁신 진보의 미션

민주당은 본인들이 '문화적으로' 더 진보적이고, 더 개방적이라고 생각하는 경향이 강하다. 틀린 말은 아니다. 한국의 민주화운동은 '기존 질서'에 도전하는 과정이었다. 그러나 역사에서 성공했던 경험이 한 세대를 지나 새로운 질서의 방해물로 작용하는 경우는 매우 흔한 일이다.

세대교체는 '기존 세대의 부정'을 전제로 한다. 기존 세대를 부정한다는 것은 무엇인가? 30년 이전에는 타당했던 가치관과 세계관도 세상이 변하면서 '낡은 것'이 되기 마련이다. 30년간의 변화를 고려한 새로운 세계관, 새로운 어젠다로 무장한 새로운 세대의 집단적 출현. 그것을 '세대교체'라고 표현한다.

2030세대는 '새로운 유권자 세대'의 출현이다. 국민의힘 입장에서도, 민주당 입장에서도 기존의 문법과 다른 유권자 집단의 출현이다. 2022년 대선을 기준으로, 2030세대의 유권자 비중은 32%였다. 국민의힘이든, 민주당이든 2030세대의 지지를 받지 못하면 선거에서 승리할 수 없다. 국민의힘에서는 이준석과 천하람 같은 '2030세대 남성'의 지지를 받는 상징적 정치인이 출현했다. 하지만 민주당에는 '2030세대'의 지지를 받는 상징적 정치인이 아직 없다.

이준석과 천하람의 등장은 국민의힘 내부에서 '2030세대'의 에너지를 흡수할 수 있는 정치인이 존재함을 의미한다. 보수 정치 입장에서는 전통적인 6070세대와 새로운 2030세대의 연합, 다시 말해 세대연합의 가능성이 생겼다. 하지만 민주당은 그렇지 않다. 86세대스러운 마인드가 지배적이고, 다른 목소리는 극히 취약하다. 용기 있는 정치인도 거의 없고, 민주당 핵심 지지층도 다른 목소리에 배타적이다.

다양성이 중요한 이유는 진화에 더욱 유리하기 때문이다. 민주당은 점점 진화에 불리한 정당이 되어가고 있다. 관성의 법칙에 의존하는 '생계형' 정치인들이 점점 많아지고 있다. 새로운 시대에 걸맞는, 새로운 노선을 고민하는 '용기 있는' 정치인은 잘 보이지 않는다.

# 3장

# 민주당 97세대는
## '세대교체 주역'이 될 수 있을까?

2022년 8·28 민주당 전당대회에는 이재명 후보와 함께 97세대 정치인들 4명이 대표 후보로 나왔다. 97세대는 90년대 학번, 70년대생을 의미한다. 당시 대표 후보로 나온 97세대는 강병원(1971년생), 강훈식(1973년생), 박용진(1971년생), 박주민(1973년생) 의원이었다. 최종 결선에는 이재명 후보와 함께 강훈식, 박용진 의원이 올라갔다가, 강훈식 의원은 중도 사퇴하였다. 최종 득표율은 이재명 후보가 78%, 박용진 후보가 22%를 받았다.

선거는 '구도'가 중요하다. 좋아서 찍거나 싫어서 찍는 게 일반적이다. 민주당 내부에서는 이재명 의원의 대표 출마에 대해 호불호가 강했다. '구도 효과'까지를 고려할 때, 박용진 후보의 22%는 매우 부진한 득표였다. 세대교체 바람은 불지 않았다.

## 전대협 출신 60대를 한총련 출신 40대로 바꾸는 것은 세대교체가 아니다

민주당의 97세대 정치인들은 세대교체 주역이 될 수 있을까? 정치적 가능성을 살펴보기에 앞서, 97세대의 특징을 살펴볼 필요가 있다.

97세대의 특징은 세 가지로 요약할 수 있다. 첫째, 최초의 소비 자본주의 세대다. 둘째, '86세대가 만든 교재로' 공부했던 세대다. 셋째, '낀 세대'다.

첫째, 97세대는 한국 자본주의 역사에서 최초의 소비 자본주의 세대다. 이를 상징하는 표현이 X세대다. 한국의 1인당 GDP 발전 과정을 살펴보면, 1천 달러는 1977년, 5천 달러는 1989년, 1만 달러는 1995년에 달성한다. 2만 달러는 2010년, 3만 달러는 2019년에 달성한다.

경제학에서 중진국 개념은 보통 6천~1만 달러를 의미한다. 1인당 GDP 1만 달러를 돌파한 경우 '자본주의에 안착한' 것으로 볼 수 있다. 한국이 1만 달러를 돌파한 시점은 1995년이다. 서태지와 아이들이 출현한 때는 1992년이고, 커피숍과 편의점 등 프랜차이즈가 시내 한복판에 많아진 시점도 이쯤이다. 한국에서 '본격적인 자본주의'가 시작된 시점은 1995년경으로 볼 수 있다. 이 시기에 20대를 보낸 97세대는 '소비 자본주의'를 경험한 첫 세대다.

둘째, 97세대는 '86세대가 만든' 교재로 공부했던 세대다.

90년대 학생운동을 열심히 했던 사람일수록 더욱 그렇다. 이를 상징하는 표현이 '한총련 세대'다. 한총련은 1993년에 출범한 '한국대학생총연합'의 약자다. 한총련은 전대협을 계승하는 학생운동 조직이었다.

한국의 사회과학 출판물 중에 역대급 베스트셀러로 볼 수 있는 책들은 조성오의《철학 에세이》, 유시민의《거꾸로 읽는 세계사》, 박세길의《다시 쓰는 한국현대사》등이다. 그밖에도 마르크스의《자본론》,《공산당 선언》등이 포함된다. 모두 100만 부 이상 팔렸던 책들이다. 역대급 베스트셀러가 될 수 있었던 이유는 87년 6월 항쟁 이후 학생운동이 전성기를 맞았기 때문이다. 학생운동 교재 시장이 열린 것이다.

97세대는 86세대의 생물학적 후배 이전에 '세계관의 후배들'이다. 민주당 97세대 정치인들 입장에서는 본인들이 86세대와 다르게 활동했다고 생각할 수 있다. 그러나 97세대 정치인들은 아직 86세대와 구분되는 독자적 세계관, 독자적 콘텐츠를 보여주지 못했다. 국민들이 보기에 97세대 정치인들이 86세대의 아류로 보였던 이유다. 전대협 출신 60대 국회의원을 한총련 출신 40대 국회의원으로 바꾸는 것은 세대교체가 아니다.

셋째, 97세대는 '긴 세대'다. 97세대는 86세대도 아니고 2030세대도 아니다. 86세대가 보기에는 막내 동생이고, 2030세대가 보기에는 삼촌이다. 어디에서도 대장 노릇을 할 수 없다. 97세대의 '독자적' 정치세력화가 쉽지 않은 이유다. 만일 97세대만으로 독자적 정치세력화가 가능하다고 생각한다면, 그것은 낀 세대임을 부정하는 발상이다. 97세대는 자신들이 낀 세대임을 인정하는 것을 전제로, 다른 세대와 어떻게 연합할 것인지를 고민해야 한다.

## 97세대가 선택할 수 있는 세 가지 노선

97세대의 세 가지 특징을 고려한다면, 97세대의 선택지도 세 가지로 볼 수 있다.

첫째, 86세대와 연합하는 노선이다. 정치는 네트워크 산업의 성격이 강하다. 진보와 보수를 떠나, 선후배를 챙겨주고 유유상종과 동종교배가 강하게 작동하는 산업이다. 안에서 끌어주는 사람이 있을 때와 없을 때 진입 확률이 달라진다. 이 노선은 86세대의 예쁨을 받는 막내 동생 노선이다. 의식하든, 의식하지 않든 현재 민주당 97세대 정치인들과 활동가들의 압도적 다수가 취하고 있는 노선이다. 현실에 순응한다는 측면에서, 가장 합리적인 선택이기도 하다.

둘째, 86세대와 대결하는 노선이다. 오른쪽에서 저항하든, 왼쪽에서 저항하든 그것은 별개의 문제다. 아무튼 86세대 주류와 다른 선택을 하는 경우다. 이 노선은 장점과 단점이 있다. 장점은 남들이 안 하는 선택이기에 가시성에서 돋보인다. 즉, 언론 노출에 용이하다. 단점은 세력을 얻기 어렵다는 것이다. '미스터 쓴소리'가 되어, 독야청청(獨也靑靑)에 머무를 수 있다.

셋째, 2030세대의 브리지(bridge)가 되는 노선이다. 다시 말해, 86세대에 대해서는 일정한 거리를 두면서 2030세대를 돕는, 세대교체의 가교 노선을 취하는 것이다. 플레이어 측면에서 현재 민주당을 지배하는 주류 세력은 86세대다. 지지층 측면에서 민주당의 핵심 지지층은 86세대와 97세대다. 연령으로는 40대 초반~50대 후반에 해당한다.

2030세대의 브리지가 되는 것은 '아직 오지 않은 미래'의 편이 되는 것이다. 기업으로 비유하면, 86세대와 연합하는 노선은 대기업에 취직하는 선택이다. 2030세대의 브리지가 되려는 노선은 성공 확률이 불투명한 스타트업과 벤처기업에 뛰어드는 것과 같다.

민주당 97세대는 세대교체 주역이 될 수 있는가? 이 질문은, 민주당 97세대 중에서 2030세대의 브리지 노선을 실천하면서 정치적으로 성공하는 사람이 등장할 수 있는지를 묻는 것과 같다. 당장은 잘 떠오르지 않는다.


### 브리지 노선의 성공 사례 1: 천신정의 정풍운동

한국 정치사에서 다음 세대 브리지 노선의 성공 사례는 두 가지가 있다. 첫 번째 성공사례는, 2001년 천신정 정풍운동이다. '천신정'은 천정배, 신기남, 정동영을 줄인 말로, 이들의 성공 사례는 복기할 만한 지점이 많다.

김대중 정부 임기 말이었던 2001년 10월, 재보궐 선거가 있었다. 집권 말기 분위기와 김대중 대통령의 아들 비리 사건이 터지면서 여당은 선거에서 참패했다. 재보궐 선거 참패 직후, 천신정은 정풍운동을 제기했다. 김대중 정부의 핵심 실세인 권노갑의 퇴진을 요구한 것이다. 권노갑은 김대중 대통령이 어려웠던 시절부터 궂은 일을 책임지던 핵심 측근이었다.

천신정의 정풍운동은 소위 말해 대박을 쳤다. 정풍운동의 성공 요인은 두 가지다. 먼저, 86세대가 정풍운동을 지지했기 때문이다. 30대가 주축이었던 86세대의 오피니언 리더들, 86세대의 전문가 그룹, 86세대 기자들이 공중전을 통해 정풍운동을 적극 지원했다. 재밌는 점은, 정작 천신정은 86세대가 아니라는 점이다. 당시 천정배(1954년생)는 47세, 신기남(1952년생)은 49세였다. 정동영(1953년생)은 48세였다. 천정배-신기남-정동영은 모두 1996년 총선에서 처음 국회의원이 됐고, 2001년 시점에는 '국회의원 6년차'였다. 당시 86세대는 30대가 일반적이었고, 97세대는 20대였다. 86세대와 97세대는 천신정의 정풍운동을 적극 지지했다. 요즘 식으로 표현하면, 2030세대의 지지를 받은 것이다.

천신정 정풍운동의 성공 요인 두 번째는, 김대중 대통령의 측면 지원이다. 김대중 대통령은 레임덕 상태였고, 다음 해인 2002년 12월에는 대선을 앞두고 있었다. 김대중 대통령은 천신정의 정풍운동을 민주당 혁신의 지렛대로 삼았다. 대선 승리를 위한 에너지로 삼은 것이다. 김대중 대통령은 천신정의 요구를 수용했고, 권노갑은 실제로 퇴진했다.

반대로, 김대중 대통령은 천신정의 요구를 진압할 수도 있었다. 예를 들면, 박근혜 대통령은 2015년과 2016년에 유승민 원내대표를 찍어내고, 김무성을 힘으로 제압했다. 천신정도 유승민처럼 '진압'될 수 있었다. 하지만 김대중 대통령은 그렇게 하지 않았다. 자신이 정치적 타격을 입더라도 정권 재창출의 에너지를 만드는 게 더 중요하다고 봤다. 천신정은 젊은 패기로 들이받았다. 정치 거인 김대중은 그 요구를 수용해줬다.

정풍운동의 성공 이후, 천신정은 차기 대선후보 주자로 성장했다. 실제로, 천정배와 정동영은 다음 연도에 있던 2002년 대선에 출마했다. 이후 천신정은 모두 열린우리당 의장 혹은 원내대표를 맡았다.

### 브리지 노선의 성공 사례 2: 2002년 노무현 돌풍

두 번째 성공 사례는 2002년 노무현 돌풍이다. 당시 노풍(盧風)은 현재까지를 통틀어 한국 정치사에서 가장 강력한 돌풍에 해당한다. 2002년 대선 경선 시점, 민주당의 대선후보는 이인제가 유력했다. 당시 주류 세력이었던 동교동계 다수파가 이인제를 밀고 있었다. 경선이 시작될 때, 노무현 지지율은 2~3% 수준에 머물렀다. 그러나 민주당 대선후보는 노무현이 됐다.

영화 〈변호인〉에 잘 나오는 것처럼, 1970년대는 변호사를 몇 명 안 뽑던 시절이었다. 상고 출신이 변호사가 되는 경우는 극히 드물었다. 어린 시절부터 가난했던 노무현은 당시 변호사들은 자존심상 하지 않았던 세무사 업무를 열심히 하며 돈을 벌었다. 그러다 부산 지역에서 벌어진 용공조작 사건인 부림사건의 변호를 맡으며 정치에 눈을 뜨게 된다. 그게 1982년이다. 노무현은 대학을 다닌 적이 없다. 학생운동을 한 적도 없다. 그러나 살아생전 본인을 '82학번'이라고 소개했다고 한다. 1982년은 노무현이 부림사건을 계기로 '운동권 변호사'가 된 시점이다.

노무현 대통령은 1946년생이다. 2002년 대선 시점, 나이는 56세였다. 86세대와는 스무 살 가까이 차이가 났다. '1980년 광주의 진실'을 알게 된 이후, 그는 87년 6월 항쟁과 789월 노동자 대투쟁을 함께 했다. 이후 부울경 지역의 노동운동을 지원했다. 변호사 시절에 그는 감옥에 간 적이 있는데, 사유는 '제3자 개입 금지' 조항을 위반했기 때문이었다. 당시 노동법은 외부인(제3자)은 노동조합 운동을 도와주면 안 되도록 되어 있었다.

노무현은 86세대가 아니었지만, 가장 치열하게 '86세대스러운' 삶을 살았다. 당시 2030세대였던 86세대와 97세대가 노짱('노무현 짱')을 지지했던 이유다. 다르게 표현하면, 노무현 돌풍은 다음 세대의 브리지가 되어 바람을 일으키고, 세대교체를 주도하고, 결국 정권 재창출에 성공하게 된 사례다.

민주당 97세대는 세대교체 주역이 될 수 있을 것인가? 민주당 97세대 중에 '2030세대를 대표하는' 정치인이 등장한다면, 세대교체 주역이 될 수 있다. 물론, 그 기회는 97세대에 국한되지 않는다. 86세대에 속하는 사람도 가능하다. 중요한 것은 '생물학적' 나이가 아니라 새로운 세계관, 새로운 콘텐츠, 새로운 정책노선으로 무장하고 있는지 여부다.

정치를 바꿔 세상을 바꾸고 싶은가? 그럼, 이미 가슴 한편에 '새로운 세상'을 꿈꾸고 있어야 하지 않겠는가.

# 4부

역대 선거
결과로 보는,
87년 이후 정치 구도

# 1장

# 87년 이후,
# 9번의 총선 결과로 보는 정치 지형

## 선거 구도를 알면, 한국 정치 구도를 알 수 있다

1987년 민주화 이후, 민주당이 가장 크게 패배했던 선거는 2006년 지방선거, 2007년 대선, 2008년 국회의원 선거다. 이후 2010년 지방선거부터 민주당은 상승 곡선에 올라탄다. 2012년 총선과 대선도 패배했지만, 큰 틀에서 보면 상승세였다. 2020년 4월 국회의원 선거는 민주당 상승세의 절정이었다.

원래 한국 정치는 보수 쪽으로 '기울어진 운동장'이었다. 2018년 지방선거 압승 이후, 이제 진보 쪽으로 기울어진 운동장이 된 것 아니냐는 주장이 나왔다. 소위 '유권자 재정렬(Realignment)' 담론이다. 민주당의 적극 지지층과 진보 성향 유권자들 입장에서는 '가슴이 웅장해지는' 주장이었다.

결과적으로 유권자 재정렬 담론은 민주당에 독이 되었다.

문재인 정부, 민주당 국회의원들, 민주당의 핵심 지지층이 자신들이 세상의 다수가 된 것인 양 착각해버렸기 때문이다.

유권자 지형을 어떻게 파악하는지에 따라 정치적 태도는 달라진다. 정치노선도, 입법 행태도 달라진다. 1997년 대선을 앞두고 김대중 후보는 김종필과 단일화를 했다. DJP 연합이다. 김대중 후보가 DJP 연합을 한 이유는 한국의 정치 구도가 보수 우위라고 판단했기 때문이다. 보수와 손을 잡지 않으면 승리할 수 없다고 본 것이다. 2002년 노무현 후보도 정몽준 후보와 단일화를 했다. 역시 한국 정치를 보수 우위 구도로 봤기 때문이다. 문재인 정부는 집권 기간 내내 강한 진보 성향의 정책을 폈다. 부동산 정책, 소득주도성장론, 최저임금 1만 원, 탈원전 정책 등이 그러하다. 정치 구도를 진보 우위로 읽었기 때문으로 봐야 한다.

이처럼 정치 지형을 어떻게 이해하는지에 따라 정치적 태도, 정치노선, 주요 정책 어젠다, 입법 행태가 모두 달라진다. 한국의 정치 구도를 있는 그대로 볼 수 있는 가장 좋은 방법은, 그간의 선거 결과를 분석하고, 시사점을 도출하는 것이다.


민주당의 총선 전적은 3승 6패

1987년은 한국 현대사에서 각별한 연도다. 민주화를 상징하는 연도이기 때문이다. 1987년 6월 항쟁이 있었고, 대통령 직선제가 실시됐다. 1987년 민주화 이후 최근까지 9번의 총선과

표 4-1 1987년 이후 9번의 총선 결과 (자료 : 중앙선거관리위원회)

| 총선 | 13대 1988 | 14대 1992 | 15대 1996 | 16대 2000 | 17대 2004 | 18대 2008 | 19대 2012 | 20대 2016 | 21대 2020 |
|---|---|---|---|---|---|---|---|---|---|
| 국민의힘 계열 | 125 (41.8) | 149 (49.8) | 139 (46.5) | 133 (48.7) | 121 (40.5) | 153 (51.1) | 152 (50.7) | 122 (40.7) | 103 (34.3) |
| 민주당 계열 | 70 (23.4) | 97 (32.4) | 79 (26.4) | 115 (42.1) | 152 (50.8) | 81 (27.1) | 127 (42.3) | 123 (41.0) | 180 (60.0) |
| 제3당 | 59 (19.7) | 31 (10.4) | 50 (16.7) | 17 (6.2) | 10 (3.3) | 18 (6.0) | 13 (4.3) | 38 (12.7) | 6 (2.0) |
| 제3당 당명 | 통일 민주당 | 통일 국민당 | 자유민주 연합 | 자유민주 연합 | 민주 노동당 | 자유 선진당 | 통합 진보당 | 국민의당 | 정의당 |
| 비고 | 신민주 공화당 (35석) | - | 통합 민주당 (15석) | - | 진보정당 최초 원내진입 | 친박연대 (14석) | - | - | - |
| 전체의석 | 299 | 299 | 299 | 273 | 299 | 299 | 300 | 300 | 300 |

8번의 대선이 있었다. 이 선거들을 살펴보면, 한국 정치 구도의 윤곽을 파악할 수 있다.

[표 4-1]은 1987년 이후 9번의 총선 결과를 의석수로 정리한 것이다. 괄호 안 비율은 의석 점유율이다. 정당명을 일일이 다 보여주면 산만할 것 같아 '국민의힘 계열'과 '민주당 계열'로 표기했다. 당시 시점에서, 제3당도 별도로 표기했다. 이 표를 중심으로 9회 총선 결과의 시사점을 정리해보자.

첫째, 원내 1당 기준, 민주당 계열은 3승 6패다. 민주당 계열은 2004년, 2016년, 2020년에 1당이 됐다. 원내 과반을 확보한 횟수는 2004년 총선(51%), 2020년 총선(60%)으로 2회다. 반면, 국민의힘 계열은 6승 3패다. 원내 과반 의석을 확보한 적은

표 4-2 1987년 이후 총선 의석 점유율 추이

| 총선 | ① 9번 총선 평균<br>(1988~2020년) | ② 2000년 총선 이후<br>6번 평균<br>(2020년 총선 포함) | ③ 2000년 총선 이후<br>5회 평균<br>(2020년 총선 제외) |
|---|---|---|---|
| 국민의힘 계열 | 44.9%<br>(135석) | 44.3% (131석) | 46.3% (139석) |
| 민주당 계열 | 38.4%<br>(115석) | 43.9% (130석) | 40.7% (122석) |
| 제3당+무소속 | 16.7% (50석) | 11.8% (35석) | 13.0% (39석) |

2008년 총선(51%)과 2012년 총선(51%), 총 2회였다.

둘째, 의석 점유율 동향이다. 의석 점유율은 세 가지 방식을 따로 뽑아봤다. ①1988년 총선부터 2020년 총선까지 9회 평균, ②2000년 총선 이후 2020년 총선까지 6회 평균, ③2000년 총선 이후 2016년 총선까지 5회 평균이다. 이 결과를 정리한 게 [표 4-2]다.

굳이 세 가지 방식을 취하는 것은 이유가 있다. 궁극적으로 우리가 알고자 하는 것은 한국의 정치 지형이다. 2000년 총선 이후 6회분을 별도로 뽑는 이유는 9회 평균이 '너무 올드한' 예전 데이터가 포함되기 때문이다. 또, 2020년 총선에서 민주당의 압승은 '너무 튀는' 결과치였다. 2020년 총선을 제외한 5회분 평균을 따로 뽑아본 이유다.

9번의 총선에서 국민의힘 계열의 평균 의석 점유율은 44.9%(135석)였다. 9번의 총선에서 의석 점유율이 40%가 안 된 경우는 딱 한 번, 2020년 총선뿐이다. 국민의힘 계열 정당은 40%대 초반 3회, 40대 후반 3회, 원내 과반 2회를 했다([표 4-1] 참조).

반면, 9번의 총선에서 민주당 계열의 평균 의석 점유율은 38.4%(115석)였다. 의석 점유율이 40%가 안 된 경우가 총 4회였다. 민주당 계열은 20%대 중반 3회, 30%대 초반 1회, 40%대 초반 3회, 원내 과반 2회를 했다. 2000년 총선 이후에는 민주당도 '양당의 한 축'으로 자리 잡았다. 2000년대 이후 6번의 총선에서 40%대 초반 3회, 20%대 중반 1회(2008년 총선), 원내 과반 2회를 했다.

2000년 총선부터 2020년 총선까지를 포함한 6회 평균을 보면, 국민의힘 계열과 민주당 계열은 박빙 구도다. 국민의힘 계열은 44.3%(131석)였다. 민주당 계열은 43.9%(130석)였다. 유의할 것은 2020년 총선이 포함된 구도는 '탄핵 에너지'가 고스란히 반영된 경우라는 점이다. 탄핵 에너지는 문재인 정부를 거치며 거의 대부분 소진됐다. 그 결과물이 윤석열 대통령의 당선이다.

2020년 총선을 제외하고, 2000년대 이후 정치 구도를 별도로 뽑아볼 필요가 있다. [표 4-2]에서 ③번에 해당한다. 국민의힘 계열 정당은 46.3%(139석)이다. 민주당 계열은 40.7%(122석)이다. ③번의 의석 점유율이 '한국 정치의 기본 지형'을 가장 잘 보여주는 지표라고 생각한다. 다당제 역사가 부분 반영되어 있는 의석이다. 양당제 구도를 감안하면 약 10석 정도 늘어날 것이다.

## 제3당은 언제 성공하고, 언제 실패했는가?

셋째, 제3당 부분이다. 9번의 총선에서 제3당+무소속 등을 포함한 정치적 지분은 16.7%였다. 의석은 50석이다. 여기에는 김영삼의 통일민주당, 김종필의 신민주공화당, 정주영의 통일국민당 등이 모두 포함된다. 요즘 청년들은 이름도 모를 사람들이다.

2000년대 이후 제3당의 정치적 지분은 어땠을까? [표 4-2]에서 ②번과 ③번을 보면, 2000년대 이후 2020년 총선을 포함한 6회 평균은 11.8%(35석)이다. 무소속 등을 모두 포함한 수치다. 2020년 총선을 제외할 경우, 2000년대 이후 5회 평균은 13.0%(39석)다. 제1당과 제2당의 의석 합계는 90%에 달하는 것에 비해, 제3당의 정치적 지분은 매우 협소하다.

다음으로, 제3당의 성공 조건과 지속가능성이다. [표 4-1]을 참고하면 된다. 국회 일정과 상임위 배정에 대한 교섭권이 있는 정당을 '원내 교섭단체'라고 한다. 국회법에 명시되어 있는 원내 교섭단체의 기준은 20석이다. '교섭권 있는' 제3당이 되려면 20석을 넘어야 한다. 20석을 제3당의 성공조건으로 볼 수 있는 이유다.

1988년 총선 이후 현재까지 20석이 넘는 제3당은 다섯 차례 있었다. 김영삼의 통일민주당(1988년), 김종필의 신민주공화당(1988년), 정주영의 통일국민당(1992년), 김종필의 자유민주연합(1996년), 안철수의 국민의당(2016년)이다. 김영삼, 김종필, 정주영은 이들의 이름을 빼놓고 한국 현대사를 설명할 수 없을 정도다. 2000년대 이후는 2016년 총선에서 안철수의 '국민의당' 사례만 존재한다. 국민의당은 호남지역에서 선전하며 38석을 얻었다. 결국, 제3당의 성공 조건은 '대선후보급' 인물이 있는 경우와 지역적 기반이 단단한 경우다. 두 가지 요건을 충족하지 않고 제3당이 20석 이상을 얻은 적은 단 한 번도 없다. 한국은 여러모로 양당제 국가다.

재밌는 것은 제3당 중에서 다음 총선에서도 원내 교섭단체가 된 경우는 한 번도 없다는 사실이다. 즉, 1987년 이후 등장한 모든 제3당은 '1회용' 성공에 머물렀다. 1988년 총선에서 제3당으로 성공했던 김영삼의 통일민주당, 김종필의 신민주공화당은 노태우의 민주정의당과 3당 합당을 했다. 왜? 한국은 대통령제 국가이기 때문이다. '대선후보급' 인물은 대통령이 되거나, 최소한 자신의 정치적 지분을 보상받으며 집권당에 합류할 수 있어야 했다. 한국에서 제3당은 그만큼 어렵다.

결론적으로, 제3당이 성공하려면 대선후보급 인물이 주도해야 하고, 지역적 기반이 분명해야 한다. 현재 일부에서 시도하는 제3당 움직임은 두 가지 요건 모두를 충족하지 못한다. 2024년 총선에서 제3당이 20석 이상을 넘을 가능성은 극히 희박하다. 이렇게 일시적으로 제3당이 성공해도 다음 총선에서 또 지속되는 경우는 거의 없다.

## 진보정당의 등장과 위기:
## 복지정치와 무상 시리즈의 탄생

넷째, 진보정당에 관한 부분이다. 2000년 1월에 창당한 민주노동당은 교섭권이 있는 제3당에는 속하지 못했다. 그러나 1회용 제3당에 머무르지 않고, 2004년 이후부터 최근까지 제3당으로 자리 잡고 있다.

민주노동당은 2004년에 비례대표 8석과 지역구 2석, 합계 10석을 배출하며 원내 진입에 성공했다. 조봉암의 진보당 이후 진보정당의 원내 진입은 사실상 처음이다. 이후 분당과 합당, 재창당의 우여곡절을 겪는다. 진보정당이 점유한 의석 비중은 얼마나 될까? 비례대표와 지역구의 합계 기준으로 2008년 5석, 2012년 13석, 2016년 6석, 2020년 6석을 배출했다. 2004년 총선부터 2020년 총선까지 평균 8석을 배출했다.

최근 10여 년간 한국 정치는 '무상 시리즈'가 지배했다. 진보정당의 영향력 때문이었다. 한국 정치사에서 진보정당을 살펴야 하는 중요한 이유다. 2002년 대선에 출마한 민주노동당 권영길 후보는 "부유세, 무상의료, 무상교육"을 핵심 공약으로 내걸었다. 그리고 약 100만 표를 받았다. 2004년 총선에서는 "부자에게 세금을, 서민에게 복지를"이라는 캐치프레이즈를 내걸었다. 핵심 공약으로는 부유세, 무상의료, 무상교육, 무상보육, 무상급식 등을 내걸었다.

이후 한국 정치 20년은 '민주노동당 노선의 점진적 수용사'

에 다름 아니었다. 노무현 정부는 '부동산 버전의 부유세'로 종합부동산세(종부세)를 신설했다. 박근혜 정부는 무상급식과 무상보육 정책을 수용했다. 문재인 정부는 최저임금 1만 원, 비정규직의 정규직화, 주 52시간제, 문재인 케어(건강보험 보장성 확대), 종부세 확대, 양도세 확대, 임대차3법, 탈원전 등을 수용했다. 지금 열거한 정책들은 민주노동당이 2002년 대선과 2004년 총선에서 주장했던 것들이다.

민주노동당을 계승하는 정의당은 현재 매우 어려운 처지에 있다. 원래도 낮은 지지율이 더 낮아졌다. 2012년 총선과 대선에서 박근혜는 경제 민주화와 복지국가를 내걸었다. 진보정당 정책을 부분적으로 채택한 것이다. 무상보육이 대표적이다. 문재인 정부는 소득주도성장론을 표방했다. 진보 성향 노동정책과 진보 성향 복지정책이 중심이다. 역시 진보정당 정책을 상당 부분 채택했다. 박근혜 정부는 '민주노동당 노선의 1기 정부'였고, 문재인 정부는 '민주노동당 노선의 2기 정부'였다.

냉전 세력은 탈냉전이 되면 망하고, 민주화 세력은 민주화가 되면 망한다. 진보정당 세력은 진보 정책이 실현되면 위기에 빠지게 된다. 모두 '미션의 실현'이 위기 원인이다. 오늘날 정의당이 어려워진 근본 이유는 진보정당의 주장 대부분이 실현되었기 때문이다. 마켓 용어로 표현하면, 중소기업이 틈새시장을 공략해서 충성도 높은 고객을 확보했는데, 대기업이 뒤늦게 시장에 뛰어들어 고객을 뺏긴 경우다.

진보정당과 거대 양당의 결정적 차이점은 '진보성' 여부가 아니다. 거대 양당은 수권을 목표로 하기에 '51% 전략'을 추진해야만 한다. 진보정당은 다르다. 전체 국민 20% 정도가 원하는 '등대 정당 전략'을 취할 수 있다. 다만, 선호가 강한 이슈를 잡아야 한다. 진보정당 초기에는 복지 증세와 무상복지가 해당했다. 복지 증세와 무상복지는 박근혜 정부와 문재인 정부를 거치며 상당 부분 실현됐다. 지금은 다른 것을 찾아야 한다. 이념적 급진주의에 얽매이지 않고 진취적인 정당이 되어야만, 진보정당의 독자성을 인정받을 수 있을 것이다.

# 2장

# 87년 이후,
# 8번의 대선 결과로 보는 정치 지형

## 민주화 세력의 최초 집권: '기적 곱하기 기적'의 결과물

1987년 민주화 이후 대선은 총 8회 있었다. 국민의힘 계열의 후보 득표율, 민주당 계열의 후보 득표율, 제3후보의 득표율 등을 정리한 게 [표 4-3]이다. 무엇보다 앞서 이야기할 것은 대선에서 민주당 계열이 3승 5패를 했다는 사실이다.

한국은 식민지 경험이 있는 제3세계 국가 중에서 '민주주의가 성공한' 모범적인 나라다. 선거가 있는 제3세계 국가들은 많다. 그러나 대통령이 사법부와 언론을 통제하며 야당 지도자를 탄압하는 경우가 많다. 정치적 민주화의 핵심은 정권 교체다. 정권 교체 그 자체가 민주주의가 작동하는지의 핵심 지표다.

1961년 5·16 군사 쿠데타 이후, 한국 민주주의가 결정적으로 진일보했던 결정적 사건 세 가지를 꼽는다면 무엇이 해당할

표 4-3 1987년 이후 8번의 대신 결과 (자료 : 중앙선거관리위원회)

| 대선 | 13대 | 14대 | 15대 | 16대 | 17대 | 18대 | 19대 | 20대 |
| --- | --- | --- | --- | --- | --- | --- | --- | --- |
| | 1987 | 1992 | 1997 | 2002 | 2007 | 2012 | 2017 | 2022 |
| 국힘 계열 (A) | 36.64 | 41.96 | 38.74 | 46.58 | 48.67 | 51.55 | 24.03 | 48.56 |
| 민주당 계열 (B) | 27.04 | 33.82 | 40.27 | 48.91 | 26.14 | 48.02 | 41.08 | 47.83 |
| A~B 격차 | 9.6%p | 8.1%p | -1.5%p | -2.3%p | 22.5%p | 3.5%p | -17.1%p | 0.73%p |
| 제3 후보 | 28.03 | 16.31 | 19.2 | 3.9 | 15.1 | - | 21.41 | 2.4 |
| 제3후보 인물 | 김영삼 | 정주영 | 이인제 | 양자 구도 (권영길) | 이회창 | 양자 구도 | 안철수 | 양자 구도 (심상정) |

까? 1980년 광주항쟁과 1987년 6월 항쟁, 그리고 1997년 정권 교체다. 한국에서 민주주의가 실현되는 과정은 1980년에 광주 시민들이 '피'를 흘리고, 1987년 '직선제'라는 제도를 쟁취하고, 1997년에 '정권을 교체하는' 점진적 연속 혁명이었다.

1997년 12월, 김대중 후보의 대선 승리는 한국 민주주의 역사에서 중요한 분기점이었다. 1961년 5·16 군사 쿠데타 이후, 민주화 세력에 의한 '최초의' 정권 교체였기 때문이다. 김대중 후보의 승리는 '세 개의 기적'이 겹쳐서 가능했다. 돌이켜 생각해보면, 이 중에서 무엇 하나만 이뤄지지 않았어도 우리는 지금과 같은 정치적 민주주의를 누리지 못했을 것이고, 대한민국은 지금과 전혀 다른 나라가 되었을 것이다. 김대중 후보가 승리할 수 있었던 세 개의 기적은 무엇일까?

첫 번째 기적은 1997년 외환 위기였다. 대선을 불과 한 달

앞둔 11월, 한국 경제사에서 100년에 한 번 있을까 말까 한 외환위기가 터졌다. 이 영향으로 외환위기를 초래한 정권에 대한 심판과 정권교체에 대한 에너지가 커졌다.

두 번째 기적은 DJP 연합이었다. 김대중은 박정희 독재와 맞서 싸운 야당의 지도자다. 김종필은 박정희 대통령과 5·16 군사 쿠데타를 함께 일으켰던 정치적 동반자다. 그런데 둘이 연립정부를 구성하는 정치연합을 했다. 정치연합은 한쪽에서 원한다고 이뤄지지 않는다. 둘의 합(合)이 맞아야만 가능하다. 기적이었다.

세 번째 기적은 이인제의 독자 출마였다. 1997년 김대중의 경쟁자는 신한국당(국민의힘의 전신) 이회창이었다. 이인제는 신한국당 대선후보 경선에서 패배한 뒤, 패배를 수긍하지 않고 독자 출마했다. 지금은 이런 일이 불가능하다. 이후 '이인제 방지법'이 만들어져서 경선 패배자는 본선에 출마할 수 없기 때문이다. 1997년 대선에서 이인제는 약 490만 표(19.2%)를 받았다.

대선 당일이었던 1997년 12월 18일, 김대중과 이회창의 개표 방송은 밤늦게까지 엎치락뒤치락했다. 자정을 넘긴 12월 19일 새벽 2시경이 돼서야 김대중 후보의 당선이 확정됐다. 최종 격차는 불과 1.5%포인트였다. '기적 곱하기 기적 곱하기 기적'이 아니었다면 불가능했을 일이다.

## 2002년 노무현 후보의 당선:
## 월드컵 4강 신화가 만든 역사의 나비효과

2002년 12월 대선에서 노무현 대통령이 당선된 것도 매우 드라마틱했다. 노무현 대통령의 당선 역시 '기적에 준하는' 세 가지 사건들이 결합되어 가능했다.

첫 번째 사건은 '노풍'과 노사모의 열성적인 지지였다. 민주당에서 대선후보 경선을 시작할 때, 노무현 후보는 유력 후보가 아니었다. 당시 여론조사에서 선두는 이인제 후보였다. 하지만 2002년 3~5월 경선을 거치며 노무현 후보가 떠오르기 시작했다. 경선은 제주, 울산, 광주 순서로 16개 광역시도를 순회하는 방식으로 진행됐다. 광주민주화 운동을 상징하는 지역인 광주는 민주당에게는 상징적인 지역인 동시에 민주당의 근거지였다. 노무현 후보는 광주 경선에서 '호남 출신' 후보들을 누르고 1위를 했다. 민주당의 심장 지대에서, 광주 시민들은 노무현 후보를 선택했다. 이후 노풍이 거세게 불었고, 결국 노무현 후보는 경선에서 승리했다. 한국 정치사 가운데 대선후보 경선에서 드라마틱한 역전승을 하고, 본선까지 승리했던 유일한 사례다.

두 번째 사건은 2002년 월드컵 열풍과 정몽준 후보의 부상이다. 2002년 여름, 월드컵에서 한국축구는 월드컵 4강 기적을 만들어냈다. 많은 사람들이 거리응원에 참여하며 거리의 해방감을 만끽했다. 2002년 월드컵 조직위원회 위원장은 정몽준이었다. 현대중공업 회장 출신인 정몽준은 당시 4선 국회의원이었다. 한국은 스포츠를 실질적으로 지원해주기 위해 기업인이 협회 회장을 하는 경우가 많다. 축구도 그런 경우다. 정몽준은 정치인이고 기업인인 동시에 한국축구 발전을 위해 노력한 사람이었다.

월드컵이 열린 여름과 대선이 있는 겨울 사이에는 약 6개월의 공백기가 있었다. 한국의 월드컵 4강 진출은 '정몽준의 지지율 급상승'으로 연결됐다. 정몽준은 대선 출마를 선언했다. 한때 대선 주자 1위를 기록했고, 줄곧 여론조사 2위를 하며 이회창 대세론을 위협했다. 노풍을 일으켰던 노무현 후보는 지지율이 3위까지 떨어져 있던 상황이었다.

2002년 9월 이후 이회창 대세론이 건재한 가운데, 1강 2중 구도가 만들어졌다. 1강이 이회창, 2중이 정몽준과 노무현이었는데, 정몽준 후보가 앞서는 2중 구도였다. 둘이 단일화를 할 경우, 이회창 후보를 앞지를 수 있다는 여론조사가 나왔다. 두 후보는 협상 끝에 여론조사를 통한 단일화에 합의했다. 애초 여론조사에서 뒤지던 노무현 후보가 극적인 역전에 성공했다.

흥미로운 지점은, 월드컵 4강 신화가 없었다면 정몽준 의원의 대선 출마는 없었을 거라는 점이다. 정몽준 후보의 출마가 없었다면 노무현 후보와 단일화하는 일도 없었을 것이고, 2002년 그해 겨울 노무현 후보의 대역전 드라마도 없었을 것이다. 노무현 후보의 당선은 월드컵 4강 신화와 시민들의 거리응원이 만들어낸 '역사의 나비효과'였다.

세 번째 사건은 행정수도 이전 공약이다. 대한민국은 서울

공화국이다. 정치, 경제, 사회, 문화가 모두 수도권, 특히 서울에 집중되어 있다. 노무현 후보는 지역균형발전의 상징적 정치인이었다. 그는 수도(首都) 기능의 일부를 쪼개, 서울의 행정 기능을 충청권으로 옮기는 공약을 발표했다. 행정수도 이전이 실현될 경우, 이익을 보는 지역은 충청권이다. 충청 지역 유권자 입장에서는 개발이익을 기대할 수 있고, 장기적으로 '행정수도'가 되는 충청권의 입지 가치가 증가하게 된다.

보수언론과 이회창 후보측은 노무현 후보의 행정수도 이전 공약을 공격했다. 비판의 핵심 논지는 '수도권 집값 폭락'이었다. 집값 폭락론으로 충청권보다 인구가 많은 수도권의 반대 여론을 조직하려 했다. 노무현 후보는 이에 정면으로 맞섰다. 보수쪽의 '수도권 집값 폭락' 반대론과 노무현 후보의 '충청권 개발이익' 찬성론이 맞붙었다. 결과는 노무현 후보의 당선이었다. 서울 유권자들은 집값보다 다른 요인을 더 중시했다. 반면, 충청권 유권자들은 개발이익이 더 구체적으로 다가왔다.

노무현 후보와 이회창 후보의 충청권 득표율을 비교해보자. 대전에서 노무현 후보는 55.1%, 이회창 후보는 39.8%였다. 충북에서 노무현 후보는 50.4%, 이회창 후보는 42.9%였다. 충남에서 노무현 후보는 52.2%, 이회창 후보는 41.2%였다.

선거공학 관점에서 볼 때, 충청권 행정수도 이전 공약은 참으로 기발한 전략이었다. 1997년 김대중 후보는 충청권 표를 얻기 위해 김종필과 단일화를 했고, 집권 기간 내내 연립정부를 운영했다. 그러나 이 연립정부는 김대중 정부 집권 말기에 깨졌다.

이런 조건에서 노무현 후보는 '김종필 없이' 충청권 표를 얻어야 하는 상황이었다. 충청권은 전통적으로 보수적인 성향이다. 이 때, 등장한 방법론이 행정수도를 충청권으로 이전하는 공약이었다. 1997년 대선에서 DJP 연합은 상층연합이었다. 2002년 대선에서 행정수도 이전 공약은 하층연합이었다. 여기서 하층연합이란, '정책을 매개로' 충청권 유권자를 직접 설득했기 때문이다. 우여곡절을 거쳐 노무현 후보는 2.3%포인트 격차로 승리한다.


## 8번의 대선 역사를 요약해보면

①1987년 대선은 4자 구도였다. 득표 순서는 노태우, 김영삼, 김대중, 김종필이었다. 민주화 이후, 지역주의 구도가 가시화되었고, 1990년에는 노태우, 김영삼, 김종필의 3당 합당이 이뤄지며 민주자유당(민자당)이 만들어졌다. 안정적인 거대 여당의 탄생이었다. 1990년 3당 합당에 의해 만들어진 한국 정치 구도는 지금도 이어지고 있다.

②1992년 대선은 정주영이 독자 출마를 해서 약 16%를 득표했다. 김영삼 후보와 김대중 후보가 1, 2위로 맞붙었고, 김영삼 후보가 약 200만 표 차이로 승리했다.

③1997년 대선은 김종필 후보와 김대중 후보가 DJP 연합을 했다. 국민의힘 계열(당시 신한국당) 대선 후보 경선에서 패배했던 이인제가 경선에 불복하고 독자 출마를 했고, 본선에서는

약 20%의 득표율을 얻었다. 민주화 세력에 의한 '최초의' 정권 교체에 성공했다.

④2002년 대선은 노무현 후보와 이회창 후보가 붙었고, 노무현 후보가 당선됐다. 겉보기에는 양자 대결이었지만, 정몽준 후보와 단일화를 했으니 실제로는 중도와 정치연합을 한 셈이다. 정몽준은 대선 바로 전날 밤에 단일화 파기와 지지 철회를 선언했다. 그러나 너무 늦었기에 단일화 효과가 작동했다고 봐야 한다.

⑤2003년 2월, 노무현 정부가 출범했다. 노무현 정부는 출범 직후 줄곧 지지율이 낮았다. 그 이유는 정치연합의 한 축이었던 정몽준 지지층이 조기에 떨어져 나갔기 때문이다. 2007년 대선은 민주당 계열에서 정동영 후보가 나왔고, 참패했다.

⑥2012년 대선은 박근혜 후보와 문재인 후보가 붙었다. 결과는 박근혜 후보의 당선이었다. 형식적 외양은 '양자 대결'이었다. 당시 문재인 후보와 안철수 후보는 단일화 협상을 진행했지만 결렬됐고, 안철수 후보는 불출마 선언을 했다. 이후 대선을 며칠 앞두고, 안철수 후보는 선거 막판에 문재인 후보 지지 선언을 했다. 하지만 문재인 후보는 석패했다.

⑦2017년 대선은 박근혜 대통령 탄핵 직후 치러졌다. 국민의힘 계열은 새누리당과 바른정당으로 쪼개졌다. 새누리당 후보는 홍준표였고, 바른정당 후보는 유승민이었다. 중도 성향으로 국민의당 안철수 후보가 출마했다. 최종 득표율은 문재인 41.1%, 홍준표 24.0%, 안철수 21.4%, 유승민 6.8%, 심상정 6.2%였다.

표 4-4 87년 이후, 대통령 선거 득표율 추이

| 대선 | ① 1987년 이후 (8회 평균) | ② 2000년대 이후 (5회 평균) |
|---|---|---|
| 국민의힘 계열 (A) | 42.1% | 43.9% |
| 민주당 계열 (B) | 39.1% | 42.4% |
| A-B 격차 (평균) | 3.0%p | 1.5%p |
| 격차의 유권자 수 (2022년 투표율 기준) | 약 130만 명 | 약 66.3만 명 |

⑧2022년 대선은 실제로도 양자 대결이었다. 형식적으로는 안철수 후보가 윤석열 후보를 지지하며 단일화했다. 효과가 전혀 없지는 않았지만, 효과가 아주 크지도 않았다.


## 8번 대선의 득표율 추이: 보수가 살짝 우위 구도


[표 4-4]를 통해 대선 득표율 추이를 정리해보자. 먼저, ① 대선의 8회 평균 득표율이다. 국민의힘 계열은 42.1%, 민주당 계열은 39.1%였다. 국민의힘 계열이 3.0%포인트 더 많다. 다음으로 ②2000년대 이후의 5회 평균 득표율을 추려보자. 국민의힘 계열은 43.9%, 민주당 계열은 42.4%로, 국민의힘 계열이 1.5%포인트 더 많다.

8회 평균 격차인 3.0%포인트와 2000년대 이후 격차인 1.5%포인트는 '유권자 규모'로 보면 몇 명이나 될까? 2022년 대선의 경우 투표율은 77%였고, 실제로 투표에 참여한 선거인 수는 약 4천 420만 명이었다. 이 경우 1%를 44만 2천 명으로 계산하면 3.0%포인트는 약 130만 명이고 1.5%는 약 66만 3천 명이다. 1987년 이후 8번의 대선 결과와 2000년대 이후 5번의 대선 결과는 한국 정치는 보수 우위 구도임을 말해주고 있다. 2017년 대선, 2018년 지선, 2020년 총선에서 민주당의 압승은 어디까지나 '예외적'인 압승으로 봐야 한다.

# 3장

# 총선과 대선의 승패를 갈랐던
# 세 가지 요인

### 총선과 대선 결과를 가른 승패의 3대 요인:
### 분열, 반사이익, 중도확장

1987년 이후 8번의 대선이 있었다. 역대 선거에서 승패를 결정한 요인은 무엇이었을까? 세 가지로 집약된다. 분열, 반사이익, 중도확장이다.

이 3대 요인을 중심으로 8번의 대통령 선거를 재정리해보자. 먼저, 다자 구도인지 양자 구도인지에 따라 양상이 달라지기 때문에 구도를 구분할 필요가 있다. 대선에서 '10% 이상을 득표했던 제3후보가 있었던 경우'를 다자 구도로 정의하자. 다자 구도는 1987년, 1992년, 1997년, 2007년, 2017년 대선이었다. 양자 구도는 2002년, 2012년, 2022년 대선이었다.

표 4-5  87년 이후, 민주당이 대선에서 승리한 경우

| 민주당이<br>승리한 경우 | 보수 분열 | 반사이익 | 중도확장 | 구도 |
|---|---|---|---|---|
| 1997년 대선 | 이인제 독자 출마 | 1997년 외환 위기<br>이회창 아들 병역비리 의혹 | DJP 연합 | 다자 |
| 2002년 대선 | 정몽준 독자 출마 | 이회창 아들<br>병역비리 의혹 | 정몽준과 단일화<br>행정수도 이전 공약 | 양자 |
| 2017년 대선 | 탄핵 반대/찬성<br>(홍준표, 유승민) | 박근혜 탄핵 에너지 | - | 다자 |

[표 4-5]는 1987년 이후, 민주당이 대선에서 승리했던 경우를 정리한 것이다. 1997년 대선은 보수의 분열, 반사이익, 중도확장이 모두 결합된 선거였다. 보수 분열은 이인제의 독자 출마였다. 이인제 후보는 약 19%를 득표했다. 표수로 치면 약 490만 표였다. 반사이익은 1997년 외환위기 쇼크와 이회창 아들 병역비리 의혹이 가장 컸다. 중도확장은 DJP 연합 효과가 컸다(실제로는 포항제철 박태준 전 사장을 포함한 DJT 연합의 성격을 가지고 있었다). 1997년 대선은 이 모든 게 결합되고도 1.6%포인트 격차로 간신히 승리했다.

2002년 대선에서의 보수 분열은 정몽준의 독자 출마가 영향을 미쳤다. 정몽준 후보는 중도와 보수 모두에게 소구력을 갖고 있었다. 반사이익은 이회창 아들 병역비리 의혹이었다. 중도확장은 노무현 후보와 정몽준 후보의 단일화, 행정수도 이전 공약 효과가 컸다. 정몽준 후보와 단일화로 수도권의 중도 성향 유권자들을 설득할 수 있었고, 행정수도 이전 공약을 통해 스윙 보터였던 충청권 표를 얻을 수 있었다. 이 모든 게 결합되어 2.3%

포인트 격차로 간신히 승리했다.

2017년 대선은 다자 구도였다. 박근혜 대통령 탄핵으로 새누리당(국민의힘 계열)은 새누리당과 바른정당으로 분열됐다. 새누리당은 홍준표 후보, 바른정당은 유승민 후보가 나왔다. 중도 성향은 안철수 후보가 나왔다. 문재인 후보는 보수의 분열과 반사이익을 통해 당선됐다.

민주당 계열이 승리했던 세 번의 대선은 공통점이 있다. 보수의 분열, 반사이익, 양자 구도인 경우 중도확장이 결합됐다는 점이다. 보수 분열과 반사이익은 이쪽이 결정할 수 있는 게 아니라 상대방이 결정하지만 중도확장은 다르다. 이쪽이 결정할 수 있다. 정리해보면, 선거 승리를 위해서는 혁신을 통한 중도확장이 가장 중요하다. 보수 분열과 반사이익은 있으면 좋지만 없을 수도 있다.

2022년 대선에서 윤석열 후보는 중도확장 캠페인이 미흡했다. 잦은 실언을 했고 이준석 대표와 티격태격 싸우기까지 했다. 그런데, 왜 당선될 수 있었을까? 그 이유는 유권자 다수는 이재명 후보가 더 마음에 안 들었기 때문이다. 다르게 표현하면, 이재명 후보가 중도확장 캠페인에 더 미흡했기 때문이다. '역대 최악의 비호감' 대선이라는 표현과 '중도확장 캠페인'이 없던 대선이라는 표현은 사실상 같은 말이다. 이재명 후보는 2021년 10월 10일 민주당 후보로 선출됐다. 이재명 캠프에서 후보 선출 직후부터 중도확장 캠페인을 본격화했다면 무난하게 당선되었을 것이다. 2022년 대선 패배는 명백한 선거 캠페인의 실패였다.

표 4-6  87년 이후, 국민의힘 계열이 대선에서 승리한 경우

| 구분 | 진보 분열 | 반사이익 | 중도확장 | 구도 |
|---|---|---|---|---|
| 1987년 대선<br>(노태우) | 김영삼/김대중 | - | - | 다자 |
| 1992년 대선<br>(김영삼) | - | - | 민주화운동 출신<br>대선후보 | 다자 |
| 2007년 대선<br>(이명박) | - | 노무현 정부<br>심판 에너지 | 이명박 후보의<br>중도 실용주의 | 다자 |
| 2012년 대선<br>(박근혜) | - | - | 박근혜 후보의 경제<br>민주화/복지국가 | 양자 |
| 2022년 대선<br>(윤석열) | - | 비호감 대선 | 탄핵에 찬성한<br>보수후보 | 양자 |

이번에는 국민의힘 계열이 대선에서 승리한 경우를 살펴보자. [표 4-6]을 보면, 1987년 이후 8번의 대선에서 국민의힘 계열은 5승 3패를 했다. 국민의힘 계열 후보 역시 진보가 분열하거나 중도확장에 성공하며 집권했다. 1987년 대선에서는 김영삼 후보와 김대중 후보가 분열했기에 노태우 후보는 37%를 득표하고도 당선될 수 있었다. 1992년 대선은 김영삼을 대선후보로 내세웠다. 곰곰이 생각해보면, 매우 파격적인 선택이다. 군부독재 정당에서 민주화운동의 가장 상징적인 정치인을 후보로 낸 것이니 말이다. 민주당으로 비유하면, 보수에서 가장 상징적인 정치인과 합당해서 대선후보로 내는 것과 같다. 김영삼 후보 자체가 '중도확장'의 핵심이었다.

2007년 대선의 경우, 서울시장 시절 이명박은 중도 실용주의 정책으로 높은 평가를 받았다. 이명박의 중도 실용주의에 대

해서는 '이게 뭔 소리냐?' 하는 사람이 있을 수 있다. 이명박은 2002~2006년 동안 서울시장을 지내며 청계천을 복원하고, 버스 준공영제를 도입하고, 뉴타운을 개발하는 등 다양한 정책을 추진했다. 청계천 복원은 환경적 가치와 문화 공간의 의미를 담고 있었다. 버스 전용 차선과 준공영제의 경우 마을버스와 환승을 많이 이용할수록 할인을 받는 제도다. 대중교통을 활성화할 수 있을 뿐더러 서민층에게 유리한 정책이었다. 뉴타운 개발은 주거환경 개선과 부동산 가격 상승이 맞물려 있었다. 즉, 서울시장 이명박은 진보, 중도, 보수를 넘나드는 정책들을 추진했다. 중도 실용주의 노선으로 평가받았던 이유다.

2012년 대선의 경우, 강경 보수 이미지의 박근혜 후보는 경제 민주화와 복지국가 관련 정책을 전면에 내걸었다. '민주당스러운' 정책을 통해 민주당을 지지하던 중도표 일부를 탈환한 경우였다. 이는 마치, 2002년 대선에서 노무현 후보가 '행정수도 이전' 정책을 통해 충청권 유권자의 지지를 얻은 것에 비견할 수 있다. 2002년 노무현과 2012년 박근혜 모두 정책을 매개로 중도 확장에 성공한 경우다.

2022년 대선의 경우, 윤석열 후보는 초기에는 '탄핵에 찬성한 보수후보'라는 점에서 중도확장의 잠재력을 갖고 있었다. 그러나, 선거 캠페인 과정에서 잦은 실언을 통해 대통령 자질에 대해 심각한 의문을 제기했다. 그러나, 이재명 후보에 대한 반감과 비호감 대선 구도에 힘입어 당선될 수 있었다.

## 2004년 이후 총선 승패 3대 요인
### : 분열, 반사이익, 중도확장

현재와 같은 양당제가 본격화된 시점은 2004년 총선부터다. 2004년부터 최근까지 다섯 번의 총선이 있었다. [표 4-7]은 분열, 반사이익, 중도확장 요인을 2004년 총선부터 최근 총선까지 적용하여 정리한 것이다.

2004년, 2016년, 2020년 총선은 민주당이 승리했다. 2004년 총선의 승리 요인은 노무현 대통령에 대한 탄핵 역풍으로 인한 반사이익이었다. 2016년은 상대방의 분열과 반사이익, 그리고 문재인-김종인 비대위의 과감한 중도확장이 결합된 결과였다. 2020년 역시 보수 분열, 반사이익, 중도확장이 모두 결합됐다. 특히 K-방역에 대한 자유한국당(현재 국힘 계열)의 반대와 K-방역에 대한 외신의 찬사가 큰 도움이 됐다. 민주당 입장에서 2020년 3월 초까지는 정당 지지율이 박빙이었다. K-방역에 대한 외신의 찬사 이후 여론은 민주당에 호의적으로 바뀌었다. 2020년 총선은 결과적으로 '국뽕 선거'가 됐다. 민주당 압승의 진짜 비결이었다.

2008년과 2012년 총선은 국민의힘 계열이 승리했다. 2008년은 노무현 정부 심판 에너지와 이명박 대통령의 중도 실용주의 노선의 효과가 결합된 경우였다. 2007년 대선은 12월이었고 2008년 총선은 4월이었다. 대선 이후 불과 4개월 만에 치러진 총선이었다. 자연스럽게 대선에서 이긴 쪽의 압승이 예정되어 있었다.

2012년 총선은 박근혜 비대위를 통해 중도확장에 성공했

표 4-7 2004년 총선 이후, 선거 승패를 결정한 3대 요인

| 구분 | | (상대방) 분열 | 반사이익 | 중도확장 |
|---|---|---|---|---|
| 민주당이<br>승리한<br>경우 | 2004년<br>총선 | - | 노무현 대통령 탄핵 | - |
| | 2016년<br>총선 | 친박/비박 분열 | 박근혜 권위주의 회귀 | 문재인-김종인<br>비대위 |
| | 2020년<br>총선 | 탄핵 입장, 보수<br>분열 | K-방역에 대한 국힘<br>반대 | K-방역에 대한<br>외신의 찬사 |
| 국힘<br>계열이<br>승리한<br>경우 | 2008년<br>총선 | - | 노무현 정부 심판<br>에너지 | 이명박의 중도<br>실용주의 |
| | 2012년<br>총선 | - | 민주당 한미FTA<br>무효화 등<br>김용민 막말 파문 | 박근혜 비대위<br>(경제 민주화,<br>복지국가) |

다. 반면, 민주당은 한명숙 대표가 정치적 실수를 많이 했다. 그
외에도 김용민 막말 파문, 한미FTA 폐기 추진 등을 통해 박근혜
비대위에게 '반사이익'을 제공해줬다.

대선과 총선에서 패배하는 방법은 간단하다. 이쪽이 분열
하고, 상대방에게 반사이익을 제공하고, 혁신도 하지 않고 중도
확장을 하지 않는 것이다. 마찬가지로 대선과 총선에서 승리하
는 방법도 간단하다. 저쪽이 분열하고, 반사이익을 누리고, 혁신
을 통해 중도확장을 하는 것이다.

# 5부

## 민주당 정부는
## 촛불연합을
## 어떻게 외면했는가?

# 1장

# 촛불혁명인가 vs.
# 촛불연합인가

## 촛불혁명, 민주당 사람들이 가장 좋아했던 표현

촛불혁명! 문재인 정부 기간에 민주당 쪽 사람들이 가장 좋아하던 말이다. 특히 자주 사용했던 표현은 '촛불혁명을 계승하겠다'였다. 여기서 우리는 두 가지 질문을 던져볼 필요가 있다. 하나, '촛불혁명'은 도대체 무엇인가? 둘, 촛불혁명을 '계승하겠다'는 표현은 무엇을 의미하는가?

촛불혁명의 의미는 두 가지로 해석이 가능하다. 첫째, 좁은 의미의 촛불혁명이다. 시민들은 거리로 나와 헌법에 보장된 대통령 탄핵을 요구했다. 당시 문재인 대통령은 "촛불혁명은 민주주의와 헌법을 회복하고자 하는 열망"이라고 표현했다.* 이 경우, 키

---

\* 문재인 대통령 제72차 유엔 총회 기조연설, 2017년 9월 21일(미국 현지시간).

워드는 두 가지다. 거리 시위와 헌법이다. 거리 항쟁은 속성상 특정 사안에 대한 1회성 요구의 성격을 갖는다. 헌법재판소에서 탄핵이 인용되고, 차기 정부가 구성되면 임무가 완료된다. 이 경우, 촛불혁명을 '계승하겠다'는 표현은 매우 어색하다. 합법적으로 선출된 정부가 '1회성 항쟁'을 계승할 수는 없기 때문이다.

둘째, 넓은 의미의 촛불혁명이다. 민주당 구성원들이 사용했던 촛불혁명은 대한민국의 '진보적 대개조'의 맥락이 더 강했다. 이렇게 해석할 경우, 촛불혁명을 제대로 계승하려면 '더 왼쪽으로' 가야만 한다. 최저임금 대폭 인상, 소득주도성장론의 더 철저한 집행, 종부세와 양도세 대폭 인상, 다주택자에 대한 강력한 규제, 임대차 3법 집행, 더 강력한 검찰개혁, 탈원전 등이 해당한다.

그러나 이후 본격적으로 서술하겠지만, '촛불혁명'은 없었다. '촛불연합'이 있을 뿐이었다. 촛불연합에는 안철수, 유승민, 이준석, 하태경 지지자가 포함되어 있었다. 이념적으로 표현하면, 진보 이외에 중도와 개혁보수 유권자도 포함되어 있었다. 요즘 민주당 내부에서 유행하는 표현을 빌리면, 촛불연합은 '멜론과 수박의 연합'이었다. 문재인 정부와 민주당은 탄핵 정치연합을 '촛불혁명'으로 오판했다. 동시에 '촛불연합'의 진짜 요구에 대해서는 외면했다. 촛불혁명이 활활 타오를수록 촛불연합은 흩어졌다. 촛불혁명이 촛불연합을 해체시켰다.

5부에서는 다음 세 가지 질문을 던지고 해답을 찾아볼 것이다.

첫째, 촛불연합의 정치적 실체는 무엇이었나? 색깔이 다채로운 무지개처럼, 촛불연합은 '이질적인 스펙트럼'으로 구성되어 있었다. 우리는 촛불연합 내부의 이질성을 살펴볼 것이다.

둘째, 촛불연합이 중요한 이유는 무엇이었나? 촛불연합이 중요했던 이유는 1990년 3당 합당 구도를 재편하는 지렛대가 될 수 있기 때문이다. 이 내용을 자세히 들여다볼 것이다.

셋째, 대통령 선거가 있었던 2017년 5월 9일 시점으로 다시 돌아간다면, 무엇을 어떻게 해야 했을까?

## '촛불연합'은 누구인가?

2016~2017년까지 전개됐던 박근혜 대통령 탄핵 사건은 한국 정치사에서 흔치 않은 사건이었다. 국민적 에너지를 고려하면, 1987년 6월 항쟁에 비견될 만하다. 흔히 콘크리트 지지율로 평가받던 박근혜 대통령 지지율은 5% 수준까지 떨어졌다. 국민의힘 계열(당시 새누리당)의 정당 지지율도 10% 내외까지 내려갔다. 반대로 민주당 지지율은 한때 50%를 넘었다. 이 모든 게 50년에 한 번 있을까 말까 한 사건들이었다. 민주당과 진보 성향 지지자들은 이를 '촛불혁명'이라 불렀다.

이러한 변화를 꾸준히 추적한 여론조사 전문가가 있었다. 한국리서치 정한울 전문위원이다. 정한울 전문위원의 연구는 두 가지 점에서 소중하다.

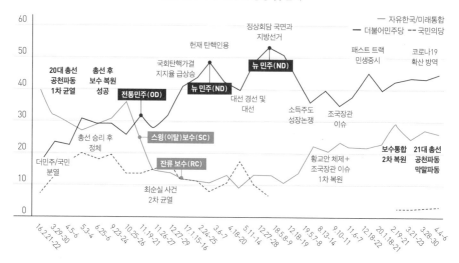

그림 5-1 정당 지지율 변동으로 본 잔류 보수와 이탈 보수, 올드 민주와 뉴 민주의 등장 및 전개

첫째, 적절한 논리적 프레임을 설계했다. 정한울 전문위원은 민주당 지지층을 ①올드 민주와 ②뉴 민주로 나눴다. 올드 민주는 탄핵 사건 이전에도 민주당을 지지하던 사람들이다. 뉴 민주는 탄핵 사건 이후 새로 합류한 민주당 지지층이다. 국민의 힘 계열 지지층도 ③잔류 보수와 ④이탈 보수로 나눴다. 잔류 보수는 탄핵 사건에도 불구하고 보수 계열에 남은 사람들이고, 이탈 보수는 탄핵 사건을 계기로 이탈한 사람들이다.

둘째, 정 전문위원은 2016년 4월 총선이 있기 전인 2016년 2월부터 윤석열 대통령이 당선되는 2022년 3월 대선까지 추적 조사를 진행했다. 우리는 1987년 6월 항쟁을 전후해서 여론 지형이 어떻게 바뀌었는지 구체적으로 알지 못한다. 당시에는 여론조사가 발달하지 않았다. 그러나 우리는 정한울 전문위원의 조사와 연구 덕택에 박근혜 대통령 탄핵을 둘러싼 여론 지형이 어떻게 바뀌었는지는 알 수 있게 됐다. 이 연구를 중심으로 촛불연합이 만들어지고 해체되는 과정을 함께 추적해보자.

[그림 5-1]은 2016년 2월부터 2020년 4월 총선 직전까지 정당 지지율 추이다.* 2016년 2월 말 당시 새누리당(현재 국민의힘 계열) 지지율은 약 40%였다. 하지만 2016년 4월 총선을 앞두고는 20%대 후반까지 떨어졌다가 9월 말에는 30%대 중반으로 올라온다. 최순실의 태블릿PC 뉴스가 JTBC에 보도된 날짜는 10월 24일, 월요일 저녁이었다. 뉴스가 나간 직후인 10월 25~26일 조사를 기점으로 새누리당 지지율은 급락하기 시작한다. 11월 19~21일에는 10%대 초반까지 떨어지기에 이른다.

새누리당은 이후 미래통합당, 자유한국당, 국민의힘 등으로 당명이 요란하게 바뀐다. 2016년 11월에 10%대 초반까지 떨어진 지지율은 2018년 12월까지 지속된다. 이 기간 동안 보수는 분열과 해체의 시기를 보낸다.

이제는 민주당의 지지율 추이를 살펴보자. 2016년 4월 15~16일 조사 결과를 보면, 4월 총선 시점에 민주당 지지율은 30%대에 걸쳐 있었다. 최순실의 태블릿PC가 공개된 직후인 2016년 10월 25~26일 조사에서도 민주당 지지율은 30%였다. 여기까지가 '올드 민주' 지지층이다. 하지만 그 이후, 민주당 지지율이 치솟기 시

---

* 강원택 편, 2022년, 《2022 대통령 선거와 한국 정치》, 동아시아연구원, 141쪽의 [그림 1-1] 재구성.

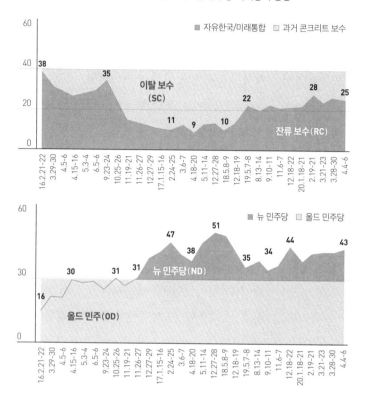

그림 5-2 보수의 분열과 새로운 민주당 지지층의 등장

작한다.

　박근혜 대통령 탄핵이 헌법재판소(헌재)에서 인용된 것은 2017년 3월 9일이다. 헌재 결정을 바로 앞둔 2월 24~25일 조사에서 민주당 지지율은 40%대 중반까지 올라간다. 그리고 5월 9일 대선에서 문재인 후보가 당선된다. 2017년 12월 27~28일 조사에서 민주당 지지율은 50%대 초반을 돌파한다. 문재인 대통령 지지율이 70%대 초중반을 기록하던 시점이다.

2016년 4월 총선, 10월 24일 최순실 태블릿PC 공개, 12월 9일 박근혜 대통령에 대한 국회 탄핵 의결, 2017년 3월 9일 헌재의 탄핵 인용, 5월 9일 대통령 선거와 5월 10일 문재인 정부 출범. 이 사건들의 결합이 '탄핵 촛불연합'의 형성 과정이었다. 이 사건들을 키워드로 정리하면, 보수의 해체와 새로운 민주당 지지층의 출현이다.

[그림 5-2]는 앞에 있는 [그림 5-1]을 '시각적'으로 재구성한 것이다.* 잔류 보수와 이탈 보수, 올드 민주와 뉴 민주의 비율 변화를 한눈에 볼 수 있다.


### 보수의 해체:
### 탄핵 국면 이후, 새누리당 지지층은 어디로 갔을까?

최순실 태블릿PC 보도를 분기점으로 새누리당 지지층은 분해된다. 보수의 분열 혹은 보수의 해체라 할 수 있다. 박근혜 대통령의 탄핵을 계기로 당시 새누리당 지지층은 어떻게 분해되었을까? 새누리당 지지층이 어디로 이동했는지는 '탄핵 이전'과 '탄핵 이후'를 비교하면 시사점을 얻을 수 있다.

[표 5-1]은 박근혜 대통령 탄핵을 전후한 새누리당 지지층

---

* 정한울, 2021년, 앞의 자료.

표 5-1 박근혜 대통령 탄핵 이후, 새누리당 지지층의 이동 분포
(2017년 2월 24~25일, n=1,000명)

| 샘플<br>규모 | 무당파 | 자유<br>한국당 | 민주당 | 바른정당 | 국민의당 | 정의당 | 기타 | 합계 |
|---|---|---|---|---|---|---|---|---|
| 100%<br>(336명) | 33.5% | 28.0% | 20.4% | 9.7% | 3.0% | 0.5% | 4.9% | 100.0% |

의 이동 분포다.* 우리가 언론을 통해 접하는 여론조사는 보통
1,000명을 샘플로 한다. 탄핵 국면 이전, 즉 최순실 태블릿PC 보
도 이전인 2016년 9월에 새누리당 지지층은 전체 국민 1,000명
중에 336명이었다. 탄핵 국면 이후인 2017년 2월 연구 조사에 따
르면, 새누리당 지지층 336명(100%)은 다양하게 분해되었다. 덩
어리가 큰 순서대로 배열하면, 무당파(33.5%)로 가장 많이 이동
했다. 자유한국당(국민의힘 계열)에 남은 비율은 28.0%다. 기존
새누리당 지지자 중에 약 1/4 정도의 규모만 남은 셈이다. 그 다
음 민주당으로 20.4%, 바른정당으로 9.7%가 이동했다.

## 촛불연합은 멜론과 수박의 정치연합

[표 5-2]는 탄핵 국면 초창기에 '새로 유입된' 민주당 지지

\* 정한울, 2021년, 앞의 자료. 최순실 태블릿PC가 보도되기 이전에 실시된 2016년
9월 23~23일 조사와 헌법재판소의 박근혜 대통령 인용 직전인 2017년 2월
24~25일 조사를 비교했다.

표 5-2 민주당 지지자 중 올드 민주 68.9%, 뉴 민주 31.1%
(2017년 2월 24~25일, n=1000명)

| 샘플 규모 | 민주당 | 새누리당 | 국민의당 | 무당파 | 정의당 | 기타 | 합계 |
|---|---|---|---|---|---|---|---|
| 100%<br>(468명) | 68.9% | 14.7% | 6.6% | 5.6% | 2.9% | 1.3% | 100.0% |

층이 어디서 왔는지를 보여준다.** 탄핵 국면 이전 민주당 지지율은 약 30%였다.

2017년 2월 조사 결과를 보면, 민주당 지지층은 468명(100%)이다. 이 중에서 원래 민주당 지지층은 68.9%다. 새로 유입된 민주당 지지층은 31.1%다. '새로 유입된' 민주당 지지층은 어디에서 왔는가? 가장 큰 덩어리는 원래 새누리당을 지지하던 사람들이다(14.7%). 그 뒤를 이어 국민의당 지지자였던 사람은 6.6%, 무당파였던 사람은 5.6%다. 정의당에서 넘어온 사람은 2.9%다.

요약 정리해보자. 2016년 최순실 태블릿PC가 보도된 이후, 보수의 분열이 가속화됐다. 자유한국당에 남은 잔류 보수는 28%에 불과하다. 원래 새누리당을 지지하던 사람들은 세 갈래 혹은 네 갈래로 쪼개져 무당파가 되거나 민주당 등으로 넘어갔다. 이탈 보수가 생긴 것이다. 반면 탄핵 국면 이후 민주당은 새로운 지지자들이 유입되면서 지지층이 두터워졌다. 원래 민주당 지지층인 올드 민주에 기존 새누리당 지지자들과 무당파들이 합류했다. 뉴 민주다.

** 정한울, 2021년, 앞의 자료.

촛불연합이란 무엇이었나? '멜론과 수박의 정치연합'이었다. 촛불연합 이전에 민주당은 '순수 멜론당'이었다. 하지만 촛불연합 이후, 민주당은 '멜론＋수박 연합당'이 됐다. 원래 민주당을 지지하던 사람들에 무당파였던 사람들, 새누리당을 지지하던 사람의 일부가 연합한 세력, 바로 이것이 촛불연합이다.

촛불연합은 왜 해체되었나? 수박들(민주당스럽지 않은 중도 유권자들)이 실망하고 민주당을 떠났기 때문이다. 수박들은 왜 민주당에 실망했을까? 문재인 정부와 민주당이 멜론만 편애하는 정치를 하고, 멜론만 편애하는 정책을 펼쳤기 때문이다. 의식적이든 무의식적이든, 민주당은 수박을 대부분 내쫓았다. 민주당은 다시 '순수 멜론당'이 됐다. 그 결과물이 윤석열 대통령의 당선이다.

민주당이 국민의힘 계열의 장기 집권을 도와줄 수 있는 방법이 있다. 수박을 타도하고, 순수 멜론당 노선을 고집하는 것이다. 선명하고 진보적인 고립 노선을 취하면 된다. 이것은 51% 연합을 스스로 포기하는 선택이다.

민주당은 1997년 DJP 연합을 했던 '김대중의 정치학'으로 다시 돌아가야 한다. 촛불연합으로 다시 돌아가야 한다. 지금 시점에서 안철수, 유승민, 이준석과 다시 합치는 게 중요하다는 의미는 아니다. 하지만 그들을 지지했던 유권자층의 요구를 파악하고 화답하는 것은 여전히 중요하다. 민주당은 멜론과 수박의 연합을 통해 51% 다수파 연합을 만들고, 정치를 통해 좋은 세상 만들기를 추진해야 한다.

# 2장

# 촛불연합은
# 왜 해체되었나?

## 촛불연합의 3단계 해체: 소주성, 조국, 부동산

촛불연합은 '스펙트럼 연합'이었다. 여기서 스펙트럼 연합이란, 이질적인 것들의 연합이라는 의미다. 중도와 개혁보수가 '진보로 전향해서' 촛불연합에 합류한 게 아니었다. 촛불연합은 진보, 중도, 개혁보수의 '통일전선'이었다.

민주당과 문재인 정부는 통일전선의 원리에 맞게, '다름'을 인정하면서 촛불연합을 공고화하는 정치적·정책적 프로그램을 추진했어야 했다. 그러나 민주당과 문재인 정부는 그렇게 하지 않았다. 촛불연합 내부의 이질성(다름)을 이해하지도 못했고, 인정하지도 않았다. 올드 민주만 기분 좋은 정치를 하고, 올드 민주만 기분 좋은 정책들을 추진했다.

## 그림 5-3 탄핵 정치연합 형성기 및 해체기의 정당 지지율 변화(%)

1) 형성기: 2016년 총선~2020년 총선

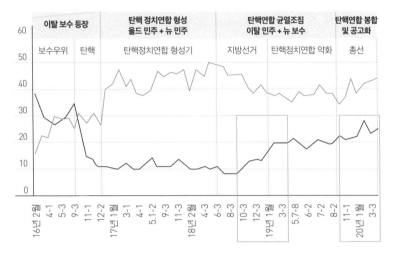

2) 해체기: 4·7 보궐선거~2022년 대선

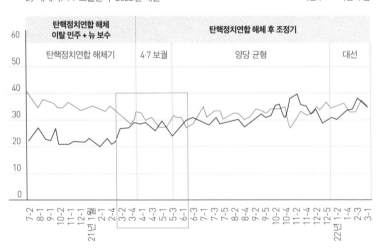

[그림 5-3]은 탄핵 정치연합 형성기 및 해체기의 정당 지지율 변화를 나타낸 것이다.* '세 개의 박스 표시'는 내가 한 것이다.

촛불연합 해체는 3단계 과정으로 진행됐다. 1차 해체는 2018년 10월부터 2019년 3월까지 진행된다. 2018년 10월, 10%대 초반에 머물렀던 국민의힘 계열 지지율은 이후 반등을 시작한다. 2019년 3월에는 20%대 초반까지 올라온다. 조국 사태가 터지기 이전이다. 이 시기 최대 이슈는 최저임금 폭등과 소주성 논란이었다. 최저임금과 소주성 논란은 촛불연합의 1차 해체를 촉발시켰다. 국민의힘 계열 입장에서는 문재인 정부가 보수의 1차 복원을 도와준 것과 같았다.

촛불연합의 2차 해체는 2019년 11월부터 2020년 3월 기간까지 진행된다. 조국 법무부 장관의 지명 시기는 2019년 8월이었다. 이때부터 소위 '조국 사태'가 터진다. 민주당 계열은 조국 장관을 옹호하는 서초동 시위를 조직했고, 주말마다 수십만 명이 시위에 참석했다. 국민의힘 계열도 광화문 시위를 조직했다. 역시 수십만 명이 참석했다. 조국 법무부 장관은 10월에 사퇴한다. 서로가 격렬한 대규모 시위로 공방을 벌인 결과, 사퇴 이후에도 조국 사태의 여파는 지속됐다. 국민의힘 계열 지지율은 20%대 초반에서 20%대 후반까지 올라간다. 민주당 입장에서는 촛불연합의 2차 해체였다. 국민의힘 계열 입장에서는 보수의

---

* 정한울, 2022년, 〈5년 만의 정권교체와 탄핵 정치연합의 해체 요인 분석 : 이탈 민주와 뉴 보수층의 지지변동 요인을 중심으로〉, 《동향과 전망》 통권 115호, 244~295쪽.

2차 복원이었다.

촛불연합의 3차 해체는 2021년 2월부터 5월까지 진행된다. 이 시기 가장 중요한 이슈는 부동산 폭등과 부동산 관련 규제들이었다. 종부세와 양도세의 대폭 인상, 강력한 대출규제, 임대차 3법으로 인한 임대료의 일시적 인상이었다. 2021년 4월 7일, 서울시장과 부산시장에 대한 재보궐 선거가 있었다. 둘 다 국민의힘 후보가 압승했다. 민주당 입장에서는 촛불연합의 3차 해체였고, 국민의힘 입장에서는 보수의 3차 복원이었다.

## 촛불연합은 어떻게 이질적이었나?

촛불연합이 해체된 가장 중요한 이유는 민주당과 문재인 정부가 촛불연합의 '이질성'을 충분히 인지하지 못했기 때문이다. 촛불연합을 유지하기 위해서는 두 가지가 필요했다. 하나는, 촛불연합을 구성하고 있는 세력들이 어떻게 다른지 충분히 인지했어야 했다. 이 지점은 '인지'의 문제였다. 다른 하나는, 이질성을 고려한 정치적·정책적 프로그램을 통해 촛불연합을 공고화하는 작업을 했어야 했다. 이 지점은 '능력'의 문제다.

촛불연합은 어떻게 이질적이었나? 역시 한국리서치 정한울 전문위원의 연구를 참고해보자. [그림 5-4]는 뉴 민주와 올

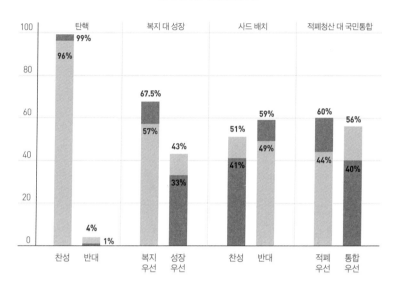

그림 5-4 뉴 민주와 올드 민주의 이질성

■ 뉴 민주당　■ 올드 민주당

탄핵　　복지 대 성장　　사드 배치　　적폐청산 대 국민통합

탄핵: 찬성 96%/99%, 반대 4%/1%
복지 대 성장: 복지 우선 67.5%/57%, 성장 우선 43%/33%
사드 배치: 찬성 51%/41%, 반대 59%/49%
적폐청산 대 국민통합: 적폐 우선 60%/44%, 통합 우선 56%/40%

드 민주의 이질성을 다루고 있다.* 먼저 올드 민주와 뉴 민주에게 네 가지 질문을 했다. 탄핵, 복지 대 성장, 사드 배치, 적폐청산 대 국민 통합이 그것이다. 탄핵에 대한 입장은 뉴 민주 96% 찬성, 올드 민주 99% 찬성이다. 복지 대 성장에 관해선 뉴 민주의 57%와 올드 민주 67.5%가 복지 우선으로 답했다. 뉴 민주의 성장 우선 비율이 10%포인트 더 많다. 사드 배치는 뉴 민주 51%가 찬성하고, 올드 민주는 41%만 찬성했다. 뉴 민주의 사드 배치 찬성률이 10.5%포인트 더 많다. 적폐청산 대 국민통합을 묻는

---

\* 　강원택 편, 2017년, 《변화하는 한국유권자 6》, 동아시아연구원, 99쪽, [표 3-8] 재구성.

질문에는 뉴 민주의 56%가 통합 우선을 지지했다. 올드 민주는 60%가 적폐 청산 우선을 지지했다. 조사 시점은 2017년 2월이었다.

네 가지 질문과 답변을 통해 우리는 몇 가지를 알 수 있다. 첫째, 뉴 민주와 올드 민주는 탄핵에 대해 높은 공감대를 갖고 있다. 둘째, 뉴 민주는 복지 우선을 찬성하되, 성장 우선에 대해서도 올드 민주에 비해 10%포인트 더 높다. 성장 우선 입장도 43% 정도 된다. 셋째, 뉴 민주는 사드 배치 찬성 여론이 더 높다. 넷째, 뉴 민주는 적폐청산보다 국민 통합을 우선적으로 선호한다. 올드 민주와 견해 차이가 가장 큰 이슈다. 다섯째, 네 가지 질문과 답변을 통해 알 수 있는 것은 뉴 민주가 중도 혹은 중도에 가까운 보수 성향이라는 점이다.

결국, 촛불연합은 진보+중도+개혁보수의 '통일전선'이었다. 문재인 정부와 민주당은 촛불연합을 '촛불혁명'으로 이해하고 싶어 했다. 촛불연합에 대한 오판이었다. 소득주도 성장 정책, 조국 사태, 부동산 정책을 계기로 촛불연합은 3단계로 해체되었고, 보수는 3단계로 복원되었다. 잘못된 인식과 실천이 결국 촛불연합을 해체시켰다.

# 3장

# 민주당에 합류했다가
# 이탈한 사람들은 누구인가?

## 촛불연합의 해체: 누가, 왜 이탈했는가?

촛불연합은 해체됐다. 그 결과물이 윤석열 대통령의 당선이다. 한국갤럽 기준으로, 취임 후 1년이 넘도록 윤석열 대통령의 지지율은 30%대 초중반에 불과하다. 역대 대통령 중 가장 낮은 편이다.

질문을 바꿔보자. 촛불연합은 복원될 수 있는가? 이 질문은 중요하다. 박근혜 대통령 탄핵을 매개로 하는 정치연합은 다시 복원될 수 없다. 그러나 정치는 결국 51% 게임이다. 정치에서 가장 중요한 것은 다수파 연합 만들기다. 다수파 연합을 만들기 위해서는 민주당에 새로 합류했다가, 다시 이탈한 사람들의 성향을 파악하는 게 중요하다. 이들은 누구인지, 욕망은 무엇인지, 성향은 어떠한지를 알아야 이들과 함께 '새로운 정치연합'을 만

표 5-3 이탈 민주층과 잔류 민주층의 세대, 지역, 이념 성향 구성비

| 구성 | | 2020년 총선 투표 | 조사 시점, 정당 지지 | |
|---|---|---|---|---|
| | | 더불어시민당 지지자 (350명) | 이탈 민주 (101명) | 잔류 민주 (249명) |
| | | 350명 100% | 100% | 100% |
| 연령별 | 18~29세 | 44 13 | 24 | 8 |
| | 30대 | 60 17 | 24 | 14 |
| | 40대 | 88 25 | 20 | 27 |
| | 50대 | 70 20 | 15 | 22 |
| | 60대 이상 | 89 25 | 17 | 29 |
| 지역별 | 서울 | 60 17 | 17 | 17 |
| | 인천/경기 | 117 33 | 40 | 31 |
| | 대전/세종/충청 | 37 10 | 10 | 11 |
| | 광주/전라 | 58 17 | 9 | 20 |
| | 대구경북 | 23 7 | 10 | 5 |
| | 부산/울산/경남 | 42 12 | 10 | 13 |
| | 강원/제주 | 13 4 | 4 | 3 |
| 이념 성향별 | 보수 | 154 44 | 23 | 52 |
| | 중도 | 146 42 | 55 | 36 |
| | 진보 | 48 14 | 21 | 11 |
| | 모름/응답 거절 | 2 1 | 0 | 1 |

드는 일이 가능해진다. '이탈 민주층'이 누구인지 파악하는 게 중요한 이유다.

[표 5-3]은 이탈 민주층과 잔류 민주층에 대한 세대, 지역,

이념 성향 구성비다.* 2020년 4월 총선 시점의 더불어시민당 지지자와 2022년 1월 11~14일 시점의 정당 지지자를 비교했다. 이탈 민주의 규모는 350명 중 101명이다. 28.9%다. 10명 중 3명이 이탈했다. 연령별, 지역별, 이념 성향별로 나누어 이탈층을 살펴보면 흥미로운 결과를 얻을 수 있다.

전체 이탈 민주를 100%로 간주할 경우, 20대(24%), 30대(24%), 40대(20%) 순서로 이탈했다. 이들의 합계가 68%다. 2030세대는 2023년 내내 무당파 비중의 가장 큰 덩어리를 차지하고 있다. 이들은 탄핵 국면에서 가장 적극적이었고, 문재인 정부 초기에는 이들의 지지율이 가장 높았다. 하지만 이후 이탈했고, 현재는 무당파가 됐다. 흥미로운 것은 40대가 전체 이탈 민주층의 20%를 차지한다는 것이다. 40대는 민주당 지지율이 가장 높은 세대다.

지역별로 보면, 인천/경기의 이탈 비중이 전체 40%로 가장 크다. 2023년 10월 통계청 기준 서울 인구는 940만 명, 경기도 1,360만 명, 인천 300만 명이다. 인천/경기의 인구 합계는 1,660만 명이다. 한국 전체 인구 중에서 비중이 가장 크다. 인구 비중이 크니 이탈 비중도 큰 것이다. 호남은 원래 민주당 지지층이 강한 곳으로, 이탈 규모는 9%에 불과하다. 신규 유입도 별로 없었고, 이탈도 별로 없었다. 부울경과 대구경북의 경우 전체 이탈 규모의 20%에 해당한다. 기대가 컸기에, 실망도 컸다. 영남

---

* 정한울, 2022년, 〈2022 한국 유권자의 표심 읽기 시리즈② 이탈 민주의 선택: 왜 180석 거대 여당은 2년 만에 심판 받았나?〉,《EAI 스페셜리포트》.

권의 이탈 규모가 호남보다 큰 이유다. 연령별 이탈 규모까지를 고려하면, 부울경과 대구경북에 거주하는 2040세대가 민주당을 지지했다가 이탈했을 가능성이 높다.

이념 성향별로 보면, 중도가 55%로 최대 규모를 차지한다. 보수도 23%나 된다. 이탈자의 78%가 중도 및 보수다. 우리는 여기서도 촛불연합이 '진보＋중도 연합'이었음을 확인할 수 있다.


## 이탈 민주층은 무엇이 불만이었나?


[그림 5-5]는 이탈 민주층의 문재인 정부에 대한 정책 평가다.* 2021년 4·7 재보선 직후였던 2021년 5월, 이탈 민주층에게 '국정평가를 악화시킨 이슈'를 물었다. 순서대로 살펴보면 문재인 정부의 부동산 정책과 LH사건(81%), 윤미향 의원 비리 의혹(67%), 조국 법무부 장관 임명(64%), 추미애 전 장관과 윤석열 전 총장의 갈등(61%), 소득주도성장 정책(56%)의 순서였다.

잔류 민주층 역시, 국정평가를 악화시킨 요인의 순서는 비슷했다. 다만, 강도가 달랐다. 유일하게 부동산 정책만 56%가 비판적이었다. 나머지는 50% 미만이었다.

이탈 민주층과 잔류 민주층은 문재인 정부 정책에 대한 평가가 달랐다. 잔류 민주층의 평가만을 옳다고 생각하면, 이탈 민

---

*    정한울, 2022년, 〈2022 한국 유권자의 표심 읽기 시리즈② 이탈 민주의 선택: 왜 180석 거대 여당은 2년 만에 심판 받았나?〉, 《EAI 스페셜리포트》.

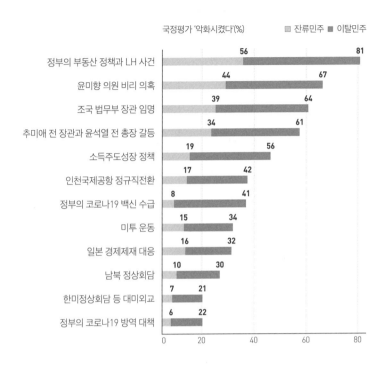

그림 5-5 이탈 민주층의 문재인 정부 정책 평가(복수응답)

국정평가 '악화시켰다'(%)　　■ 잔류민주　■ 이탈민주

| 항목 | 잔류민주 | 이탈민주 |
|---|---|---|
| 정부의 부동산 정책과 LH 사건 | 56 | 81 |
| 윤미향 의원 비리 의혹 | 44 | 67 |
| 조국 법무부 장관 임명 | 39 | 64 |
| 추미애 전 장관과 윤석열 전 총장 갈등 | 34 | 61 |
| 소득주도성장 정책 | 19 | 56 |
| 인천국제공항 정규직전환 | 17 | 42 |
| 정부의 코로나19 백신 수급 | 8 | 41 |
| 미투 운동 | 15 | 34 |
| 일본 경제제재 대응 | 16 | 32 |
| 남북 정상회담 | 10 | 30 |
| 한미정상회담 등 대미외교 | 7 | 21 |
| 정부의 코로나19 방역 대책 | 6 | 22 |

주층이 떠나가는 것은 자연스러운 일이다. 촛불연합의 해체도, 다수파 연합이 붕괴하는 것도 자연스러운 일이 된다. 반대로, 촛불연합을 복원하고 싶다면, 다수파 연합을 회복하고 싶다면, 다가오는 선거에서 승리하고 싶다면 '이탈 민주층'의 불만에 대해 귀를 기울일 필요가 있다.

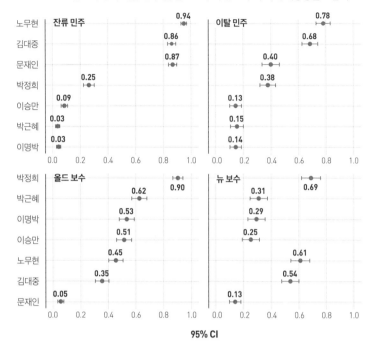

그림 5-6 잔류 민주층과 이탈 민주층, 올드 보수와 뉴 보수의 역대 대통령별 호감비

95% CI

## 이탈 민주층과 뉴 보수가 좋아하는 대통령은 누구인가?

[그림 5-6]은 잔류 민주층과 이탈 민주층, 올드 보수와 뉴 보수의 역대 대통령별 호감비를 보여준다.* 잔류 민주층과 이탈 민주층의 답변이 흥미롭다. 순서와 수치를 유념하며 살필 필요가 있다(대통령 호칭은 생략하기로 한다).

---

\* 정한울, 2022년, 〈5년 만의 정권교체와 탄핵정치연합의 해체 요인 분석: 이탈 민주와 뉴 보수층의 지지변동 요인을 중심으로〉, 《동향과 전망》 통권 115호, 244~295쪽.

잔류 민주층이 좋아하는 대통령은 노무현(0.94), 문재인(0.87), 김대중(0.86), 박정희(0.25) 순이다. 이탈 민주는 달랐다. 노무현(0.78), 김대중(0.68), 문재인(0.40), 박정희(0.38) 순서다. 순위도 바뀌고, 강도도 바뀌었다.

잔류 민주층은 노무현 1순위, 문재인과 김대중은 비슷한 2순위다. 박정희는 제법 차이 나는 4위다. 그러나 이탈 민주는 달랐다. 노무현 1위, 김대중 2위다. 문재인과 박정희는 공동 3위에 가깝다. 문재인과 박정희가 동급이라는 것은 두 가지 의미를 갖는다. 하나는, 문재인에 비판적이다. 이건 바로 직전 현직 대통령이어서 그럴 수 있다. 다른 하나는, 박정희에 우호적이다.

역대 대통령 호감도에 대한 올드 보수와 뉴 보수의 비교 역시 흥미롭다. 올드 보수는 원래 국민의힘 계열을 지지하는 층이다. 뉴 보수는 2020년 총선 이후 보수에 새로 합류한 지지층이다. 뉴 보수는 앞서 탄핵 국면에서 '스윙 보수'가 됐다가 다시 보수에 재합류한 사람들일 가능성이 높다.

역대 대통령 호감도에 대한 올드 보수의 답변은 박정희(0.90), 박근혜(0.62), 이명박(0.53), 이승만(0.51)이다. 전형적인 보수층이다. 노무현(0.45), 김대중(0.35), 문재인(0.05)이 뒤를 잇는다. 문재인은 바로 직전 대통령이어서 반감이 컸을 것이고, 김대중은 한평생 빨갱이로 공격받았던 것이 영향을 미쳤을 것이다.

흥미로운 것은 뉴 보수의 답변이다. 순서대로 살펴보면 박정희가 1순위다. 다만, 강도가 다르다. 올드 보수는 0.9였는데, 뉴 보수는 0.69다. 2순위부터가 재밌다. 2순위가 노무현(0.61)이고 3순위가 김대중(0.54)이다. 박근혜, 이명박, 이승만은 4~6순위로 밀려났다.

## 박정희를 좋아하는 이탈 민주층, 노무현을 좋아하는 뉴 보수층

이탈 민주는 문재인과 박정희를 비슷한 수준으로 좋아했다. 뉴 보수는 박정희 다음으로 노무현과 김대중을 좋아했다. 박정희, 노무현, 김대중에 대한 호감 수치도 엇비슷했다. 이탈 민주는 박정희에게 호감을 갖고 있고, 뉴 보수는 노무현, 김대중에게 호감을 갖고 있다. 이 결과는 어떤 의미를 갖는 것일까?

박정희는 경제성장과 산업화를 상징한다. 노무현은 탈권위주의, 김대중은 민주화를 상징한다. 이탈 민주가 박정희를 좋아한다는 것은 이들이 경제성장을 중시하고 친기업적인 중도 진보 성향임을 의미한다. 노무현, 김대중을 좋아한다는 것은 뉴 보수가 탈권위주의와 민주화를 높이 평가하는 중도 보수 성향임을 의미한다. 현재 민주당과 국힘의 정치적 대립 구도는 '냉전 진보'와 '냉전 보수'로 표현할 수 있다. 이탈 민주층은 '탈냉전 진보' 성향을, 뉴 보수는 '탈냉전 보수' 성향을 갖는다고 할 수 있다.

종합적으로 정리해보자. 이탈 민주층은 세대적으로는 203040세대가 가장 많다. 지역적으로는 수도권 인구가 가장 많왔다. 부울경과 대구경북도 일정 비중을 차지했다. 이념 성향은 중도가 많았고, 문재인 정부 정책에 대해서는 부동산, 윤미향, 조국, 소주성 정책 등에 비판적이었다. 대통령에 대한 호감도를 통해서는 민주화와 산업화, 경제성장을 동시에 중요하게 여기는 특징을 보여준다.

한국 현대사는 냉전 체제 속에서 대결의 시대를 겪었다. 산업화 세력과 민주화 세력은 대결했다. 박정희를 좋아하던 사람들은 김대중과 노무현을 싫어했다. 김대중과 노무현을 좋아하던 사람들은 박정희를 싫어했다.

그러나 203040세대가 주축을 이루는 이탈 민주층과 뉴 보수는 생각이 다르다. 이들은 산업화, 경제성장, 기업 경쟁력도 중시하지만 민주화와 탈권위주의도 중요하게 여긴다. 국힘이 민주화 성과를 부정하며 '냉전 보수' 성향을 강화하면 뉴 보수와 이탈 민주층은 거부감을 느낄 것이다. 국힘은 민주화의 성과를 적극 껴안고, 김대중, 노무현의 업적을 인정해야 한다. 그렇게 군부독재 시절의 권위주의와 단절해야 한다.

민주당도 비슷한 처지다. 민주당이 '냉전 진보' 성향을 강화하면 이탈 민주층과 뉴 보수의 거부감은 강해질 것이다. 민주당은 산업화, 경제성장, 기업 경쟁력의 가치를 적극 껴안으며 박정희의 업적도 적극 인정해야 한다. 냉전 시절의 '반기업 진보주의'와도 단절해야 한다.

국민의힘 계열에서 탈냉전 스마트 보수를 상징하는 정치인은 이준석과 천하람, 유승민, 안철수 같은 사람들이다. 하지만 안타깝게도, 민주당 계열에서 '탈냉전 스마트 진보'를 상징하는 정치인은 아직 명료하게 보이지 않는다.

# 4장

# 문재인 정부는
# '진보판 3당 합당'을 추진했어야 한다:
## 다시 촛불연합의 시점으로 돌아간다면

## 다시 2017년 5월로 돌아간다면

촛불혁명으로 표현하든 촛불연합으로 표현하든 지금 현재, 우리는 알고 있다. 촛불연합은 해체되었고, 윤석열 대통령이 탄생했다. 민주당은 6월 지방선거에서도 패했다.

만약 2017년 5월로 다시 돌아갈 수 있다면, 민주당과 문재인 대통령은 무엇을 해야 했을까? 박근혜 대통령의 탄핵을 요구하는 촛불시위는 1987년 6월 항쟁 이후 가장 강력한 대중적 에너지였다. 촛불연합은 한국 정치사에서 흔히 오지 않는 '기회의 창'이었다. 보수로 기울어졌던 한국 정치 구조를 재편할 기회로 활용할 수 있었다.

결론부터 말해, 2017년 5월의 시점으로 돌아간다면 문재인 정부와 민주당은 '진보판 3당 합당'을 추진했어야 한다. 방법은 두 가지가 있다. 첫째, 2017년 5월 대선 직후에 바로 합당을 추진 하는 것이다. 1990년 노태우 정부가 했던 3당 합당과 같은 방식 으로 말이다. 1990년 2월, 노태우의 민주정의당은 김영삼의 통 일민주당, 김종필의 신민주공화당과 합당을 했다. 그럼 문재인 정부의 3당 합당은 어떤 모습이어야 했나? 2017년 대선은 더불 어민주당 문재인 후보, 새누리당 홍준표 후보, 국민의당 안철수 후보, 바른정당 유승민 후보, 정의당 심상정 후보로 구성된 5자 구도로 치러졌다. 문재인 대통령은 더불어민주당, 국민의당, 바 른정당을 단일정당으로 만드는 '진보판 3당 합당'을 추진하고, 국민의당과 바른정당에게 내각의 절반을 내줬어야 한다. 이를 위해 대선후보들 간 물밑 협상과 당 대 당 협상을 병행했어야 한 다. 진보판 3당 합당은 한국의 정치 구조를 근본적으로 재편할 수 있는 절호의 찬스였다.

둘째, 진보판 3당 합당을 곧바로 플랜 A로 추진하되 실현되 지 않았을 경우, '촛불 공동정부'를 추진했어야 한다. 국민의당, 바른정당과 함께 권력 분점을 추진했어야 한다. 한국 정치는 연 립정부의 경험도 갖고 있다. 1997년 김대중-김종필의 DJP 연합 이다. 김대중 대통령은 정부 출범 시점부터 자유민주연합(자민 련)과 연립정부를 했다. 정치인으로 표현하면 김종필, 박태준, 이한동을 포함했다. 김대중 정부는 내각의 절반을 이들에게 떼 어줬다. 문재인 정부도 내각의 절반을 내주는 촛불 공동정부를 추진했어야 한다. 촛불 공동정부의 목표는 2018년 지방선거 이전에 '진보판 3당 합당'하는 것이었어야 한다. 합당을 목표로 하는 게 중요한 이유는 그래야 한국 정치 구조의 근본적 재편을 시도해볼 수 있기 때문이다.

촛불연합은 애초 민주당만의 것이 아니었다. 민주당은 촛불연합을 독점하려고 하지 않았는지 반성해야 한다. 2017년 대선의 민심도 민주당 독점을 요구하지 않았다. 2017년 5월 대선의 득표율은 문재인 41.1%, 홍준표 24.0%, 안철수 21.4%, 유승민 6.8%, 심상정 6.2%였다. 홍준표 후보를 제외한 4명 후보의 지지율 합계는 75.5%다. 이게 대선 민심에서 드러난 촛불연합 수치다. 이 중에서 문재인 후보 지지율 비중은 54%다. 약 절반만이 더불어민주당 문재인 후보의 몫이었다. 나머지 절반은 다른 정치세력들 몫이었다.


## 87년 민주화 이후, 정치 구조를 바꾼 두 가지 사건

1987년 민주화 이후, 한국 정치사에서 정치 구조를 가장 크게 바꾼 사건은 무엇일까? 두 가지를 꼽을 수 있다.

첫째, 1990년 3당 합당이다. 6월 항쟁 이후, 한국 정치는 민주 대 반민주 구도가 중심축이었다. 다른 한편, 1987년 대선과 1988년 총선에서 지역 구도가 드러났다. 대구경북의 노태우, 부산-경남의 김영삼, 호남의 김대중, 충청권의 김종필이 지역 맹주였다. 즉, 1988년 즈음 한국 정치의 대립 구도는 한 축으로는 민주 대 반민주 구도, 다른 한 축은 지역 구도였다. 1990년 3당 합당은 지역 대연합이며 동시에 보수 대연합이었다. 노태우 대통령은 '자신들의 타도를 위해 싸우던' 김영삼과 합당을 했다. 김영삼 입장에서도 적진 한복판으로 들어갔다. 노태우도, 김영삼도 매우 과감한 선택이었다.

이후 한국 정치는 호남 포위를 한 축으로, 보수 우위를 다른 한 축으로 작동했다. 김영삼을 품어 안은 한국 보수는 '민주화 세력을 내장한' 보수가 됐다. 3당 합당 그 자체가 보수의 중도확장이었다. 3당 합당 이후, 국민의힘 계열은 8번의 총선 중 5번에 걸쳐 40%대 후반~50%대 초반의 의석을 점유한다. '중도를 포용하는' 보수였기에 가능한 일이었다.

1990년 3당 합당 이전과 이후의 차이를 가장 극명하게 보여주는 것은 부산-경남의 정치 지형 변화다. 1988년 총선에서 집권 여당(당시 민정당) 점유율은 35.1%(13석)였다. 야당 합계 점유율은 62.2%(23석)였다. 1992년 총선에서는 확 바뀐다. 집권 여당(당시 민주자유당) 점유율은 79.5%(31석), 야당 합계 점유율은 7.7%(3석)가 된다. 3당 합당 전후를 비교하면, 부산-경남에서 집권 여당은 18석이 늘어났다. 야당 합계는 20석이 줄었다. 3당 합당을 분기점으로 부산-경남은 국민의힘 계열의 절대강세 지역이 됐다.

우리는 흔히 노무현 전 대통령에 대해 '지역주의와 맞서 싸운 정치인'이라고 표현한다. 틀린 표현은 아니지만, 정확한 표현도 아니다. 더 정확하게 표현하면, 노무현 전 대통령은 '3당 합당 구도'와 맞서 싸운 정치인이었다. 2017년 촛불연합 이후, 문재인 정부와 민주당이 진보판 3당 합당을 추진했다면, 그것이야말로 '노무현 정신'을 온몸으로 실천하는 것이었다. 정치인 노무현이 한평생 맞서 싸운 거대한 성채(城砦), 1990년의 3당 합당 구도를 허무는 작업이 됐을 것이기 때문이다.

두 번째 사건은 무엇일까? 바로 1997년에 있었던 DJP 연합이다. 1990년 3당 합당은 지역 대연합이며 보수 대연합이었다. 지역 대연합은 민주 대연합을 제압할 정도로 광범위한 정치 연합이었다. 왜냐하면, 지역 대연합 안에 부산-경남 민주화 세력이 이미 포섭되어 있었기 때문이다. 1992년 대선에서는 김영삼 후보와 김대중 후보가 붙었다. 정주영 전 현대그룹 회장과 박찬종 후보도 출마했다. 정주영 후보는 16.3%를, 박찬종 후보는 6.4%를 받았다. 둘의 합계는 23%로 꽤 많았다. 중도 일부와 보수표를 분산시키는 효과가 있었다. 김대중 후보는 33.8%를 받았다. 김영삼 후보는 42.0%를 받았다. 둘의 격차는 8.2%포인트, 표차는 약 200만 표였다. 200만 표의 격차는 지역 대연합과 (부산-경남이 빠진) 민주 대연합의 일 대 일 대결을 의미했다. 민주 대 반민주 구도로는 다음 대선에서도 승리하기 어렵다는 것을 의미했다.

김대중 후보는 패배를 깨끗이 인정하고, 5년 이후인 대선을 준비하며 훗날을 도모했다. 그리고 1997년 대선을 앞둔 시점에 김종필과 정치연합을 한다. 1997년 대선은 기적 곱하기 기적으로 승리한 경우다. 외환위기 사태, 이인제의 독자출마, DJP 연합의 성사. 세 가지 사건이 동시에 터지고서도 새벽 2시가 돼서야 간신히 당선을 확정지을 수 있었다. 최종 격차는 1.6%였다. 정치인 김대중은 지역 구도로 포위되어 있을 때, 그것을 비난하는 것에 그치지 않았다. 지역 구도를 역으로 활용하는 방법으로 정권 교체에 성공한다. 1990년 3당 합당은 '권위주의 세력이 주도한' 지역연합이었다. 1997년 DJP 연합은 '민주화 세력이 주도한' 지역연합이었다. 지역 구도를 지역 구도로 극복한 경우다. 그 결과물이 정권 교체이며, 개혁 정부의 탄생이었다.

## 정치 구조의 판갈이는 어떻게 가능한가 1: 새로운 동원

2018년 지방선거에서 민주당은 초유의 압승을 했다. 이후 진보언론《시사인》을 중심으로 유권자 재정렬(Realignment) 담론이 등장했다. 유권자 재정렬이란, 정당의 지지기반이 구조적으로 재편되는 경우를 일컫는 정치학 용어다. 당시 상황과 연결하면, 한국의 정치 구조 자체가 '진보 우위'로 재편될 가능성을 의미한다. 사실이라면, 민주당 입장에서 여간 기쁜 일이 아니다. 이해찬 전 대표가 말했던 '진보 20년 집권론'도 오버가 아닌 것이다. 2004년 총선을 앞두고 당시 민주노동당 노회찬 선대본부장이 TV토론에 나와 '판갈이론'으로 큰 인기를 얻은 적이 있다. 판갈이론은 정치인 인물 몇 명을 바꾸는 '물갈이'와 대비되는 '판' 자체를 바꿔야 한다는 주장이었다. 유권자 재정렬은 유권자의 판 자체가 바뀌는 경우를 의미한다.

유권자 재정렬이 실현되는 경우는 두 가지다. 첫째, 동원이다. 동원(Mobilization)은 정당 지지층 바깥에 존재하던 유권자들이 새롭게 특정 정당 지지층으로 결합하는 경우를 의미한다. 쉽게 말해, 평소 정치에 무관심하고 투표장에 가지 않던 무당파층이 좋아하는 정당이 생기고 투표하는 것이다. 그 정당에 대한 정당 일체감이 생기고 전체 유권자 지형이 바뀌는 경우다.

동원에 의한 유권자 재정렬의 대표 사례는 1932년에 있었던 미국 대선이다. 1929년 대공황이 터진 이후, 대선에서 프랭클린 루스벨트가 대통령으로 당선된다. 루스벨트 대통령은 뉴딜 정책을 추진한다. 뉴딜 정책은 노동조합의 설립 요건 완화, 대규모 공공투자, 금융규제를 추진하는 정책이다. 독점 자본은 규제하고, 노동 권익은 강화하는 기조다. 자본과 노동의 세력 균형을 추구한 루스벨트의 뉴딜 정책은 도시 지역 노동자들의 두터운 지지를 받았다. 루스벨트 대통령은 미국 역사상 최초로 3연임에 성공한다. 수십 년간 지속됐던 '공화당 우위' 정치 구도는 '민주당 우위' 정치 구도로 재편된다. 뉴딜 정책 이후 미국 민주당은 장기집권에 성공하게 되고, 이 우위 구도는 1960년대까지 지속됐다.

《진보는 어떻게 다수파가 되는가》는 미국의 정치학자 크리스티 앤더슨이 1979년에 발간한 책으로, 1930년대 미국의 유권자 재정렬을 다룬다. 책의 핵심 내용은 뉴딜 정책으로 인한 유권자 재편은 전향이 아닌 동원임을 입증하는 것이다. 2018년과

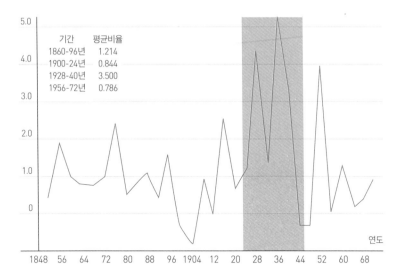

그림 5-7 미국 성인 인구 변화 대비 실제 투표자 변동률

| 기간 | 평균비율 |
| --- | --- |
| 1860-96년 | 1.214 |
| 1900-24년 | 0.844 |
| 1928-40년 | 3.500 |
| 1956-72년 | 0.786 |

연도

1848 56 64 72 80 88 96 1904 12 20 28 36 44 52 60 68

2020년 당시 《시사인》 기획기사를 주도했던 천관율 기자 역시
'동원'의 필요성에 입각해서 논지를 폈다.[*]

한국 진보파들은 미국 뉴딜 정책과 유권자 재정렬을 신비
화하는 경향이 있다. 1932년 미국에서 동원에 의한 유권자 재정
렬이 가능했던 것은 시대적 특수성과 연결해서 봐야 한다.

당시 미국의 시대적 상황을 살피면, 1920년대부터 1930년
대에 걸쳐 미국 사회의 모습을 결정적으로 바꾼 네 가지 큰 사건

[*] 《시사인》, 〈'109곳 중 53곳' 거대한 변화의 시작〉, 온라인판 기준 2018.06.22., 〈드
디어 진보는 다수파가 되었나〉, 온라인판 기준 2020.04.27., 〈보수는 왜 민주당
지지로 '전향'했나?〉 온라인판 기준 2020.05.04., 〈민주당 장기집권 '문재인 뉴
딜'에 달렸다〉 온라인판 기준 2020.05.20.

이 일어난다. 유럽에서 넘어온 대규모 이주민의 유입, 급격한 자본주의적 산업화, 산업화에 의한 급격한 도시화, 그리고 여성 참정권의 실현이다. 뉴딜 정책은 네 가지 사건으로 인한 대규모 신규 유권자들을 미국 민주당 지지층으로 끌어들이게 된다.

[그림 5-7]은 1848년부터 1968년까지 약 120년 동안 미국 성인 인구 변화 대비 실제 투표자 변동률을 보여준다.** 성인 인구가 100명 증가했을 때, 투표자도 100명 증가했으면 비율은 1.0이 된다. 1860~1896년 기간에는 평균비율이 1.2였다. 1900~1924년에는 0.8이었다. 그런데 유독 1928~1940년에는 평균비율이 3.5까지 치솟는다.

1928~1940년에 성인 인구 변화 대비 실제 투표자 변동률이 급증하는 것은 크게 두 가지 요인이 작용했다. 하나는, 유럽에서 벌어졌던 제1차 세계대전의 영향이다. 제1차 세계대전은 유럽의 전쟁이었다. 미국은 상대적으로 안전했다. 이 시기에 유럽에서 미국으로 대규모 이민자들이 몰려온다. 인구가 급증하고, 유권자도 급증한다. 다른 하나는, 이 시기에 진행된 산업화, 도시화, 여성 참정권의 실현 역시 투표권자의 급증으로 연결된다. [그림 5-8]은 이렇게 늘어난 투표권자의 대부분을 미국 민주당이 흡수하고 있음을 보여준다.***

** 크리스티 앤더슨 지음, 이철희 옮김, 2019년, 《진보는 어떻게 다수파가 되는가》, 후마니타스, 55쪽.

*** 크리스티 앤더슨, 앞의 책, 59쪽.

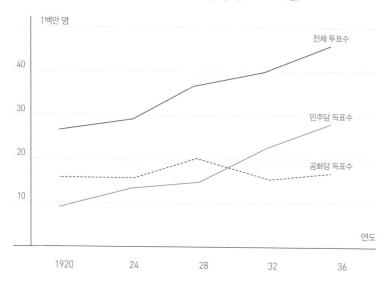

그림 **5-8** 미국 전체 투표자수 추이 (1920~1936년)

1백만 명

전체 투표수

40

30

민주당 득표수

20

공화당 득표수

10

연도

1920    24    28    32    36

## 정치 구조의 판갈이는 어떻게 가능한가 2: 전향

유권자 재정렬이 이뤄지는 두 번째 경우는 전향이다. 전향
(Conversion)은 지지 정당을 바꾸는 경우다. 미국 상황으로 본다
면 공화당을 지지하다가 민주당 지지로 바뀌는 경우다. 정치학
에서는 '정당 일체감'이라는 개념이 있다. 유권자는 일반적으로
지지 정당을 잘 바꾸지 않는다. [그림 5-8]을 보면 공화당의 득
표수는 줄지 않았다. 즉, 미국 공화당 지지자가 민주당으로 전향
한 것이 아니라 그동안 정치권 바깥에 있던 새로운 유권자층이
민주당에 합류한 경우다.

박근혜 국정농단 사태 이후 전향(=지지정당 변경)이 작동했

다. 정치사에서 흔치 않은 일이다. 앞서 봤던 [표 5-1]에 의하면, 박근혜 국정농단 사태 이후 원래 새누리당 지지층은 여러 갈래로 분해됐다. 2017년 2월 말 기준으로, 자유한국당 지지층은 28.0%에 불과했다. 33.5%는 무당파로, 20.4%는 민주당, 바른정당으로 9.7%가 이동했다. 이 경우, 30.1%(20.4%+9.7%)가 지지정당을 변경한 보수다. [표 5-2]에 의하면, 2017년 2월 말 기준, 민주당 지지층 중 원래 민주당 지지자는 68.9%였다. 새로 민주당에 유입된 전향한 유권자는 31.1%였다.

미국은 대통령제와 양당제 정치다. 유럽은 다르다. 내각제와 다당제 정치다. 유권자 재정렬 이론, 동원과 전향 이론 역시 미국 정치학에서 나온 개념이다. 우리는 앞서 한국 정치사에서 정치 구조를 바꾼 두 가지 사건을 살펴봤다. 이 사건들은 유권자 재정렬에 속할까 아닐까? 1990년 3당 합당은 유권자 재정렬에 속한다. 1997년 DJP 연합은 매우 중요한 사건이었지만, 유권자 재정렬에 속하지 않는다. 이후에도 계속 지속되지 못했고, 유권자 구조의 재편에는 성공하지 못했기 때문이다.

그럼, 1990년 3당 합당은 동원에 속할까, 전향에 속할까? 3당 합당에 대해 미국 정치에서 사용되는 동원 개념과 전향 개념을 적용하는 건 어색하다. 미국 정치학에서 동원(Mobilization)은 '정치 바깥의 유권자층'을 새롭게 흡수하는 의미지만, 3당 합당은 김영삼과 김종필 지지층을 흡수한 경우다. '정치 질서 안에 있던' 유권자층을 흡수한 것이다. 미국 정치학에서 전향(Conversion)은 공화당 지지지가 민주당 지지자가 되는 경우를 의미한다. 3당 합당은 통일민주당 김영삼 지지자가 민주자유당 김영삼을 지지하게 된 경우다. 지지층 입장에선 바뀐 게 없다. 정당 자체가 '합당'을 한 경우다.

미국 정치학은 양당제가 정착한 이후를 다룬다. 한국의 3당 합당은 다당제 구도가 양당제 구도로 재편되는 과정에서 있었다. 3당 합당은 연합(Coalition)에 가까웠다. 미국 정치학의 틀로 군이 표현하면, 3당 합당 직후에는 동원에 가까웠다. '기존 지지층 바깥에' 있던 유권자층을 흡수한 것이기 때문이다. 김영삼과 김종필이 퇴장한 이후에는 전향이 이뤄졌다. 세월이 지나면서 김영삼의 지지층 자체가 3당 합당의 틀로 흡수된 경우다. 즉, 3당 합당은 연합→동원→전향의 경로를 거쳤다. 초기에는 물리적 결합이었고, 이후에는 화학적 결합에 성공한 경우다.

1997년 DJP 연합도 탁월한 선택이었다. 그러나 유권자 재정렬의 관점에서, 한국 정치사에 더 깊고 더 오래 영향을 미친 사건은 단연 1990년 3당 합당이었다. DJP 연합은 다른 정당의 연합이었고, 3당 합당은 같은 정당으로 통합한 경우였다. 연립 정부보다 합당이 한 차원 높은 수준의 통합이다. 문재인 정부는 촛불연합의 에너지를 모아 '진보판 3당 합당'을 통해 한국 정치의 구조 자체를 바꾸는 시도를 했어야 했다. 그러나 문재인 정부와 민주당은 시도조차 하지 않았다. 내부 논의도 일천했다. 훗날을 위해서라도 평가와 복기가 중요한 이유다.

# 5장

# 촛불연합은 '3당 합당 구도'의 균열: 부산-경남을 중심으로

## 민주당은 수도권 정당이다

민주당은 호남당이 아니다. '수도권 정당'이다. 민주당이 수도권 정당인 것은 두 가지 측면에서 그렇다. 하나는, 학생운동 전통 때문이다. 한국 학생운동은 수도권 명문대를 중심으로 발전했다. 민주당 국회의원의 절반 이상은 학생운동 출신이다.

다른 하나는, 지역적 기반이 수도권이다. 사람들이 덜 주목하는 지점이다. 2020년 총선에서 민주당은 180석을 얻었다. 그중 103석(57.2%)이 수도권이다. 2016년 총선에서 민주당은 123석을 얻었다. 그 중 82석(66.7%)이 수도권이다. 2012년 총선에서 민주당은 127석을 얻었다. 그 중 65석이(51.2%) 수도권이었다. 2000년대 이후 민주당의 의석 절반은 수도권에서 생기고 있다.

정치인 김대중의 오래된 꿈은 민주당을 전국 정당으로 만드는 것이었다. 1980년대와 1990년대 김대중이 주도하던 민주당은 '호남+서울 연합당'이었다. 1980년 광주가 그 연결고리 역할을 했다. 호남 지역의 한(恨)과 서울 지역 민주화운동의 결합이 민주당이었다. 호남과 서울은 전국에서 진보 색깔이 가장 강한 곳이다. 민주당에 깊게 뿌리박힌 진보 편향적 사고방식의 기원이다. 민주당 국회의원과 지지자들은 수도권 중심 사고와 진보적 사고에 익숙하다. 부울경, 대구경북, 충청권, 강원도에 살고 있는 평범한 보통 서민들의 정서에는 상대적으로 둔감하다.

수도권은 여전히 중요하다. 그러나 민주당은 수도권 편향에서 벗어날 필요가 있다. 전국적인 다수파 정당이 되기 위해서는 그 시야를 부울경으로 확대할 필요가 있다. 부울경 인구 합계는 약 760만 명이다. 의석은 40석이다. 서울 인구는 930만 명이고, 의석은 49석이다. 부울경은 서울보다 규모가 약간 작다. 부울경은 민주화 운동의 한 축으로 노동운동이 가장 활발한 공간이면서도, 박정희식 경제성장의 진원지다. 부울경이라는 공간 자체가 '한국 중도'의 특성을 고스란히 보여준다. 전국 차원의 정치적 균형 감각을 확보한다는 측면에서 부울경 분석이 매우 중요한 이유다.

## 촛불연합의 다른 이름:
## 3당 합당 구도 혹은 부울경의 균열

탄핵 국면의 가장 큰 특징은 '보수의 분열'이다. 한 축은 203040세대가 민주당에 합류했다. 박근혜 대통령의 국정농단에 가장 비판적인 세대였다. 다른 한 축은 부울경의 균열이었다. 세대적으로는 203040세대가, 지역적으로는 부울경이 새누리당(국민의힘 계열) 심판에 합류한 것이다.

민주당이 안정적인 다수당을 꿈꾸려면 부울경 40석 중에 10~15석을 배출하는 정당이 되어야 한다. 촛불연합 이전의 부울경과 촛불연합 이후의 부울경을 비교하는 것이 중요한 이유다.

[표 5-4]는 1987년 민주화 이후, 부울경 지역의 의석수 추이다. 1990년 3당 합당을 전후해서, 1988년 총선과 1992년 총선에 의석수가 크게 바뀌는 걸 볼 수 있다. 덧붙이자면, 1988년 총선 시기 부산 의석수는 총 15석이었다. 노태우 민정당은 1석, 김영삼 통일민주당은 14석을 얻는다. 경남은 총 22석이었다. 노태우의 민정당은 12석, 김영삼의 민주당은 9석을 얻었다. 무소속 1석이었다. 하지만 3당 합당 이후에는 확 바뀐다. 1992년 총선부터는 부산-경남 의석수 39석 중에서 31석을 민자당이 가져간다. 경남에서는 정주영 통일국민당이 3석 당선된다. 무소속 5석이 된다. 민주당 계열은 0석이다.

노무현은 1988년 총선 때 김영삼의 통일민주당으로 정계에 입문했다. 정치인 노무현이 싸웠던 지역주의 실체는 '3당 합

표 5-4 1987년 민주화 이후, 부울경 지역의 의석수 추이 (단위: 명)

| 역대 총선 | 1988 | 1992 | 1996 | 2000 | 2004 | 2008 | 2012 | 2016 | 2020 | 9회 평균 | 00년 이후 평균 |
|---|---|---|---|---|---|---|---|---|---|---|---|
| 국민의힘 계열 | 13 | 31 | 38 | 37 | 34 | 30 | 36 | 27 | 32 | 30.9 | 32.7 |
| 민주당 계열 | 0 | 0 | 0 | 0 | 4 | 2 | 3 | 8 | 7 | 2.7 | 4.0 |
| 통일 민주당 (김영삼) | 23 | - | - | - | - | - | - | - | - | - | - |
| 기타정당 + 무소속 | 1 | 8 | 6 | 1 | 3 | 10 | 1 | 5 | 1 | 4.0 | 3.5 |
| 부울경 의석 합계 | 37 | 39 | 44 | 38 | 41 | 42 | 40 | 40 | 40 | 40.1 | 40.2 |

당 구도'였다. 김영삼이 3당 합당에 합류한 이후, 민주당 계열은 1988~2000년 총선까지 단 한 명도 당선시키지 못한다. 2004년이 되어서야 처음으로 당선자를 배출한다. 부산 출신 노무현이 대통령에 당선된 이후다. 민주당 계열로서는 무려 16년 만이다.

[표 5-4]를 통해 부울경의 정치 구도를 짚어보자. 1988~2020년 동안 총선은 모두 9회 실시됐다. 민주당 계열은 1988~2000년 기간 동안 단 한 명도 당선되지 못한다. 2002년 12월 대선에서 노무현 대통령이 당선된다. 2004년 3월 노무현 대통령에 대한 국회 탄핵안이 통과된다. 2004년 4월 총선이 실시된다. 탄핵 역풍에 힘입어, 민주당 계열이 처음으로 당선자 4명을 배출한다.

1988~2020년 9회 평균, 부울경의 전체 의석수는 40.1명이

었다. 민주당 계열 당선자는 2.7명(6.7%)이고, 국민의힘 계열은 30.9명(77.1%)이다. 2000~2020년 6회 평균, 부울경의 전체 의석수는 평균 40.2명이었다. 민주당 계열 당선자는 4.0명(10.0%), 국민의힘 계열은 32.7명(81.3%)이다.

2016년 총선에서, 부울경 지역의 민주당 계열 당선자는 8명이었다. 경남 창원에서는 정의당 노회찬 의원이 당선됐다. 무소속 2명은 민중당 계열 후보로, 모두 현대그룹 노동조합이 발달한 울산 북구와 동구에서 당선됐다. 사실상 진보 계열 후보가 11명(27.5%) 당선된 것이다. 27.5%. 부울경의 정치사를 고려하면, 어마어마한 비율의 당선자다. 2020년 총선에서, 민주당 계열 당선자는 7명(17.5%)이다. 2016년 총선과 비교하면, 민주당 차원에서도 줄었고 진보 계열 후보 차원에서도 약 10%포인트가 줄었다.

보수의 분열이 시작된 분기점은 2016년 10월 최순실의 태블릿PC 보도 시점이 아니라, 2016년 4월 총선이다. 민주당 전체 의석수는 2020년 총선(180석)이 2016년 총선(123석)보다 많았다. 그러나 부울경만 보면 그렇지 않다. 민주당은 2016년에는 8석, 2020년에는 7석을 얻었다. 진보계열 전체 의석수로 보면 2016년에는 11석, 2020년에는 7석이었다.

부울경 지역을 기준으로 본다면, 민주당의 전성기는 2020년 총선이 아니라 2016년 총선이었다. 2020년 총선은 '꺾이는' 지점에서 있던 선거였다. 경제 용어로 표현하면, 민주당에게 부울경은 전국적 정치 구도의 '선행지표' 역할을 했다. 앞서 1부에서도 최저임금의 급진적 인상과 소득주도 성장 논란이 부울경 지역에서 촛불연합의 1차 이탈을 촉진시켰던 핵심 원인이라고 지적한 바 있다.

민주당은 2020년 총선을 최정점으로 찍고, 이후 추세가 꺾이게 된다. 2021년 4·7 재보궐로 치러지는 부산시장 선거에서 국민의힘 박형준 후보는 62.7%, 민주당 김영춘 후보는 34.4%를 얻었다. 둘의 격차는 28.3%포인트였다. 2배 가까운 격차다.

김수영의 시 중에 국어 교과서에도 수록된 〈풀〉이 있다. 풀에 나오는 유명한 시구가 있다. "풀이 눕는다 / 바람보다도 더 빨리 눕는다 / 바람보다도 더 빨리 울고 / 바람보다 먼저 일어난다." 박근혜 대통령 탄핵 국면에서 부울경이 '풀'과 같았다. 전국에서 더 빨리 울고, 더 빨리 가라앉았다.


## 부산: 촛불연합 이전 vs. 촛불연합 이후


부산 지역에서 촛불연합 이전과 촛불연합 이후의 정치 지형은 어떻게 달라졌을까? [그림 5-9]는 2000년대 이후 부산 지역의 부산시장 후보와 대통령 후보의 득표율 추이다. 국민의힘 계열과 민주당 계열에 국한했다.

2002년 대선에서 노무현 후보는 29.9%를 받는다. 1990년 3당 합당 이후, 부산 지역에서 민주당 대선후보 득표율이 30%에 근접한 것은 이때가 처음이다. 2007년 대선에서 정동영 후보는 13.5%를 받는다. 부산 지역에서 민주당의 득표율 반등은

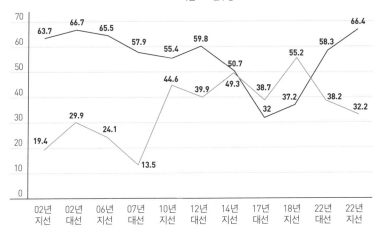

그림 5-9 2000년대 이후 부산 지역, 부산시장 후보와 대통령 후보 득표율 추이

2009년 5월 노무현 대통령의 서거 이후 시작된다. 노무현에 대한 미안함, 안타까움, 자부심이 표현됐다. 2010년 지방선거에서 노무현의 친구, 김정길 후보가 44.6%를 받았다. 부산 지역 민주당 계열 역사에서 초유의 득표율이었다. 2012년 대선에서 문재인 후보(39.9%)는 박근혜 후보(59.8%)와 붙어서 6 대 4까지 따라붙었다. 2014년 지방선거에서 무소속 오거돈 후보는 49.3%를 받는다. 민주당은 별도의 후보를 내지 않고, 오거돈 후보를 지지했다. 국민의힘 계열(당시 새누리당) 서병수 후보는 50.7%를 받는다. 오거돈 후보는 1.4%포인트까지 따라붙고 석패한다.

2017년 대선에서 민주당 문재인 후보는 38.7%를 받았고, 새누리당 홍준표 후보는 32%를 받았다. 격차는 6.7%포인트였다. 부산 지역에서 민주당 계열 후보가 국민의힘 계열 후보의 지지율을 따라잡은 최초의 사례다. 촛불연합의 힘이기도 했고, 보수 분열의 힘이기도 했다. 2018년 지방선거에서 민주당 오거돈 후보는 55.2%를 받는다. 국민의힘 계열 서병수 후보는 37.2%를 받았다. 격차는 18%포인트였다. 부산 지역에서, 민주당 계열 후보가 국민의힘 계열 후보에 대해 18%포인트 격차로 승리하다니, 참으로 놀라운 일이었다. 무덤에 있는 노무현 전 대통령과 김대중 전 대통령이 크게 기뻐했을 것이다.

2022년 대선에서 민주당 이재명 후보는 38.2%를 받았다. 국민의힘 윤석열 후보는 58.3%를 받았다. 대략 4 대 6 구도였다. 흥미로운 점은 2012년 대선 양자 구도에서 문재인 후보의 득표율(39.9%), 2017년 대선 다자 구도에서 문재인 후보의 득표율(38.7%), 2022년 대선 양자 구도에서 이재명 후보의 득표율(38.2%)이 비슷하다는 점이다. 불과 약 1%포인트 격차밖에 나지 않는다. 촛불 이후에도 부산 지역에서 민주당 표는 38~40%로, 계속 그대로였다.

대선 직후에 치러진 2022년 6월 지방선거에서, 민주당 변성완 후보는 32.2%를 얻었다. 현직 부산시장이기도 했던 국민의힘 박형준 후보는 66.3%를 받았다. 득표율만 보면, 2022년 6월 지방선거는 2002년 대선에서 노무현 후보가 받았던 득표율과 유사하다.

부산의 정치 구도에서 가장 큰 사건으로 2000년대 이전에는 1990년 3당 합당을 들 수 있다면, 2000년대 이후에는 2009년 노무현 전 대통령의 죽음이 있다. 노무현의 죽음 이후 7 대 3이었던 정치 구도는 6 대 4의 정치 구도로 바뀐다. 2012년 대선, 2017년 대선, 2022년 대선에서 민주당 후보는 모두 약 40%를 득표했다. 부산 지역에서 민주당의 정치적 영향력 크기를 알 수 있는 대목이다.

## 경남: 촛불연합 이전 vs. 촛불연합 이후

경남 지역에서 촛불연합 이전과 촛불연합 이후의 정치 지형은 어떻게 달라졌을까? [그림 5-10]은 2000년대 이후 경남 지역에서 경남도지사 후보와 대통령 후보의 득표율 추이다. 역시 국민의힘 계열과 민주당 계열에 국한했다.

2002년 대선에서 노무현 후보는 27.1%를 받았다. 역시 1990년 3당 합당 이후, 민주당 계열 후보가 30%에 근접하기는 처음이었다. 2007년 민주당 계열의 정동영 후보는 12.4%를 받는다. 노무현 전 대통령의 서거 이후 2010년 5월 치러진 지방선거에서는 무소속 김두관 후보가 나온다. 김두관 후보는 노무현 정부 시절 행정자치부 장관을 한 사람이다. 그는 53.5%를 받고 당선됐다. 국민의힘 계열(당시 한나라당) 오달곤 후보는 46.5%를 받았다. 경남 지역에서 민주당 계열이 승리한 최초의 선거였다. 2010년 지방선거에서 당선된 김두관 경남도지사는 2012년 대선을 앞두고 도지사직을 사퇴한다. 2012년 대선에서 문재인 후보는 36.3%를 받는다. 박근혜 후보는 63.1%를 받는다. 2012년 대선에서 부산의 경우 문재인 대 박근혜는 4 대 6의 구도였다. 경

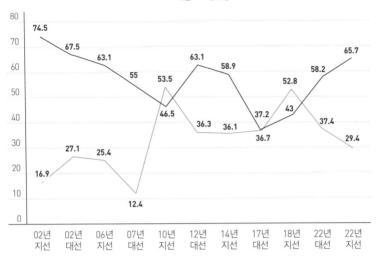

그림 5-10 2000년대 이후 경남 지역, 경남도지사 후보와 대통령 후보 득표율 추이

━ 국힘 ━ 민주당

남의 경우에는 36 대 63의 구도였다. 2014년 경남도지사 선거에서, 민주당은 김경수 후보가 36.1%를 받는다. 문재인 후보가 대선에서 받았던 득표율과 거의 같다.

박근혜 대통령 탄핵 이후에 치러진 2017년 대선 결과도 흥미롭다. 5자 구도 상황에서 문재인 후보는 36.7%, 홍준표 후보는 37.2%를 받는다. 여기서도 우리는 유사한 패턴을 발견하게 된다. 2012년 대선 양자 구도에서 받은 문재인 후보의 득표율(36.3%), 2014년 지방선거 양자 구도에서 받은 김경수 후보의 득표율(36.1%), 2017년 대선 다자 구도에서 받은 문재인 후보의 득표율(36.7%), 2022년 대선 양자 구도에서 받은 이재명 후보의 득표율(37.4%)이 모두 비슷하다. 역시 불과 약 1%포인트 격차에 불과하다. 그 수치가 36~37%다. 경남 지역에서 민주당의 정치적 영향력 크기다.

2018년 경남도지사 선거는 오히려 이례적이었다. 민주당 김경수 후보는 52.8%를 받는다. 국민의힘 계열(당시 자유한국당) 김태호 후보는 43%를 받는다. 김경수 후보가 약 10%포인트 격차로 승리한다. 하지만 대선 직후에 치러진 2020년 6월 경남도지사 선거에서 민주당 양문석 후보는 29.4%를 받고, 국민의힘 박완수 후보는 65.7%를 받았다. 대선에서 민주당 이재명 후보가 37%를 받았다면, 지방선거에서 민주당 후보는 29%로 지지층이 더 줄어들었다.


## 부산-경남 지역에서 민주당이 승리하는 방법


2002년 6월 지방선거 때까지만 해도, 부산시장과 경남도지사 선거에서 민주당 후보의 득표율은 17~20% 사이에 갇혀 있었다. 부산 출신 노무현이 대통령에 당선된 이후, 부산과 경남 지역에서 민주당 득표율은 약 30%로 올라간다. 2009년 노무현 대통령의 서거 이후, 민주당 지지율은 다시 한 번 점핑한다. 지난 20년간 부산-경남의 득표율 추이 변화는, 우리에게 몇 가지 시사점을 준다.

첫째, 특정 지역에서 '정당 지지율'은 어떻게 오르는지를 보여준다. 가장 중요한 이유는 지역민들이 사랑하는 정치인의 등장 여부다. 부산-경남의 경우에는 노무현과 문재인이다. 이 두 사람을 배출했기에 부산-경남의 지지율이 몇 차례 점핑을 하며 꾸준히 올랐다.

부산 지역에서 민주당 지지율은 지금까지 3단계 점핑을 했다. 정치인 노무현의 대통령 당선 이전(20%대 지지율)→노무현 대통령 당선 이후(30%대 지지율)→노무현 전 대통령의 죽음 이후(40%대 지지율). 모두 노무현의 등장 및 죽음과 관련된다. 노무현의 등장 이전에 민주당은 그저 '호남당'에 불과했다. 하지만 노무현의 대통령 당선, 그리고 죽음 이후에는 '노무현의 당'이 됐다.

부산 지역에서 민주당 지지율은 어떻게 끌어올릴 수 있는가? 가장 중요한 방법은 한 시대의 희로애락을 함께하는 '정치 리더'를 배출하는 것이다. 현지에서 차근차근 성장하는 방식이 있고, 중앙정치에서 성장한 사람이 다시 내려가는 방식도 있다. 둘 다 병행돼야 한다. 노무현, 문재인, 김영춘 같은 사람이 더 많아져야 한다.

둘째, 부산-경남에서 민주당의 '기본' 지지율은 부산은 약 38%, 경남은 약 36%로, 어느 정도 정해져 있다. 민주당 후보는 2012년 대선, 2017년 대선, 2022년 대선 득표율이 모두 동일하다. 부산에서는 38%, 경남에서는 36%다. 오차는 약 1%포인트에 불과하다.

탄핵 촛불연합이 가동된 이후, 2017년 대선에서 민주당 후보 득표율은 '확대'되지 않았다. 부산 지역의 경우, 2012년 대선과 2017년 대선에서 문재인 후보 득표율은 39.9%, 38.7%로, 사실상 같다. 경남 지역도 동일했다. 2012년은 36.3%, 2017년은 36.7%였다. 오차는 약 1%포인트 정도에 불과하다. 이러한 수치들은 2017년 탄핵 촛불연합이 '민주당 지지층의 확대'가 아니라 '보수의 분열'로 인한 민주당의 일시적 반사효과였음을 잘 보여준다.

부산의 기본 정치 구도는 38 대 60이다. 경남의 경우는 36 대 60이다. 물론 이것은 '평균적인' 정치 구도다. 여기에 도시화 수준, 젊은층 거주 비율, 고학력자 거주 비중, 노동자 밀집 여부, 중앙정치 이슈로 인한 젊은층의 투표율 상승 여부가 변수로 작용할 것이다.

부산과 경남이야말로 '민주당의 중도확장'이 가장 절실한 지역이다. 전국적으로도 그렇지만 특히 부산-경남의 경우, 민주당이 중앙정치 차원에서 중도확장을 잘하면 할수록 당선 가능성이 지금보다는 높아질 것이다.

# 6부

# 한국 정치, '진보 우위 시대'는 끝났다

# 1장

## 중도는
## 누구인가?

### 중도에 대한 잘못된 오해:
### '가운데'가 아니라 '가치의 혼합'이다

중도의 실체를 부정하는 사람들도 나름의 이유가 있다. 중도(中道)의 사전적 의미는 "어느 한쪽으로 치우치지 않은 바른 길"이다. 중도 개념이 이렇다 보니, 중도에 대한 일반적 이해는 '가운데 위치하는' 사람이다.

어떤 이슈에 대해 '가운데' 입장을 중도로 해석할 경우, 중도는 매우 괴이한 집단이 된다. ①주한미군 전면 철수 ②한미 군사훈련 반대 ③국가보안법 폐지 이슈가 있다고 가정해보자. 이 경우, 중도의 입장은 무엇인가?

중도를 '가운데' 입장으로 이해할 경우, ①주한미군 전면 철수는 반대, '절반' 철수는 찬성 ②한미 군사훈련의 경우, '절반'으로 줄이는 것만 찬성 ③국가보안법 폐지에 대해서도 '절반'만 폐지 찬성으로 해석해야 한다. 세상에 그런 입장을 갖고 있는 사람은 존재하지 않는다. 정치-경제-사회적으로 중요한 이슈 10가지 전부에 대해 '딱 중간'을 취하는 사람은 현실에서 존재할 수 없다.

그런데, 중요한 이슈 10가지에 대해 5가지는 민주당 입장에 찬성하고, 나머지 5가지는 국민의힘 입장에 찬성하는 사람은 있을 수 있다. 10가지 이슈를 가정해보자. 유권자 A는 10가지 이슈에 대해 [표 6-1]과 같은 입장을 갖고 있다. ①주한미군 현행 유지 ②한미 군사훈련 실시 찬성 ③한미FTA 찬성 ④삼성전자와 SK하이닉스 반도체 투자에 대한 세제혜택 확대 찬성 ⑤국민 1인당 월 100만 원씩 지급 반대 ⑥경제성장보다 복지확대가 중요 ⑦경제민주화의 일환에서, 소액주주권 강화 찬성 ⑧노인 빈곤 축소를 위한 노인 일자리 확대 찬성 ⑨종교인 과세 찬성 ⑩양심적 병역거부자의 대체복무 허용 찬성 입장이다.

10가지 이슈에 대해, 전통적인 진보 입장은 10가지 모두를 찬성하는 것이다. 전통적인 보수 입장은 10가지 모두를 반대하는 것이다. 10점에 가까울수록 진보이고, 0점에 가까울수록 보수인 경우, 전통 진보는 100점이고, 전통 보수는 0점이 나온다. 그런데, 중도적 유권자의 경우 합산 점수는 50점이 나온다. 이슈당 평균 점수는 5점이 된다. 물론, 딱 5점인 사람만 중도라는 의미는 아니다. 점수로만 보면 4점일 수도, 6점일 수도 있다. 핵심은 어떤 입장은 진보에 동의하고, 어떤 입장은 보수에 동의하는

표 6-1 현실에 존재하는 중도-10가지 이슈에 대한 중도의 입장

| 이슈 내용 | 찬성<br>(진보)<br>10점 | 중간<br>5점 | 반대<br>(보수)<br>0점 |
|---|---|---|---|
| 이슈 ① | 주한미군 철수 | | | 0 |
| 이슈 ② | 한미 군사훈련 축소 | | | 0 |
| 이슈 ③ | 한미FTA 폐지 | | | 0 |
| 이슈 ④ | 반도체 산업에 대한 세제혜택 확대 반대 | | | 0 |
| 이슈 ⑤ | 국민 1인당 월 100만원씩 지급 | | | 0 |
| 이슈 ⑥ | 경제성장보다 복지확대가 더 중요하다 | 10 | | |
| 이슈 ⑦ | 경제민주화, 소액주주권 강화 | 10 | | |
| 이슈 ⑧ | 노인빈곤 축소 위한 노인 일자리 확대 | 10 | | |
| 이슈 ⑨ | 종교인도 소득이 있을 경우 세금 납부 | 10 | | |
| 이슈 ⑩ | 양심적 병역거부자 대체복무 허용 | 10 | | |
| 10가지 이슈, 합산 평균 점수 | | | 5점 | |

게 '혼합되어' 있다는 점이다.

## 중도는 누구인가:
## 소극적 지지층, 스윙 보터, 정치 저(低)관여층

중도의 실체에 대해 조금 더 들어가보자. 결론부터 말해, 중도는 세 종류가 있다. ①소극적 지지층 ②스윙 보터(Swing voter) ③정치 저(低)관여층이다.

정치 저관여층부터 살펴보자. 이들은 투표장에 가지 않는

경우가 많다. 2017년 대선과 2022년 대선 투표율은 모두 77%였다. 23% 국민들은 투표하지 않았다. 정치 저관여층 유권자들은 투표에 불참했을 가능성이 높다. 이들은 여론조사에 대해, 도중에 전화를 끊거나, 모름/무응답/지지정당 없음으로 답변하는 경우가 일반적이다. 정치 저관여층은 현실정치에서는 덜 중요하다. 현실적으로 중요한 중도층 유권자는 두 집단이다. 소극적 지지층과 스윙 보터다.

먼저, 소극적 지지층을 살펴보자. 진보/보수 성향을 기준으로, 유권자를 다섯 덩어리로 분류할 수 있다. ①적극 진보 ②소극 진보 ③중도 ④소극 보수 ⑤적극 보수다. 이들 비율을 각각 20%로 가정하자. 이들은 적극성의 정도가 다르다.

적극성 정도를 임의적인 수치로 표현하면, 양쪽 끝에 위치하는 ①적극 진보 ⑤적극 보수는 적극성 정도가 70%다. 이들은 인생에서 정치가 가장 중요하다. 정치 때문에 부부 싸움도 하고, 회사에서 동료들과 싸운다. 페이스북을 비롯한 SNS(소셜네트워크 서비스)에서 정치인들 담벼락에 댓글을 달며 칭찬을 하거나, 욕을 한다. 유튜브 채널도 열심히 챙겨본다.

②소극 진보 ④소극 보수는 적극성의 정도가 50%다. 이들은 정치도 중요하지만, 다른 것도 중요하다. 돈 버는 것도 중요하고, 놀러가는 것도 중요하고, 연애하는 것도 중요하고, 개인 취미도 중요하다. 정치 때문에 회사 사람들과 싸우거나, 친구와 싸우는 일은 흔치 않다.

③중도는 적극성의 정도가 30%다. 인생에서 정치는 덜 중

표 6-2 진보와 보수의 유권자 비중·적극성

| | 적극 진보 | 소극 진보 | 중도 | 소극 보수 | 적극 보수 |
|---|---|---|---|---|---|
| 100점 | | | | | |
| 70점 | 적극 진보 | | | | 적극 보수 |
| 50점 | | 소극 진보 | | 소극 보수 | |
| 30점 | | | 중도 | | |
| 0점 | | | | | |
| 원점<br>X축은 유권자 비중<br>Y축은 적극성 정도 | 20% | 20% | 20% | 20% | 20% |

요하다. 다른 게 더 중요하다. 가령 돈 버는 게 제일 중요하다. 정치에 관심 갖는 것은 시간낭비다. 그 놈이 그 놈이고, 지들끼리 싸운다. 먹고 살기 바쁘다. 가운데 중도는 정치 저관여층인 경우도 있고, 고학력 스마트 중도인 경우도 있다. 만약 직업이 증권사 애널리스트라면, 고학력 스마트 중도에 가까울 수 있다.

진보와 보수의 유권자 비중과 적극성 정도를 그래프로 그리면 [표 6-2]와 같다. 유권자 비중과 적극성 수준을 동시에 고려하면, 적극 진보는 소극 진보에 비해 더 큰 면적을 차지한다. 적극 보수도 소극 보수에 비해 더 큰 면적을 차지한다. 대부분의 정치인들이 '강경 지지층'에 어필하는 이유이기도 하다.

②소극 진보 유권자는 투표장에 갈 경우, 진보 성향 후보를 찍을 가능성이 높다. 마찬가지로 ④소극 보수 유권자도 투표장에 갈 경우, 보수 성향 후보를 찍을 가능성이 높다. 그런데, 특정 이슈의 영향을 받거나 후보가 마음에 들지 않는 경우, 투표장에 가지 않는다. 평소 자신의 다른 가치관과 충돌하기 때문이다.

| 격차 B-A | 전체 | 20대 전반 | 20대 후반 | 30대 전반 | 30대 후반 | 40대 | 50대 | 60대 | 70대 | 80세 이상 |
|---|---|---|---|---|---|---|---|---|---|---|
| | 3.8 | 9.9 | 11.9 | 7.1 | 2.9 | 1.7 | -1.6 | | | |
| 투표율 | | | | | | | | | | |
| 2012년(A) | 54.2 | 45.4 | 37.9 | 41.8 | 49.1 | 52.6 | 62.4 | 68.6 | | |
| 2016년(B) | 58 | 55.3 | 49.8 | 48.9 | 52 | 54.3 | 60.8 | 71.7 | 73.3 | 48.3 |

비교불가 → 60대 이상 투표율 세부 분류는 2016년부터 시작

2016년 총선을 앞두고, 유승민 찍어내기, 국정교과서 논란, 진박 감별 논란, 김무성 옥새 파동의 경우 '소극 보수' 유권자를 투표장에 가지 않게 만든 요인들이었다.


## 2016년 총선의 경우: '소극 지지층'이 중도의 실체

[그림 6-1]은 2012년 총선 대비 2016년 총선의 투표율 상승을 연령별로 보여준다. 2012년 국회의원 선거 투표율은 54.2%였다. 2016년 국회의원 선거 투표율은 58%였다. 3.8%포인트가 올랐다.

연령별 투표율 상승을 보면 흥미롭다. 특히 재밌는 부분은 50대다. 전체 평균은 3.8%포인트 증가했는데, 유독 50대에서는 오히려 1.6%포인트 마이너스가 됐다. 2016년 기준 50대 연령은 국민의힘(당시 새누리당) 지지율이 높고, 박근혜 대통령 지지율이

상대적으로 높았다. 이들은 2015년 여름~2016년 연초에 겪었던 유승민 원내대표 찍어내기, 국정교과서 추진, 진박 감별 논란, 김무성 옥새 파동 이슈 등을 접하며 투표장에 가지 않았다. 즉, '소극 보수' 유권자들이 불참한 경우다.

반대로 20대 초반의 투표율은 9.9%포인트가 증가했다. 20대 후반은 11.9%포인트 증가했다. 30대 초반은 7.1%포인트가 증가했다. 이들의 투표율이 상승한 가장 중요한 원인은 '세월호 사건'으로 추정된다. 2014년 4월 16일 세월호 사건이 터진 이후, 박근혜 정부와 새누리당, 보수언론 그리고 일베(일간베스트)들은 세월호 유가족들을 모욕하는 공격을 감행했다. 단식하는 세월호 유가족 옆에서 '폭식투쟁'을 한답시고 피자를 배달해서 시켜 먹었다. 보수 언론들은 일베를 격려하는 보도를 일삼았다. 당시 새누리당 의원들 역시 시시때때로 세월호 유가족들을 공격하고, 모욕하는 발언을 일삼았다.

세월호 사건에 대한 보수 세력의 패륜적인 공격은 20대 초반과 20대 후반 청년들의 투표율을 끌어올렸다. 이들은 민주당의 '소극적 지지층'이었다. 세월호 이슈와 박근혜 정부의 권위주의적 행태가 이들을 투표장으로 불러들인 경우다.

2016년 총선은 민주당이 승리했다. 민주당의 소극적 지지층은 투표장에 더 많이 참여했고, 국민의힘(당시 새누리당)의 소극적 지지층은 투표장에 덜 참여했다. 소극적 지지층, 이들이 바로 중도의 한 축이다.

2012년 대선과 2022년 대선의 비교:

30대 남성과 여성은 '스윙 보터'

중도 유권자의 또 다른 덩어리인 스윙 보터(Swing voter)에 대해 살펴보자. 스윙 보터는 개념 정의 자체가 이쪽을 찍었다가, 저쪽을 찍는 유권자층을 의미한다.

일반적으로 유권자들은 정당에 대해 일체감을 갖는다. 정치학에서는 이를 '정당 일체감'이라 한다. 스윙 보터는 그 일체감이 없는 사람들이다. 정치학에서는 스윙 보터 유권자 비중을 매우 적게 보는데 한국의 경우 꼭 그렇지도 않다. 특히 2030세대에서 그렇다. 2012년 대선은 문재인, 박근혜의 양자 구도였다. 2022년 대선은 이재명, 윤석열의 양자 구도였다. 딱 10년만에 양자 구도가 재현됐기에 방송3사 출구조사에서 공개되는 성별-연령별 지지율을 통해 세대별 지지율의 변동 폭을 파악할 수 있다.

[그림 6-2]는 2012년 대비 2022년 대선의 성별-연령별 득표율 격차다. 2012년 대선에서 20대는 2022년 대선에서 30대가 됐다. 이 경우, 30대로 표현했다. 30대 변심이 화려하다. 30대 남자의 경우, (20대 시절인) 2012년 대선에서는 문재인 후보를 62.2% 찍었다. 2022년 대선에서는 이재명 후보를 42.6% 찍었다. 19.6% 포인트가 빠져나갔다. 반면, 30대 남자는 (20대 시절인) 2012년 박근혜 후보 대비 2022년 윤석열 후보는 15.5%포인트 증가했다.

30대 여성의 경우, (20대 시절인) 2012년 대선에서는 문재

그림 6-2 2012년 대선 대비 2022년 대선 성별-연령별 득표율 격차

인 후보를 69.0%가 찍었다. 2022년 대선에서는 이재명 후보를 49.7%가 찍었다. 문재인 후보와 이재명 후보의 격차는 −19.3% 포인트다. 박근혜 후보와 윤석열 후보의 격차는 13.2%포인트 증가했다. 이들의 경우, 명백하게 '스윙 보터'에 해당한다.


## 2022년 대선:
## '30대 남성'의 변심이 아닌, '30대 전체'의 변심

[그림 6-2]에서 유의할 것은 '30대 남성'만 변심한 것이 아니라, '30대 남녀'가 모두 변심했다는 점이다. 2022년 대선에서 방송3사 출구조사에 의하면, 20대 남성은 윤석열 58.7% vs. 이재명 36.3%를 찍었다. 30대 남성은 윤석열 52.8% vs. 이재명 42.6%를 찍었다. 20대 여성은 이재명 58% vs. 윤석열 33.8%를 찍었다. 30대 여성은 이재명 49.7% vs. 윤석열 43.8%를 찍었다.

2030 남성은 윤석열 후보를 더 많이 찍었고, 2030 여성은 이재명 후보를 더 많이 찍었다. 30대 남성 역시 '젠더 요인' 때문에 윤석열 후보를 더 많이 찍은 것으로 이해하는 게 일반적이었다.

그러나 이런 해석은 타당하지 않다. 다시 말해, 20대 남성의 변심과 30대 남성의 변심은 종류가 다른 것으로 봐야 한다. 크게 두 가지 이유 때문이다.

첫째, 30대 남성만 변심한 것이 아니라, 30대 여성도 변심했다. 이 부분은 그간 덜 알려졌던 부분이다. 2012년과 2022년 대선의 연령별-성별 교차분석을 비교하면, 결과는 매우 놀랍다. 30대 남성의 감소폭은 −19.6%포인트이고, 30대 여성의 감소폭도 −19.3%포인트였다. 30대 남성과 30대 여성 모두 약 20%포인트 정도 덜 찍었다. 30대 남성'만'의 변심이 아니라, 30대 '남녀' 모두의 변심이었다. 20대 남성이 윤석열 후보를 찍은 것은 젠더 요인이 부분적 설명력을 갖는다. 그러나 30대 남성의 변심은 젠더 때문이 아니었다. ([그림 6-2] 참조)


**30대 남성은 20대 남성과 다르다:**
**1980년대생은 두 번째로 '진보적인' 세대**


둘째, 30대는 보수적이어서 윤석열 후보를 찍은 것일까? 그렇지도 않다. 10년 단위 세대 구분에 의하면, 30대는 두 번째로 강한 진보 성향 유권자다. 2022년 대선에서 30대는 만 나이를 기준으로 1982년생~1992년생이었다. 1980년대생이 주축이다. 경상국립대학교 배진석 교수는 세대별 주관적 이념 인식 조사를 했다.[*] 0점에 가까울수록 진보, 10점에 가까울수록 보수로 구분했다. 가장 진보적인 세대는 1970년대생으로 4.97점이었다. 그다음으로 진보적인 세대는 1980년대생으로 5.02점이었다. 세 번째로 진보적인 세대는 1960년대생으로 5.15점이었다. 모든 세대의 전체 평균은 5.28점이다. 1990년대생은 5.32점이었다. 1990년대생은 평균에 가까웠다. 전체 평균에 비해 살짝 보수적이다. 1950년대생은 5.88점, 1940년대생은 6.25점이었다.

1960년대생이 세 번째로 진보적인 것이 뜻밖일 수 있다. 그 이유는 대학 진학률과 깊은 관련이 있다. 1980년대 대학 진학률은 약 30%였다. 4년제 대학을 기준으로 보면 약 20%였다. 학생운동 퇴조기였던 90년대 학번들이 80년대 학번보다 더 진보적인 성향인 이유는 대학 진학률이 더 높아졌기 때문이다. 1990년대 후반이 되면 대학 진학률은 50%를 돌파한다. 반면, 학생운동 에너지는 아직 남아있던 시기다. 주관적 이념 척도에서, ①1970년대생 ②1980년대생 ③1960년대생 순서대로 진보적인 이유다.

20대 남성과 30대 남성을 같은 묶음으로 접근하는 것은 애초에 잘못된 접근이었다. 20대 남성의 윤석열 후보 지지는 젠더 요인으로 설명 가능하다. 30대 남성의 변심은 젠더 요인으로 설명되지 않는다. 30대 남성은 진보적이다. 그렇다면, 30대의 변심

[*] 배진석, 2022년, 〈86세대와 세대 효과의 종언: 1992-2022 대선 분석〉, 《EAI 워킹페이퍼》.

을 어떻게 설명할 수 있을까?


## 세습 자본주의 세대:
### 친(親)진보 · 탈(脫)민주 · 비(非)국힘 유권자

이에 대한 흥미로운 가설은 2023년에 출간된 고재석의 《세습 자본주의 세대》가 제시하고 있다. 저자 고재석은 신동아 기자다. 1986년생이고 정치 덕후다. 《세습 자본주의 세대》는 1980년대생이 겪었던 생각의 역사를 흥미롭게 서술한다. 30대 남성은 20대 남성과 묶일 수 없고, 여성을 포함한 30대의 변심 (1980년대생의 변심) 역시 이 책을 통해 처음 알게 됐다. 고재석에 의하면, 30대는 2022년 대선 시기에 친(親)진보-탈(脫)민주-비 (非)국힘 유권자다. 매우 흥미로운 규정이다.

30대는 청소년과 대학 시절 '진보적 문화'의 자장(磁場)에서 성장했다. 가장 강렬한 기억은 2002년 월드컵과 노무현 열풍, 그리고 2009년 노무현의 죽음이다. 정치인 노무현에 대한 기억은 '월드컵 거리응원'의 해방감과 비슷한 것으로 저장돼 있다. 탈권위 혹은 해방된 그 무엇이다. 유시민, 홍세화, 강준만, 진중권, 박노자, 김규항, 우석훈 등 '진보논객 전성시대'의 영향을 받으며 청소년과 대학 시절을 보냈다.

대학교 때는 총학생회 선거에서 비운동권을 뽑기 시작했다. 학생운동은 퇴조기였고, 남아있는 학생운동은 친북 성향의 경기동부 계열이 많았기 때문이다. 30대 초중반은 문재인 정부 집권 기간이자 동시에 부동산 가격 폭등기였다. 문재인 정부 기간, ①부동산 가격 폭등→②초강력 대출 규제→③임대차3법을 3연타로 맞으면서 화가 났던 세대다. 결혼은 했는데, 집을 구하지 못하게 된 세대다.

앞서 말한 대로 중도는 세 종류가 있다. 정치적 저관여층, 소극적 지지층, 스윙 보터다. 정치적 저관여층은 대부분 투표불참자다. 정치적으로 덜 중요하다. 소극적 지지층은 '이슈'에 반응한다. 이슈에 따라 투표할 수도, 안 할 수도 있다. 스윙 보터는 현재 2030세대에 가장 많다. 다만, 20대와 30대는 서로 다른 집단이다. 민주당 입장에서 우선 타겟은 30대다. 30대는 30대 남성과 30대 여성을 포괄한다. 이들은 현재 친진보, 탈민주, 탈국힘이다. 다시 이들의 지지를 받는 해법의 실마리는 민주당이 '민주당스럽지 않은' 진보가 되는 것이다.


## 무상급식, 경제민주화, 여성가족부 폐지도
## 중도 정책이 될 수 있다

중도에 대한 잘못된 오해는 중도를 '가운데' 있는 사람으로 오해하는 것이다. 중도를 '가운데에 있는 사람'으로 오해할 경우, 중도 유권자에게 어필하기 위해 진보적 입장도 회피하고, 보수적 입장도 회피하게 된다. 안철수가 표방했던 극중주의(極中

主義)는 한편의 개그였다. 극단적으로 중간 입장을 취하면 '주한 미군 전면철수'는 반대하고, '주한미군 절반만 철수'를 찬성해야 한다. '한미군사훈련 전면 실시'를 반대해야 하고, '한미군사훈 련 절반만 실시'를 찬성해야 한다. 이런 입장을 지지할 유권자는 없다. 중도에 대한 잘못된 오해에서 발생한 개그적 상황이었다.

2022년 대선에서 윤석열 후보와 이준석의 '안티 페미'는 중도 정책이었을까? 아니었을까? '안티 페미'도 중도 정책의 하나였다. '안티 페미'는 정책의 옳고/그름을 떠나, 2030 남성 유권자 일부를 움직였다. 특히 20대 남자 일부는 다른 세대에 비해 페미니즘에 대한 강한 피해의식을 갖고 있다. 20대 남자는 2016년 이후 안티 박근혜, 안티 새누리당 투표 성향을 보였다. 이들은 2022년 대선에서 일부는 문재인 후보를, 일부는 유승민 후보를, 일부는 안철수 후보를 찍었다. 20대 남자는 조국 논란, 최저임금 논란, 부동산 논란, 비정규직을 둘러싼 인천국제공항 (인국공) 논란 등을 거치면서 문재인 정부에 비판적으로 돌아섰 다. 특히 2018년 혜화역 시위를 분기점으로 '안티 페미' 성향을 갖게 됐다.

중도의 실체는 '가운데' 위치하는 유권자가 아니라, 소극적 지지층과 스윙 보터다. 20대 남자 역시 '스윙 보터'의 일부였다. 2022년 대선의 경우, 이준석이 주도한 여성가족부 폐지와 안티 페미 정책은 20대 남자가 국민의힘 윤석열 후보를 지지하게 만 드는 '중도 정책'으로 작동했다. 같은 원리로, 2022년 대선 막판 에 민주당 박지현의 '사이버 성폭력 근절'도 20대 여성표를 땡기는 중도 정책으로 작동했다. 즉, 안티 페미 정책도 중도 정책일 수 있고, 페미 정책도 중도 정책일 수 있다. 중도적인 것과 급진적인 것은 반대되는 개념일 때도 있고, 그렇지 않을 때도 있다.

다른 예를 들어보자. 경제민주화와 복지국가는 중도 정책일까, 아닐까? 경제민주화와 복지국가도 중도 정책이다. 2012년 총선에서 박근혜 비대위가 입증했다. 2012년 대선에서 박근혜 후보가 입증했다. 이 경우, 텍스트보다 컨텍스트(맥락)가 더 중요하다는 것을 놓치면 안 된다. 한나라당은 부자옹호당, 재벌옹호당 이미지가 강했다. 한편, 민주당은 경제문제에 대한 이념 편향적인 운동권 정당 이미지가 강했다. 경제문제에 관심 많은 고학력 중도층은 한나라당도 마음에 들지 않고, 민주당도 마음에 들지 않았다. 이 경우, 새누리당 같은 보수정당은 경제민주화, 복지국가 노선이 '중도확장'에 도움이 된다. 민주당 같은 진보정당은 경제성장, 대기업 역할의 적극적 인정, 적극적인 산업정책이 '중도확장'에 도움이 된다. 중도 유권자가 국민의힘 계열에 갖고 있는 불만과 민주당 계열에 갖는 불만의 내용이 서로 상이하기 때문이다. 경제민주화 정책은 국민의힘 계열의 경우 중도확장 정책으로 작용한다. 민주당 계열의 경우 내용에 따라 그럴 수도 있고, 아닐 수도 있다.

다른 예를 또 들어보자. 무상급식 정책은 중도 정책일까, 아닐까? 중도 정책이었다. 2010년 지방선거의 핵심 쟁점은 무상급식 정책이었다. 무상급식 정책은 30~40대 젊은 엄마들 표를 움직였다. 전통적으로 3040 여성들은 '무당파' 성향이 강했다. 정치에 대한 관심도 낮은 편이다. 그런데, 애들 밥 먹는 문제였던 무상급식 정책을 매개로 정치에 대한 관심이 증가했다. 동시에 무당파 성향이었던 3040 젊은 엄마들이 '친 민주당'으로 돌아서는 계기가 됐다.

다른 예를 또 들어보자. 2002년 대선의 핵심 쟁점이었던 세종시로 행정수도를 이전하는 정책은 중도적인 정책일까, 아닐까? 중도적인 정책이었다. 충청 유권자는 당시 최대 스윙 보터 집단이었다. 행정수도 이전 공약은 '충청도 표를 땡기는' 획기적인 정책이었다. 매우 성공적인 중도 정책이었다.

## 봄날은 가고 사랑이 변하듯, 중도 정책도 변한다

2020년 필자는 박원순 서울시장을 돕는 서울시 정책보좌관이었다. 당시 최대 이슈는 부동산이었다. 필자는 '4대문 안 용적률 1,000% 공급'을 준비했다. 2020년 7월 13일 발표를 앞두고 있었는데, 4일 전에 박원순 시장의 죽음으로 발표를 못하게 됐다. 이 경우, '4대문 안 용적률 1,000% 공급' 역시 중도 정책이 될 수 있다. 민주당을 지지했지만, 민주당의 부동산 대책에서 보여준 무능함이 싫었고, 박원순 서울시장의 소극적인 공급정책에 불만을 가진 유권자층이 일정 비율로 존재했다. 이들에게 소구력을 갖는 파격적인 부동산 공급 방안은 중도 정책이 된다.

만일 필자가 2022년 대선에서 이재명 대선 캠프의 핵심적인 정책 참모였다면, 과도하게 걷은 종부세 환급 및 임기 중 종부세 동결을 공약으로 내걸었을 것이다. 2022년 대선 시점에 유권자들의 최대 관심사는 부동산 문제였다. 능력에 대한 불신과 태도에 대한 불신이 혼재된 것이었다. 능력에 대한 불신은 '무능함'에 대한 것이고, 태도에 대한 불신은 '이념 편향적인' 정치세력으로 보였던 점이다. 문재인 정부 기간이던 2017년 대비 2021년의 4년 동안 주택분 종부세액은 14.7배 증가했다. 지나치게 과도한 증가였다. 과도한 종부세를 환급해주고, 임기 중 종부세 동결을 공약으로 내걸었다면, 최소한 '이념 편향적인' 정치세력이라는 불신을 털고, '실용진보'의 이미지를 강화시켰을 것이다. 그랬을 경우 이슈를 주도하며 중도층 일부의 지지를 회복했을 것이다.

중도확장 정책은 특정 텍스트가 아니라, 컨텍스트(맥락) 속에서 판단되어야 한다. 중도확장 정책은 '가운데, 애매모호하고, 온건한' 것을 의미하지 않는다. 어떤 경우는 매우 래디컬한 정책이 중도 정책일 수 있다. 무상급식, 안티 페미(여가부 폐지), 종부세 동결, 경제민주화, 행정수도 이전은 한국 정치사에서 '중도확장 정책'의 대표적인 사례들이다. 단, 국민의힘 계열에게 유용한 중도적인 정책과 민주당 계열에게 유용한 중도적인 정책은 서로 다를 수 있다. 각 정당의 장점과 약점이 다르고, 중도층이 갖는 불만의 내용이 다르고, 역사적 맥락이 다르기 때문이다.

이영애와 유지태가 주인공으로 나오는 영화 〈봄날은 간다〉는 '어떻게 사랑이 변하니?'라는 홍보 문구를 사용했다. 중도 정책은 고정 불변하지 않다. 소극적 지지층과 스윙 보터의 실체가 바뀌고, 이들의 불만도 시대에 따라 바뀌기 때문이다. 사랑이 변하듯, 중도도 변한다.

## 2장

# 지난 10년간,
# '진보 우위 시대'는 잊어야 한다

민주당 사람들은 최근 몇 년간의 민주당 전성시대를 뉴노멀로 인식하는 경향이 강하다. 민주당은 2016년 총선에서 원내 1당, 2017년 대선 승리, 2018년 지방선거 압승, 2020년 총선에서는 300석 중에 180석을 얻었다. 최근 몇 년간은 그야말로 '민주당 전성시대'였다. 그러나 안타깝게도 민주당 전성시대는 끝났다. 2023년 현재, 정치구도는 다시 민주당이 불리해졌다. 이에 대해 알아보자.

첫째, 진보-중도-보수의 이념 성향 구도가 지난 몇 년간 '진보 우위' 국면에서 다시 '보수 우위' 국면으로 바뀌었다. 둘째, 역대 선거에서 민주당 3대 참패와 민주당 3대 압승의 결정적 변별점은 투표율의 대폭상승, 2030세대 투표율의 급상승이었다. 두 가지 동력이 다시 '반대 방향'으로 작동하고 있다.

## 탄핵 이전처럼 '보수 우위'가 됐다

첫째, 진보-보수-중도의 이념 지형이 다시 보수 우위로 바뀌었다. 1948년 정부 수립 이후 대부분의 기간을 보수가 집권했다. 민주당 계열은 1960년 4·19 직후 장면 정부를 포함해서, 김대중, 노무현, 문재인 정부를 합쳐 16년 집권했다. 비율로 보면 약 21%다. 1987년 민주화 이후로 국한하면, 진보 정부가 세 번 집권하고, 보수 정부가 다섯 번째 집권하고 있는 중이다. 비율로 보면 진보 정부 41%, 보수 정부 59%다. 그간의 집권 비중만 봐도 한국 사회는 어쩌면 '보수 우위'인 게 당연하다. 다만 민주당 지도부, 국회의원들, 핵심 지지자들은 매우 자명한 이 사실을 모르고 있다. 한국사회가 보수 우위인 것을 인정한다면, 더더욱 진보+중도 유권자 연합을 중시해야 한다.

한국갤럽은 2016년 1월부터 이념 성향 조사를 시작했다. 진보-보수-중도를 묻는 조사다. 진보/보수가 뭔지는 사람마다 생각이 다르다. 평범한 국민들이 진보-보수의 '학문적' 의미를 공부해서 입장을 정하는 것도 아니다. 그럼, 진보-보수-중도 이념 성향 답변을 통해 우리는 뭘 알 수 있을까? 실제로는 '속마음 지지 정당'을 답변할 가능성이 높다. 이념 성향이 진보여서 민주당을 지지하는 게 아니라, 민주당을 지지하면 이념 성향을 진보로 답변할 가능성이 높다. 즉, 진보-보수에 대한 답변을 통해 '샤이 민주당'과 '샤이 국민의힘'을 추정해볼 수 있다.

마찬가지로 이념 성향이 보수여서 국민의힘을 지지하는 게

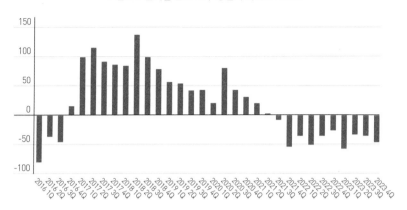

**그림 6-3** 분기별 진보-보수 응답자 차이(한국갤럽)

아니라, 국민의힘을 지지하면 보수로 생각할 가능성이 높다. 정당 지지율은 일희일비(一喜一悲)가 더 심할 수 있다. 반면, 진보-보수-중도 이념 성향 조사는 '속마음 지지 정당'을 파악하는 데 도움이 된다. 다시 말해, 이념 지형을 통해 정치 지형에 관한 '바닥 민심'을 알 수 있다.

[그림 6-3]은 2016년 1분기부터 2023년 4분기까지, 진보와 보수의 응답자 변화를 보여준다. 다만, 진보에서 보수를 차감하고 격차를 정리했기에, 그래프가 하단에 있으면 '보수 우위', 그래프가 상단에 있으면 '진보 우위'다. 2016년 1~3분기까지 보수가 우위였다. 2016년 1분기의 경우, (1,000명 샘플 중) 진보 평균은 231.4명이었다. 보수 평균은 311.3명이었다. 진보에서 보수를 빼면 –79.9명이다. 즉, 보수가 79.9명 더 많다. 비율로 보면 7.99% 보수가 더 많았다.

이런 상황은 2016년 4분기에 역전된다. 진보 응답자가 많아진다. 최순실 태블릿PC가 공개되고 박근혜 대통령 탄핵이 국회에서 가결되는 시점이다. 흥미로운 점은 2017년 2분기 이후, 진보 응답자는 경향적으로 줄어든다. 4·7 재보선 직후인 2021년 3분기부터 다시 보수가 더 많아진다. 가장 최근인 2023년 12월 2주차에도 보수 우위가 지속되고 있다. 12월 2주차 진보는 251명(25.1%), 보수는 337명(33.7%)이다. 진보-보수의 격차는 -86명이다. 2016년 1분기에는 약 9%포인트 보수가 우위였다. 2023년 12월 2주차에 다시 약 9%(8.6% 반올림) 보수 우위 구도가 됐다. 한국의 정치구도는 다시 '탄핵 이전' 상태가 됐다.

## 민주당의 3대 참패 vs. 3대 압승: 무엇이 달랐나?

둘째, 역대 선거에서 민주당 3대 참패와 3대 압승이 있었다. 민주당의 3대 참패는 2006년 지방선거, 2007년 대선, 2008년 총선이다. 2006년 지방선거의 경우, 16개 광역단체장 중 전북도지사 한 명만이 당선됐다. 전국의 기초자치단체장은 총 230개였는데, 고작 19개 당선됐다. 호남 대부분에서도 당선되지 못했다. 한나라당(현재 국민의힘 계열)은 155개 당선됐다. 서울시장 후보, 경기도지사 후보, 인천시장 후보는 국민의힘 계열(당시 한나라당) 당선자와 격차가 24~34%포인트 수준이었다. 2~2.5배 수준의 격차로 참패했다.

2007년 대선도 초유의 참패였다. 이명박 49%, 이회창 15%

를 받았다. 범보수 후보의 합계는 64%다. 열린우리당은 긴 사연을 거쳐 대통합민주신당으로 당명이 바뀌었다. 당시 대통합민주신당 정동영 후보는 26%였다. 1위 이명박 후보와의 격차는 무려 23%포인트였다. 득표력은 절반 수준에 머물렀다.

2008년 총선도 초유의 참패였다. 당시 전체 의석은 299석이었다. 한나라당은 153석, 친박연대 14석, 친박연대 계열의 무소속 후보 25석이었다. 세 덩어리를 합치면 192석이었다. 보수 성향의 자유선진당은 18석이었다. 범보수 정당의 합계는 210석이었다. 반면, 민주당은 81석이었다. 의석 점유율은 27%다. 민주노동당 5석, 창조한국당 3석이었다. 범진보 정당의 합계는 세 당을 합쳐도 89석에 불과했다.

민주당의 3대 압승은 2017년 대선, 2018년 지방선거, 2020년 총선이다. 3대 참패와 3대 압승의 가장 큰 차이점은 뭐였을까? 두 가지였다. ①투표율이 올라갔다. ②투표율 상승을 20대와 30대가 주도했다. 좀 더 자세히 살펴보자.

①3대 참패 선거와 3대 압승 선거는 투표율이 확 달라진다. 투표율 비교는 같은 성격의 선거끼리 비교해야 한다. 대선은 대선끼리, 총선은 총선끼리, 지방선거는 지방선거끼리. 2007년 대비 2017년 대선은 투표율이 14.2%포인트 올랐다. 2008년 대비 2020년 총선은 20.1%포인트, 2006년 대비 2018년 지방선거는 8.1%포인트 올랐다.

②투표율 상승을 20대와 30대가 주도했다. 2007년과 2017년 대선의 투표율은 전체 평균 14.2%포인트 증가했다. 20대의 투표

율 상승은 29%포인트다. 30대의 투표율 상승은 19.3%포인트다. 나머지 세대는 모두 '평균 이하'로 증가했다. 40대 8.5%포인트, 50대 2.0%포인트, 60대 이상은 6.7%포인트가 증가했다. 20대의 투표율 상승폭은 전체 평균의 2배가 넘는다. 30대의 투표율 상승폭도 전체 평균의 1.4배다. 2030세대가 투표율 상승을 주도했음을 알 수 있다.

총선 역시 2030세대가 투표율 상승을 주도했다. 2008년과 2020년 총선의 연령별 투표율을 비교하면, 전체 평균 상승폭은 20.1%포인트다. 20대는 30.2%포인트가 증가했다. 30대는 21.9%포인트가 증가했다. 나머지 연령대는 투표율 상승폭이 '평균 이하'로 증가했다. 40대 15.6%포인트, 50대 10.9%포인트, 60대 이상은 13.8%포인트 증가했다. 2030세대만 투표율 상승폭이 전체 평균을 상회했다.

2018년 지방선거는 3대 압승 선거 중에서도 가장 극적이었다. 향후 100년 안에 재현될 가능성이 있을까 싶을 정도로 압도적인 선거 승리였다. 민주당은 도대체 얼마나 압도적인 압승을 했던 것일까? 전국의 광역단체장은 총 17개다. 2018년 지방선거에서 민주당은 14개 지역에서 승리했다. 대구시장, 경북도지사, 제주도지사를 빼고 모두 승리했다. 수도권, 충청권. 호남권 전부를 포함해서, 부산시장, 울산시장, 경남도지사, 강원도까지 모두 승리했다.

2018년 지방선거에서 민주당의 초대박 압승을 상징적으로 보여주는 지역은 부산과 울산이다. 특히 기초단체장과 광역의회에서의 압승은 극적이었다. 부산에는 총 16개 구청장이 있다.

당시 민주당은 16개 중 13개를 석권했다. 부산 광역시의원은 총 47석이다. 이중 41석을 민주당이 승리했다. 국민의힘은 6석에 불과했다. 부산 시의회에서 민주당 점유율은 87%였다. 참으로 놀라운 압승이었다.

울산도 비슷했다. 울산의 기초단체장(구청장)은 모두 5개다. 5개 모두 민주당이 승리했다. 울산 광역시의원은 전체 23석이다. 민주당이 17석을 석권했다. 울산 시의회에서 민주당 점유율은 74%였다.

2006년 대비 2018년 지방선거의 전체 투표율 상승폭은 평균 8.1%포인트였다. 20대 전반이 14.6%포인트 상승했다. 20대 후반은 21.4%포인트 상승했다. 30대 전반은 16.0%포인트 상승했다. 30대 후반은 9.8%포인트가 상승했다. 역시 2030세대만 '평균을 상회하는' 투표율 상승을 했다. 40대 상승폭은 3.2%포인트였다. 50대의 경우 오히려 4.9%포인트 줄었다.

정리해보자. 87년 이후 투표율이 가장 낮았던 선거와 민주당의 3대 참패 시점은 대체로 일치한다. 2006년 지방선거, 2007년 대선, 2008년을 최저점으로 찍고, 투표율은 다시 반등한다. 2017년 대선, 2018년 지방선거, 2020년 총선까지 지속적으로 상승한다. 민주당의 3대 압승 시점과 대체로 일치한다. 민주당의 3대 압승을 이끌었던 동력은 두 가지였다. 첫째, 투표율의 상승, 둘째, 2030세대가 투표율 상승을 견인했던 것이다. 문제는, 2022년 3·9 대선과 6·1 지방선거를 분기점으로 투표율이 다시 '하락'하기 시작했다.

## 2040세대가 '투표율 하락'을 주도하고 있다

2022년 6·1 지방선거가 있었다. [그림 6-4]는 2018년 대비 2022년 지방선거 투표율이다. 2018년 지방선거 투표율은 60.2%였다. 2022년 지방선거에서 투표율은 다시 떨어졌다. 전체 평균 9.3%포인트가 낮아졌다. 이번에는 투표율 하락을 2040세대가 주도하고 있다. 투표율 하락폭을 보면, 20대 전반 15.9%포인트, 20대 후반 15.4%포인트, 30대 전반 16.1%포인트, 30대 후반 16.8%포인트, 40대에서는 13.9%포인트 낮아졌다. 2040세대의 투표율 하락이 전체 평균을 상회한다. 이들이 투표율 하락을 주도하고 있다. 50대는 8.1%포인트 떨어졌고, 60대는 2.0%포인트가 떨어졌다.[*]

여기서 우리는 두 가지 의문을 제기할 필요가 있다. 첫 번째 의문은 2006년 지방선거, 2007년 대선, 2008년 총선을 최저점으로 2017년 대선, 2018년 지방선거, 2020년 총선까지 왜 투표율은 상승했던 것일까? 두 번째 의문은 2022년부터 왜 다시 투표율은 떨어지고 있는 것일까?

첫 번째 질문에 답해보자. 2008년 총선을 최저점으로 찍고, 이후 투표율 반등의 비밀이다. 크게 세 가지 요인을 꼽아볼 수 있다. ①2009년 5월, 노무현 전 대통령의 죽음 ②이명박-박근혜 정부의 권위주의적 행태에 대한 반감 ③복지 이슈의 부상이

---

[*]　투표율은 모두 중앙선거관리위원회 자료다.

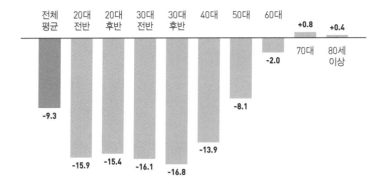

그림 6-4 2018년 대비 2022년 지방선거 투표율

다. 정치는 형식만 보면, 여당과 야당이 치고 박고 싸우는 게 전부인 것처럼 보인다. 정치의 행태가 항상 그대로인 것처럼 보인다. 그러나 정치도 진화한다. 시대 변화에 따라, 정치가 다루는 주요 어젠다가 바뀐다. 이를 정치학에서는 '갈등 축의 전환'이라고 표현한다.

한국 민주화는 25년에 걸친 점진주의 혁명이었다. 한국 정치사에서 민주화의 중요 분수령은 1980년 광주, 1987년 6월항쟁과 직선제의 쟁취, 1993년 김영삼 정부의 출범, 1995년 5·18특별법의 제정으로 인한 전두환-노태우의 처벌, 1998년 김대중 정부의 출범, 2003년 노무현 정부의 출범, 2004년 민주화세력 최초의 원내 과반이었다. 2004년 총선이 중요했던 이유는 민주화 세력이 행정부와 입법부를 동시에 잡은 최초의 선거였기 때문이다. 이는 민주화 국면의 일단락을 의미했다.

2004년 이후 2008년 총선까지 투표율이 바닥을 찍은 이유는 '한 시대의 미션'이 실현됐기 때문이다. 25년에 걸친 민주화 국면의 일단락이었다. 그런데, 이명박 정부가 출범하고, 2009년 5월 노무현 전 대통령이 돌아가셨다. 이명박-박근혜 정부는 민주적 선거로 선출됐지만, 통치 행태는 권위주의적이었다.

마침 민주당 계열은 새로운 어젠다로 전열을 정비했다. 과거에는 반독재 민주화 이슈를 전면에 내걸었다. 반독재 민주화 이슈는 한국이 민주화될수록 대중 동원의 메리트가 약화됐다. 평범한 일반 대중들에게는 더더욱 그랬다. 민주당 계열은 2010년 지방선거 때 무상급식 이슈를 매개로 '유럽식 복지국가 노선'을 본격 채택한다. 즉, 2010년부터 2030세대의 투표율이 상승했던 원동력은 ①노무현 전 대통령의 죽음에 대한 미안함 ②이명박-박근혜 정부에 대한 반감 ③유럽식 복지국가 노선에 대한 기대감이었다. ①~③번 이슈가 결합되면서 당시 2040세대 청년들에게 민주당 계열은 '진취적인' 세력으로, 국민의힘 계열은 시대에 뒤쳐진 퇴행적인 세력으로 인식됐다. 유의할 것은 좌파/우파의 구분법이 중요했던 게 아니다. 진취적인/퇴행적인 구분법이 더 중요했다. 노무현, 권위주의에 대한 반감, 유럽식 복지국가 노선에 대한 기대감은 진보/좌파여서가 아니라 '진취적인' 미래로 생각했기에 2040세대가 호응해줬다.

두 번째 질문에 답해보자. 2022년부터 투표율은 왜 다시 떨어지는 것일까? '한 시대의 미션'이 일단락되었기 때문이기도 하고, 민주당이 더 이상 '진취적인' 세력으로 보이지 않기 때문이다. 둘은 서로 맞물려 있다. 한 시대의 미션이란, ①노무현 전 대통령의 죽음에 대한 미안함 ②이명박-박근혜 정부에 대한 반감 ③유럽식 복지국가 노선에 대한 기대감이었다. 한 시대의 미션은 왜 일단락되었을까? 문재인 정부가 출범하고 진보적 사회 경제 정책 대부분을 실험해봤기 때문이다. ①문재인 대통령의 당선과 적폐청산 작업을 통해 노무현 전 대통령의 죽음에 대한 미안함이 어느 정도 풀렸다. ②문재인 정부의 출범을 통해 이명박-박근혜 정부에 대한 반감도 어느 정도 털었다. ③유럽식 복지국가 노선의 경우, 소득주도성장 정책을 비롯한 진보적 사회 경제 정책을 상당 부분 해봤다. 성과도 있었고, 부작용도 발생했다. 사람의 뇌 구조는 원래 성과는 금방 잊혀지고, 부작용의 잔영(殘影)은 강하고 길게 남는다.

민주당의 비전은 더 이상 '진취적인' 것으로 보이지 않는다. 문재인 정부 집권 이전, 민주당의 복지정책은 유럽식 복지국가 노선으로 인식됐다. 현재 민주당 복지정책은 포퓰리즘적인 현금복지 비중이 커졌다. 기본소득이 대표적이다. 우리리서치는 《세계일보》와 '공공의창' 의뢰를 받아 대선을 앞둔 2022년 1월 18~19일 전국 성인 1,000명을 대상으로 기본소득 찬반을 조사했다. 전체적으로는 찬성 42.9%, 반대 49.3%였다. 흥미로운 것은 20대와 30대의 반대 여론이 전체 평균보다 높다는 점이다. 20대(18~29세)의 기본소득 반대는 60.7%로 찬성 여론(33%)보다 2배 가까이 많았다. 30대에서도 반대가 58.2%로 찬성(33.5%)을 압도했다.*

2030세대가 보기에 최근 민주당 복지정책은 '남미식 모델'을 추구하는 것처럼 보인다. 현금지급 중심의 복지정책, 돈을 찍어서 재정을 확장하는 등 돈 주는 정책은 많은데, 구조개혁 정책은 매우 인색하다. 전형적인 남미식 복지 모델의 특징이다.

유럽식 복지국가의 경쟁력 자체도 떨어지고 있다. 극우/극좌 정당의 입지가 강화되고 있다. 백인끼리만 복지국가를 주장할 정도로 유럽 경제는 미국과 중국에 비해 쇠퇴하고 있다. 여전히 첨단 제조업 분야, 재생 에너지 기술 등에서 배울 게 없지는 않으나, 과거만큼 매력적인 모델이 아니게 됐다. 코로나19 팬더믹 때 유럽 모델이 한국의 K-방역보다 열등하다는 것도 입증됐다. 유럽은 확진자와 사망자 모두에서 한국을 능가했다. 유럽 복지국가 모델의 한계가 드러난 사건이었다.

정리해보면, 2022년 6·1 지방선거 이후 투표율은 다시 급격하게 하락하고 있다. 2006년 지방선거 투표율은 52.1%였다. 2018년 지방선거 투표율은 60.2%였다. 전체적으로 8.1%포인트 올랐다. 2022년 지방선거 투표율은 50.9%였다. 전체적으로 9.3%포인트가 낮아졌다.

2020년 총선 투표율은 66.2%였다. 현재 추세라면, 민주당이 특단의 혁신과 확장이 없을 경우, 2024년 총선 투표율은 60%를 밑돌 가능성이 있다. 투표율 하락은 2040세대가 주도하게 될

* 한겨레신문, 〈2030세대 60%가 반대…이재명 '기본소득' 계륵되나〉, 인터넷판 기준 2022년 1월 25일.

것이다. 민주당 지지층의 이탈 가능성이 더 높다. 2024년 총선을 둘러싼 정치지형에서 민주당에 불리하게 작용할 것이다.

1990년 3당 합당 이후 길게 보면, 한국 정치는 두 개의 구도가 겨뤘다. 첫째, 지역 구도였다. 지역 구도가 중심일 때 보수 우위 정치가 작동했다. 둘째, 세대 구도다. 세대 구도는 2009년 노무현 대통령의 서거 이후 본격화됐다. 세대 구도가 지역 구도를 제압하는 형국이었다. 만일 2040세대의 투표율이 떨어진다면, 다시 말해 '세대 구도'가 후퇴하게 된다면, '지역 구도'가 상대적으로 부각될 것이다. 민주당 입장에서는 불리한 상황 전개다.

# 3장

# 총선 판세 예측 :
# 민주당은 얼마나 불리한 것일까?

### 수도권은 5승 1패였지만, 전국은 3승 3패였던 이유

이번 장에서는 2024년 총선 판세 예측을 해본다. 결론부터 말해, 이대로라면 민주당은 패배할 가능성이 더 높다. 하나씩 살펴보기로 하자.

민주당은 사실상 '수도권 정당'이다. 2000년 이후 6번의 총선이 있었는데, 국회의원의 과반이 수도권인 경우는 4번이었다. 의석 점유율 기준 2004년 50%, 2012년 51.2%, 2016년 66.7%, 2020년 57.2%였다. 2000년 48.7%, 2008년 32.1%만 과반에 미달했다. 그러다보니, 수도권 분위기가 좋으면 전국 의석에서도 이길 것으로 착각하는 경향이 강하다. 그러나, 이런 판단은 타당하지 않다.

[표 6-3]은 2000년 총선 이후 전국 의석, 수도권 의석, 충청

표 6-3 2000년 이후 총선-수도권 의석 점유율 추이

| 역대 총선 | | 2000년 | 2004년 | 2008년 | 2012년 | 2016년 | 2020년 |
|---|---|---|---|---|---|---|---|
| 전국 의석 | 국힘 계열 | 133석 | 121석 | 153석 | 152석 | 122석 | 103석 |
| | 민주당 계열 | 115석 | 152석 | 81석 | 127석 | 123석 | 180석 |
| 수도권 의석 | 국힘 계열 | 41.2% | 30.3% | 73.0% | 38.4% | 28.7% | 13.2% |
| | 민주당 계열 | 57.7% | 69.7% | 23.4% | 58.0% | 67.2% | 85.1% |
| 충청권 의석 | 국힘 계열 + 충청권3당 | 62.5% | 20.9% | 62.5% | 60.0% | 51.9% | 28.6% |
| | 민주당 계열 | 33.3% | 79.2% | 33.3% | 40.0% | 44.4% | 71.4% |

권 의석을 비교했다. 충청권 의석은 국민의힘 계열과 충청권 제3당을 합쳤다. 충청권 제3당은 2004년 자민련, 2008년과 2012년은 자유선진당이다. [표 6-3]은 우리에게 몇 가지 정보를 제공해준다.

첫째, 87년 민주화 이후 민주당의 원내 과반은 두 번으로, 2004년, 2020년 총선이다. 주목할 점은 민주당이 원내 과반을 하는 경우는 수도권과 충청권 모두에서 약 70%나 그 이상의 의석을 차지한 경우다. 2004년 총선에서 민주당 의석점유율은 수도권 69.7%, 충청권 79.2%였다. 2020년 총선은 수도권 85.1%, 충청권 71.4%였다.

둘째, 2000년 이후 6번의 총선에서, 민주당은 수도권에서 5승 1패를 했다. 2008년을 빼고 모두 승리했다. 그러나 전국적으로는 3승 3패를 했다. 2004년, 2016년, 2020년 총선만 승리했다. 2000년 총선, 2012년 총선은 수도권에서 과반을 했지만 전국적으로는 패배했다. 수도권 성적이 좋아도 전국적으로는 패배할

수 있다.

셋째, 2012년 총선의 경우, 민주당은 수도권에서 58%의 압승을 했다. 그런데, 전국 의석에서는 참패했다. 새누리당 152석, 민주당 127석이었다. 민주당은 수도권에서 압승했지만 전국적으로는 25석 격차로 패배했다. 왜 이런 일이 벌어지는 것일까? 이 질문에 대한 해답을 알게 되면, 한국 총선 구도의 특징을 알게 된다. 이에 대해서는 이후에 다시 살펴보기로 하자.


## 오판과 착각의 기원:
## '스윙 스테이트' 중심의 판세분석을 해야 한다

일반적으로 총선 판세를 전망할 때, 여론조사 전문가들이 활용하는 지표는 세 가지다. ①대통령 지지도 ②전국 단위 정당 지지율 ③국정운영 지지여론이 많은지, 견제여론이 많은지다. 세 가지 지표 모두 '전국 단위' 지표다. 그러나 이런 접근은 오판과 착각을 일으키기 쉽다. 총선의 경우 지역별로 분할된 특성이 반영되지 않는다.

예컨대, 10월 3주차 한국갤럽 여론조사는 국민의힘 33%, 민주당 34%였다. 1%포인트 초박빙으로 민주당이 앞섰다. 이 경우, 총선 판세도 초박빙으로 민주당 승리를 생각할 수 있다. 그러나 실제로는 그렇지 않다. 판세 분석 방법론 자체가 틀렸다.

미국 대선은 승자독식 방식을 취한다. 주(州)에서 승리하면

표 6-4  권역의 정치적 특성 및 의석 배분

| 구분 | ①호남 | ②제주 | ③대구경북 | ④강원 | ⑤부울경 | ⑥충청 | ⑦수도권 | ⑧비례 |
|---|---|---|---|---|---|---|---|---|
| | 민주당 초강세 | | 국힘 초강세 | 국힘 상대 강세 | | 스윙 스테이트 | | 분할 |
| 의석 배분(1) | 28석 | 3석 | 25석 | 8석 | 40석 | 28석 | 121석 | 47석 |
| 의석 배분(2) | 31석 | | 33석 | | 40 | 28 | 121 | - |

해당 선거인단 전체를 이긴 쪽에서 가져간다. 미국의 판세분석 방법은 ①민주당 우세주(州) ②공화당 우세주(州) ③스윙 스테이트(경합주)로 3등분한다. 캘리포니아는 민주당 강세지역이고, 텍사스는 공화당 강세지역, 애리조나, 플로리다, 미시건, 위스콘신, 펜실베니아, 노스캐롤라이나주는 스윙 스테이트 지역이다.

실제로는 한국 총선도 이와 유사하다. 전국 기준 여론조사로 분석하면 착각하게 된다. 전국을 광역 단위로 3등분할 필요가 있다. ①초강세 지역 ②상대적 강세 지역 ③스윙 스테이트다. 호남과 제주는 민주당 초강세 지역이다. 대구경북은 국민의힘 초강세 지역이다. 강원과 부울경은 국민의힘의 상대적 강세지역이다. 부울경의 경우 2004년 노무현 대통령이 탄핵위기에 몰렸을 때도 부울경 전체 41석 중에 민주당 당선자는 4명에 불과했다.

[표 6-4]는 권역의 정치적 특성 및 의석 배분을 표로 나타낸 것이다. 전국을 호남, 제주, 대구경북, 강원, 부울경, 충청권, 수도권의 7개 덩어리로 구분할 경우, 권역별 의석 분포는

2020년 총선을 기준으로 호남 28석, 제주 3석, 대구경북 25석, 강원 8석, 부울경 40석, 충청권 28석, 수도권 121석이다. 수도권의 경우, 서울 49석, 경기도 59석, 인천 13석이다. 이중에서 실질적으로 스윙 스테이트인 곳은 충청권과 수도권 두 곳뿐이다.

호남, 제주, 대구경북, 강원, 부울경에서 약세 정당 후보의 당선 가능성이 전혀 없다는 의미는 아니다. 확률이 상대적으로 낮고, 이변이 발생해도 소규모일 가능성이 높다. 확률이 낮은 데도 불구하고 상대방 강세 지역을 개척했던 정치인들이 있었다. 부산 출마를 고집했던 '바보 노무현', 충청권을 개척했던 안희정 전 충남도지사, 대구를 개척했던 민주당 김부겸 전 총리, 부산에 갔던 김영춘 전 의원이 해당한다. 국민의힘 후보로 순천에서 당선됐던 이정현 전 의원도 해당한다. '상대방 강세지역'을 개척하는 정치인은 정당을 떠나 박수받아 마땅하다. 다만, 현재 시점에서 판세분석은 구분할 필요가 있다.


**대선 지지율과 총선 의석수는 다르다:**
**87년 대선과 88년 총선의 비교**


전국 단위 대선 지지율과 지역단위 총선 의석수의 차이점을 잘 보여주는 사례는 1987년 대선후보 지지율과 1988년 총선 의석수 차이다.

1987년 대선의 후보 득표율은 민정당 노태우 36.6%, 통일

표 6-5 1987년 대선과 1988년 총선의 격차(전국 선거 vs. 지역 선거)

| 구분 | 범보수(권위주의 지지층) | | 범진보(민주화운동 지지층) | |
|---|---|---|---|---|
| | 노태우(민정당) | 김종필(공화당) | 김영삼(통일민주) | 김대중(평민당) |
| 1987년 대선 (후보 득표율) | 36.6% | 8.1% | 28.0% | 27.0% |
| 중간 합계 | 44.7% | | 55.0% | |
| 1988년 총선 (의석 점유율) | 41.8% | 11.7% | 19.7% | 23.4% |
| 합계 | 53.5% | | 43.1% | |

민주당 김영삼 28.0%, 평화민주당 김대중 27.0%, 신민주공화당 김종필 후보 8.1%였다. 민주화운동 세력으로 볼 수 있는 김영삼과 김대중 후보의 득표율 합계는 55.0%였다. 노태우와 김종필의 득표율 합계는 44.7%였다.

1987년 대선은 12월이었고, 1988년 총선은 4월이었다. 불과 4개월만에 치러진 선거였다. 투표율은 1987년 대선은 89.1%였다. 1988년 총선은 75.8%였다. 두 선거 모두 투표율이 매우 높았다. 1988년 총선 역시 4자구도로 치러졌다. 의석 점유율을 기준으로, 노태우의 민정당 41.8%, 김대중의 평화민주당은 23.4%, 김영삼의 통일민주당은 19.7%, 김종필의 신민주공화당은 11.7%를 얻었다. 김대중과 김영삼 정당의 의석수 합계는 43.1%다. 노태우와 김종필 정당의 의석수 합계는 53.5%다.

대선 구도에서는 민주화 세력(김영삼+김대중)의 득표율 합계가 55.0%였다. 그러나 총선 구도에서는 민주화 세력(김대중당+김영삼당)의 의석수 합계가 43.1%였다. 무려 12%포인트가 낮아졌다. 대선에서 유용한 전국단위 여론과 지역단위로 치러지는 총선 의석수가 얼마나 불일치할 수 있는지를 보여주는 좋은 사례다. 이를 정리한 게 [표 6-5]다.


## 1987년 이후, 부울경에서 민주당 계열의 의석수 추이

전국의 선거구를 호남, 제주, 대구경북, 강원, 부울경, 충청, 수도권의 7개 권역으로 나눌 경우, 호남+제주, 대구경북+강원의 네 곳은 민주당 또는 국민의힘 계열이 절대 강세다. 5석 이내에서 정확하게 예상 의석을 맞출 수 있을 정도다. 총선 구도를 파악하기 위해 우리가 살펴봐야 할 곳은 부울경, 충청, 수도권이다. 먼저 부울경을 살펴보자.

부울경은 한국 민주화운동의 중요한 한 축이다. 김영삼 전 대통령은 통영(현 거제) 출신으로 부산을 기반으로 정치활동을 했고, 87년 6월항쟁의 도화선이 된 박종철 열사도 부산 출신이다. 김영삼 대통령이 1990년 3당 합당에 합류한 이후, 부울경은 민주당 계열의 불모지가 된다. 부울경 유권자들이 보기에 김대중이 주도하는 민주당은 '호남당'이었다. 1992~2000년까지 민주당 계열은 부울경에서 한 석도 당선되지 못한다. 이 기간 동안, 부울경은 국민의힘 계열의 절대 우세 지역이었다.

부울경 지역에서 민주당 당선자가 배출되는 것은 정치인 노무현의 역할이 절대적으로 중요했다. 역사를 길게 보면, '호남

표 6-6 1987년 민주화 이후 부울경 지역의 의석수 추이

(단위: 명)

| 역대 총선 | 1988 | 1992 | 1996 | 2000 | 2004 | 2008 | 2012 | 2016 | 2020 | 9회 평균 | 00년 이후 평균 |
|---|---|---|---|---|---|---|---|---|---|---|---|
| 국민의힘 계열 | 13 | 31 | 38 | 37 | 34 | 30 | 36 | 27 | 32 | 30.9 | 32.7 |
| 민주당 계열 | 0 | 0 | 0 | 0 | 4 | 2 | 3 | 8 | 7 | 2.7 | 4.0 |
| 통일민주당 (김영삼) | 23 | - | - | - | - | - | - | - | - | - | - |
| 기타정당 | - | 3 | 2 | - | 3 | 3 | - | 1 | - | 1.3 | 1.2 |
| 무소속 | 1 | 5 | 4 | 1 | - | 7 | 1 | 4 | 1 | 2.7 | 2.3 |
| 부울경 의석 합계 | 37 | 39 | 44 | 38 | 41 | 42 | 40 | 40 | 40 | 40.1 | 40.2 |

당의 부산 후보론'이 성공한 결과였다.

2003년 노무현 정부가 출범한 이후, 부울경 지역에서 민주당의 첫 당선자가 나온다. 2004년 4명, 2008년 2명, 2012년 3명이 당선된다. 부산에서 조경태 후보가 연이어 당선되고, 경남에서는 노무현 대통령의 고향인 김해갑, 김해을에서 당선자를 배출한다.

2016년 총선에서는 8명, 2020년에는 7명이 당선된다. 역대 선거 결과를 보면 엄청난 선전이었다. 노무현 대통령의 죽음에 대한 미안함과 유승민과 김무성까지 탄압했던 박근혜 대통령의 권위주의적 통치에 대한 반감이 결합된 결과였다. 이를 정리한 게 [표 6-6]이다. 2024년 총선에서, 민주당 당선자는 적으면 3명, 많으면 10명 정도로 예상할 수 있다. 이 글에서는 당선자를 5명으로 가정한다.

표 6-7 2000년 이후 총선-충청권 의석 점유율 추이

| 역대 총선 | 2000년 | 2004년 | 2008년 | 2012년 | 2016년 | 2020년 | 역대 평균 |
|---|---|---|---|---|---|---|---|
| 국민의힘 계열 | 16.7% (4석) | 4.2% (1석) | 4.2% (1석) | 48.0% (12석) | 51.9% (14석) | 28.6% (8석) | 26.3% (6.7석) |
| 민주당 계열 | 33.3% (8석) | 79.2% (19석) | 33.3% (8석) | 40.0% (10석) | 44.4% (12석) | 71.4% (20석) | 50.7% (12.8석) |
| 충청권 제3당 | 45.8% (11석) | 16.7% (4석) | 58.3% (14석) | 12.0% (3석) | - | - | 21.1% (5.3석) |
| 기타정당+ 무소속 | 4.2% (1석) | - | 4.2% (1석) | - | 3.7% (1석) | - | 2.0% (0.5석) |
| 의석 합계 | 100% (24석) | 100% (24석) | 100% (24석) | 100% (25석) | 100% (27석) | 100% (28석) | 100% (25.3석) |
| 총선 당시 집권당 | 민주당 | 민주당 (집권 여당) | 국민의힘 | 국민의힘 (집권 여당) | 국민의힘 (집권 여당) | 민주당 (집권 여당) | |

## 2000년 총선 이후, 충청권 선거의 5가지 특징

충청권의 역대 선거결과를 정리한 게 [표 6-7]이다. 2000년 총선 이후, 역대 충청권 선거의 특징은 5가지로 요약할 수 있다.

첫째, 제3당이 강했던 지역이다. 2000년, 2004년 총선은 김종필의 자민련이 있었다. 2008년, 2012년 총선은 이회창과 심대평의 자유선진당이 있었다. 이회창 고향은 예산, 심대평은 충남도지사 출신이었다. 6회 총선 중 최다 의석 배출을 기준으로, 제3당이 2회(2000년, 2008년), 민주당 2회(2004년, 2020년), 국민의힘이 2회씩 승리했다(2012년, 2016년). 2016년 총선부터 '충청기반 제3당'의 명맥은 사라졌다.

둘째, 정권에 대한 중간심판론이 작동하지 않았다. 보통

정권심판론은 제1야당 지지를 통해 실현된다. 6번의 총선 중, 정권심판을 위해 제1야당을 밀어준 적은 한 번도 없다. 6번 중 2004년, 2012년, 2016년, 2020년 총선은 '집권 여당'이 승리했다. 민주당 일각에서 주장하는 정권심판 선거 주장은 최소한 충청권에서는 작동한 적이 없다.

셋째, 같은 중원으로 볼 수 있는 수도권과 별개로 작동했다. 수도권의 경우 민주당은 5승 1패를 했다. 충청권에서는 6번의 총선 중에서 제3당이 2번, 민주당이 2번, 국민의힘 계열이 2번 승리했다. 민주당은 2000년, 2012년, 2016년 총선 때 수도권 지역에서 승리했다. 그러나 충청권에서는 2000년, 2012년, 2016년 총선 모두 패배했다. 충청권은 수도권과 다른 문법으로 움직였다.

넷째, 민주당이 충청권에서 2회 승리한 경우는 모두 슈퍼 울트라 반사이익이 작동했다. 민주당은 2004년 총선과 2020년 총선에서 충청권에서 승리했다. 의석 점유율도 엄청났다. 2004년은 79.2%(19석), 2020년은 71.4%(20석)였다. 민주당이 충청권에서 압승을 한 경우는 흥미롭게도 전국적으로도 원내 과반을 했던 경우다. 2004년과 2020년 총선이다. 두 선거 모두 보수의 실책에 의해 슈퍼 울트라 반사이익이 작동했다. 2004년은 노무현 대통령 탄핵 역풍이 있었다. 2020년은 박근혜 대통령 탄핵 이후, 보수의 분열과 K-방역에 대한 강력한 지지가 있었다. 이 말은 거꾸로 대통령 탄핵(04년, 17년)에 버금가는 초강력 바람이 불지 않으면, 민주당의 충청권 승리가 만만치 않음을 암시한다.

다섯째, 보수의 강력한 실책이 없었던 경우, 대전은 절반씩, 충남과 충북은 국민의힘 계열이 살짝 우세했다. 2012년과 2016년 총선이 대표적이다. 2012년 총선에서 충청권은 총 25석이었다. 민주당 계열 10석, 국힘＋충청권 3당 합계는 15석이었다. 2016년 총선에서 충청권은 총 27석이었다. 민주당 계열 12석, 국민의힘 계열은 14석이었다. ([표 6-7] 참조)

2012년 총선은 민주당이 전국적으로 25석 격차로 패배했고, 2016년 총선은 1석 격차로 승리했다. 충청권은 전국 및 수도권 선거 결과와 다르게 움직였다.

## 2022년 대선, 충청권에서 민주당은 전국 격차보다 더 크게 패배했다

2022년 대선에서, 윤석열 후보는 전국적으로 0.7%포인트 격차로 승리했다. 그러나 충청권 표차는 더 컸다. 대전은 3.2%포인트, 충남은 6.1%포인트, 충북은 5.6%포인트 격차로 승리했다. 인구가 적은 세종에서만 이재명 후보가 7.8%포인트 격차로 승리했다.

6·1 지방선거에서는 표차가 더 벌어졌다. 대전시장과 충남도지사 후보로 민주당 출신 현직이 나섰지만, 모두 패배했다. 대전시장은 국민의힘 이장우 후보가 민주당 허태정 후보를 2.4%포인트 격차로 승리했다. 충남도지사는 국민의힘 김태흠 후보가 민주당 양승조 후보를 7.8%포인트 격차로 승리했다. 충북도

지사는 국민의힘 김영환 후보가 민주당 노영민 후보를 16.4%포인트 격차로 승리했다. 세종시장의 경우, 국민의힘 최민호 후보가 승리했다. 격차는 5.6%포인트였다.

2022년 3.9 대선에서 전국적으로는 0.7%포인트 격차였는데, 왜 충청권에서는 5%포인트 내외로 졌을까? 크게 세 가지 이유를 꼽아볼 수 있다. 첫째, 윤석열 후보의 아버지 고향이 충남 공주다. 충청권 유권자들이 '우리 후보'라는 애착을 조금 더 가졌을 수 있다. 둘째, 최근 10여년간 충청권은 민주당 성적이 좋았다. 그 이유는 '안희정 낙수효과'가 작동했을 수 있다. 2010년 지방선거 이후 충청권 광역단체장 선거는 민주당이 대부분 승리했다. 셋째, 안희정 낙수효과가 사라지고, 박근혜 탄핵 효과가 사라지면서 충청 본래의 보수적 특색이 살아났을 수 있다.

충청권 의석수를 세부적으로 보면, 대전 7석, 충남 11석, 충북 8석, 세종 2석이다. 충청권은 말 그대로 스윙 스테이트(경합지)다. 충청권에서 내년 총선 의석수를 예단할 수는 없다. 현재는 28석 중 20석이 민주당이다. 박근혜 대통령 탄핵 효과, 보수의 분열, K-방역에 대한 국민적 지지가 결합된 결과였다.

2024년의 경우, 민주당이 이 정도로 압승하기는 어렵다. 충청권 전체 28석 중에, 민주당 12석, 국민의힘 12석을 가정한다. 나머지 4석은 제3당과 무소속을 가정한다. 2000년대 이후 6번의 총선을 종합해보면 국민의힘 계열이 약간 우세했다. 충청권에서 민주당은 큰 격변이 있을 때만 승리했다. 충청권에서 12석대 12석을 가정하는 것은 민주당의 선전을 전제한다.

표 6-8 2024년 총선, 권역별 판세 예측

| 지역/권역<br>지역/권역 | ①민주당<br>절대 우세<br>호남/제주 | ②국힘<br>절대 우세<br>대구경북+강원 | 비례 | 중간<br>합계 | ③국힘<br>상대 우세<br>부울경 | ④스윙<br>지역<br>충청 | ⑤중간<br>합계 | ⑥스윙<br>지역<br>수도권 |
|---|---|---|---|---|---|---|---|---|
| 합계 | 31석 | 33석 | 47석 | 111석 | 40석 | 28석 | 179석 | 121석 |
| 민주당 의석 | 31 | 1 | 17 | 49 | 5 | 12 | 66 | ???? |
| 국힘 의석 | 0 | 32 | 17 | 49 | 35 | 12 | 96 | ???? |
| 격차 (누적) | | | - | - | 30 | 30 | 30 | |
| 기타+무소속 | 0 | 0 | 13 | 13 | 0 | 4 | | |

논의를 중간 정리해보자. 민주당 절대우세 지역은 민주당이 전부 승리한다고 가정한다(호남/제주). 호남/제주의 합계는 31석이다. 국민의힘 절대우세 지역인 대구경북-강원의 합계는 33석이다. 민주당이 강원에서 1석은 가져올 수 있다. 그럼, 호남-제주, 강원 1석을 합쳐 민주당은 32석이 된다. 대구경북-강원을 합쳐 국민의힘도 32석이 된다. 부울경의 경우는 국민의힘 상대 우세 지역인데, 민주당 5석, 국민의힘 35석을 가정한다. 충청권의 경우 그때그때 달랐는데, 국민의힘이 살짝 우세한 경우가 많았다. 이번에는 민주당 12석, 국민의힘 12석, 제3당 및 무소속 4석을 가정한다. 비례대표는 총 47석이다. 민주당 17석, 국민의힘 17석을 가정한다. 그럼, 남는 지역은 수도권 121석이 된다. 이를 정리한 게 [표 6-8]이다.

민주당은 부울경에서 5석 대 35석으로 '마이너스 30석'으로 시작하게 된다. 이만큼이 '기울어진 운동장의 크기'에 해당한다. [표 6-8]에서 '굵게 박스처리'를 했다.

표 6-9 시나리오: 민주당은 수도권에서 얼마나 이겨야 원내1당이 되나?

| [가정]<br>민주당<br>수도권<br>점유율 | 나머지<br>지역<br>+ 비례<br>합계 | 수도권<br>40% | 수도권<br>50% | 수도권<br>60% | 수도권<br>70% | 수도권<br>80% | 원내1당의<br>조건 |
|---|---|---|---|---|---|---|---|
| 민주당 | 66석 | +48.4석 | +60.5석 | +72.6석 | +84.7석 | +96.8석 | 수도권<br>76석<br>(63%) |
|  | 전체 합계 | 114석 | 127석 | 139석 | 151석 | 163석 | 142석 |
| 국민의힘 | 96석 | +72.6석 | +60.5석 | +48.4석 | +36.3석 | +24.2석 | 수도권<br>45석<br>(37%) |
|  | 전체 합계 | 169석 | 156석 | 144석 | 132석 | 120석 | 141석 |
| 의석 격차 | -30석 | -55석 | -29석 | -5석 | +19석 | +43석 | - |

## 민주당 원내1당의 조건:
## 수도권에서 약 63%를 이겨야 한다

[표 6-9]는 민주당의 수도권 시나리오별로 전국 의석이 어떻게 되는지를 정리했다. 수도권 의석은 2020년 총선 기준 121석이다. 서울 49석, 경기도 59석, 인천 13석이다. [표 6-8]에서 가정했던 호남/제주, 대구경북/강원, 비례대표, 부울경, 충청권 의석수를 그대로 가져왔다. 이 경우 비례대표를 포함, '수도권을 제외한' 민주당 의석은 총 66석, 국민의힘은 총 96석이 된다. 66석 vs. 96석. 2024년 총선 때 비수도권 지역에서 민주당이 감내해야 할 '기울어진 운동장의 크기'다. 이만큼을 민주당은 수도권에서 '뒤집어야' 한다. 그래야 동률이 된다.

[표 6-9]의 세부 내용을 살펴보자. 수도권은 121석이다. 수

도권 기준, 민주당 점유율이 40%(48.4석)인 경우 전국 (의석을 반올림하면) 114석이 된다. 민주당 점유율이 50%(60.5석)인 경우 전국 127석이 된다. 이 경우, 국민의힘 의석수는 156석이 된다. 민주당이 수도권에서 '절반'을 얻을 경우, 29석 격차로 패배한다.

민주당 점유율이 60%(72.6석)인 경우 전국 139석이 된다. 국민의힘 의석수는 144석이다. 여전히 국민의힘이 5석 더 많다. 민주당이 수도권에서 60%를 얻어도 국민의힘이 약 5석 앞선다. 민주당 의석 점유율이 63%(76석)인 경우 전국 142석이 된다. 민주당은 드디어 승리하게 된다. 이때 국민의힘 의석수는 141석이다. 민주당이 1석 더 많다. 2024년 총선에서, 민주당이 '원내 1당'이 되기 위한, 수도권 매직 넘버는 의석은 76석, 의석비율은 63%다.

민주당 의석 점유율이 70%(84.7석)인 경우 전국 151석이 된다. 이때 국민의힘 의석수는 132석이다. 민주당이 19석 더 많다. 민주당 의석점유율이 80%(96.8석)인 경우 전국 163석이 된다. 국민의힘 의석은 121석이다. 민주당은 43석이 더 많다.

논의를 종합 정리해보자. 2024년 총선에서 민주당은 승리할 수 있을까? 결론부터 말하자면, 이대로라면 패배할 가능성이 더 높다. 2017년 대선, 2018년 지방선거, 2020년 총선에서 민주당 압승은 '예외적인' 경우였다. 박근혜 대통령 탄핵 에너지로 인한 보수의 분열, 엄청난 반사이익, 높은 2040세대 투표율, 2040세대의 민주당 몰빵 지지가 결합된 결과였다. 보수 분열의 시작은 2016년 총선이었다. 현재 정치 구도는 '2016년 이전'으로 돌아갔다. 투표율은 다시 떨어지고 있다. 2040세대가 투표율 하

표 6-10 민주당의 수도권 점유율과 전국 의석 시나리오

| [가정] 민주당<br>수도권 점유율 | ①나쁜 시나리오<br>(수도권 50%) | ②기본 시나리오<br>(수도권 60%) | ③좋은 시나리오<br>(수도권 70%) |
|---|---|---|---|
| 민주당 | 127석 | 139석 | 151석 |
| 국민의힘 | 156석 | 144석 | 132석 |
| 의석 격차 | -29석 | - 5석 | +19석 |
| 제3당+무소속 (가정) | 17석 | 17석 | 17석 |

락을 주도하고 있다. 보수는 다시 합쳐졌다. 진보는 문재인 정부를 거치며 진보 정책의 대부분을 써봤다. 성과도 많았지만, 부작용도 있다는 것을 알게 됐다. 진보에 대한 기대감은 과거에 비해 떨어져 있는 상태다.


## 2024년 총선의 기본 시나리오:
## 국힘 144석 vs. 민주당 139석


2024년 총선에서 민주당은 어떻게 될 것인가? 승리/패배의 기준은 '원내 제1당'이다. 선거 결과는 어떻게 될까? 기본 시나리오는 [표 6-10]에서 ②번에 가깝다. 민주당 139석, 국민의힘 144석이다. 민주당이 수도권에서 60% 의석을 점유하는 경우다. 민주당은 수도권에서 60% 의석을 점유해도 원내1당이 되지못한다. 그만큼 원내1당은 어려운 일이다.

선거는 상대평가다. 내가 잘해도 상대방이 더 잘하면 패배

한다. 내가 못해도 상대방이 더 못하면 승리한다. 1987년 이후 8번의 대선과 9번의 총선을 분석해보면, 선거 승리는 세 가지에 의해 결정된다. 분열, 반사이익, 중도확장이다.

민주당이 승리하는 경우는 상대방이 분열하고, 상대방이 반사이익을 제공해주고, 민주당이 혁신을 통해 중도확장을 하는 경우다. 분열과 반사이익은 윤석열 대통령과 국민의힘 몫이다. 윤석열 대통령은 홍범도 장군을 빨갱이로 몰고, 공산 전체주의와 투쟁하고, 이명박 정부때 장관을 했던 이주호, 유인촌, 이동관 같은 사람을 장관으로 다시 임명했다. '문재인의 모가지를 따겠다'라고 막말을 해대는 신원식 같은 사람을 국방부 장관으로 앉혔다. 나라에는 해롭고, 민주당에게는 이로운 일들이다. 이런 일들을 더 세고, 더 크게, 더 많이 해주면 민주당에게 '반사이익'이 발생할 수 있다. 그런데, 유념할 것은 민주당이 원내 과반을 하기 위해서는 '2004년 노무현 대통령 탄핵'에 버금가는 초강력 반사이익이어야 한다.

2024년 총선에서, 민주당 의석수는 어떻게 될 것인가? 민주당과 윤석열 정부가 서로 고만고만하게 혁신하고, 고만고만하게 실수하면 총선 결과는 ②기본 시나리오에 가깝게 될 것이다. 의석수로 표현하면, 민주당 139석, 국민의힘 144석이다.

윤석열 정부와 국민의힘이 혼신의 힘을 다해서 어리석은 실책을 해주고 민주당이 초강력 혁신을 할 경우, ③좋은 시나리오에 근접할 것이다. 의석수로 표현하면, 민주당 151석, 국민의힘 132석이다.

좋은 시나리오는 민주당이 수도권에서 약 70%를 받는 경우다. 민주당은 2016년 총선에서 수도권 의석의 67%, 2020년 총선에서는 85%를 얻었다. 두 번의 선거 모두 다시 재현되기 쉽지 않은 초대박 행운(?)이었다.

반대의 경우도 생각해볼 수 있다. 분열과 반사이익을 민주당이 국민의힘에게 제공해주는 경우다. 예컨대, 민주당이 상식적으로 납득하기 어려운 기준으로 비명(非明) 성향 의원들을 공천에서 배제하고, 세대교체를 표방하며 한총련 출신을 대규모로 공천한다면? 반면, 윤석열 정부와 국민의힘은 중도확장을 하는 경우다. 윤석열 정부가 이준석과 정치연합을 복원하거나 젊고 유능한 인재를 중심으로 수도권 혁신 공천을 주도할 수 있다. 이준석 자체가 중요한 것은 아니다. 중요한 것은 2030세대가 최대 스윙 보터라는 점이다.

윤석열 대통령과 국민의힘이 자신들의 약점을 정직하게 응시하고 중도확장에 성공할 경우, 민주당 입장에서는 ①나쁜 시나리오에 근접할 것이다. '나쁜 시나리오'는 민주당이 수도권에서 약 50%를 얻는 경우다. 의석수로 표현하면 민주당 127석, 국민의힘 157석으로 의석 격차는 30석이다.


## 민주당의 패배 가능성을 더 높게 보는 네 가지 이유

2024년 총선 결과는 어떻게 될 것인가? 이미 살핀 것처럼

'이대로라면' 민주당이 패배할 가능성이 더 높다. 그간의 논의를 종합 정리하는 것을 겸해서 네 가지 논거를 요약하면 아래와 같다.

첫째, 한국의 정치구조는 '보수 우위' 구도다. 6부 2장 "지난 10년간, 진보 우위 시대는 잊어야 한다"에서 2016년부터 최근까지의 한국갤럽 이념 성향 조사 결과를 살펴봤다. 이념 성향은 '속마음, 정당 지지율'의 성격을 갖는다. 2016년 상반기 내내 한국 정치구조는 보수 우위 구도였다. 진보에 비해 약 8%포인트 앞섰다. 2016년 10월 최순실 태블릿PC 등장 이후부터 '진보 우위 구도'가 됐다. 그러나, 2021년 4·7 재보선을 분기점으로 다시 '보수 우위 구도'가 된 이후 현재까지 지속되고 있다. 물론, 그때그때의 정치 상황에 따라 '중도층' 이념 성향이 윤석열 정부 심판에 나설 수도 있고, 그렇지 않을 수도 있다. 그렇더라도 '기본'은 보수 우위 구도임을 인정할 필요가 있다.

둘째, 투표율이 다시 떨어질 확률이 높다. 2000년대 이후 민주당이 참패한 선거와 압승한 선거를 갈랐던 가장 큰 차이점은 두 가지였다. 하나는 전체 투표율의 급상승이었다. 다른 하나는 투표율 상승을 203040세대가 주도했다는 점이다. 총선 투표율을 기준으로 보면, 2008년 46.1%를 최저점으로 2012년 54.2%, 2016년 58.0%, 2020년 66.2%였다. 2008년과 2020년을 비교하면 무려 20%포인트가 상승했다. 가장 최근 전국 단위 선거였던 2022년 6·1 지방선거 투표율은 50.9%였다. 그 이전 지방선거였던 2018년 투표율은 60.2%였다. 투표율은 9.3%포인트가 떨어졌다. 2024년 총선 투표율은 어느 정도 될까? 50%대 후반에 머무를 가능성이 높다. 투표율은 오를 때도, 떨어질 때도 2030세대가 주도한다. 지난 10여년간은 203040세대 투표율이 오르면서 민주당을 더 많이 지지했다. 즉, 투표율 하락은 민주당에게 불리한 변화다.

셋째, 민주당은 의석수가 '밀린 상태에서' 선거에 들어간다. 호남 의석이 총 28석, 영남 의석은 총 65석이다. 영남 의석이 37석 더 많다. 수도권을 제외한 나머지 지역은 제주, 강원, 충청권인데 여기서도 민주당이 우위라고 보기 어렵다. 대부분의 지역은 민주당 혹은 국민의힘 절대강세 지역이다. 부울경은 민주당이 3~7석을 기대해볼 수 있지만 크게 다르지 않다. 한국의 총선 구도에서 실질적인 스윙 스테이트(경합지)는 두 곳밖에 없다. 충청권과 수도권이다. 민주당이 원내 과반을 한 경우는 딱 두 번인데, 충청권과 수도권 모두에서 약 70%가 넘는 의석 점유율을 차지했었다. 민주당이 영남권에서 뒤지는 의석을 만회하려면 수도권에서 65~70% 의석을 차지해야 한다. 2020년 총선 기준 수도권 의석은 121석이다. 민주당은 수도권에서 75~80석 내외를 차지해야만 원내1당이 될 수 있다. 총선 구도는 기본적으로 '민주당이 지고 시작하는' 게임으로 봐야 한다. 민주당과 국민의힘 계열이 엇비슷하게 혁신하고, 엇비슷하게 실책을 할 경우, 보수계열 정당이 승리할 가능성이 더 높다. 민주당은 언제나 지고 있다는 위기의식을 갖고 '혁신경쟁'을 주도해야만 승리할 수 있다.

넷째, 현재 민주당에는 '초대박 압승론'이 팽배해 있다. 당 지도부 판단도 크게 틀리지 않은 것으로 보이고, 민주당에 우호적인 정치 유튜버, 정치평론가들의 분석이 대동소이하다. 선거제도와 관련해서 '연동형'을 주장하는 사람들의 경우 연동형의 논거 중 하나가 '지역구 초대박 압승론'일 정도다. 이들은 지역구에서만 민주당이 150~160석을 넘을 가능성이 매우 높다고 전망하고 있다. 민주당을 휩감고 있는 초대박 압승론의 기운은 '달콤한 마약'이 되어 혁신과 중도확장을 가로막는 장애물이 될 가능성이 높다.

# 7부

# 2024년 총선에서
# 승리하려면:
# 3+7 전략

# '불리한 판세를 뒤집은' 선거의 교과서 (1): 2012년 박근혜 비대위 사례

1987년 이후부터 현재까지 9번의 국회의원 총선이 있었다. '불리했던 선거'를 리더십과 전략·전술을 통해 역전했던 가장 대표적인 선거를 꼽으면 무엇일까? 하나는 2012년 총선이다. 박근혜 비대위원장이 진두지휘했던 선거다. 국민의힘 계열이 승리했다. 다른 하나는 2016년 총선이다. 문재인 대표가 김종인 비대위원장을 영입했던 선거다. 민주당 계열이 승리했다. 2012년과 2016년 사례는 '선거의 교과서'라고 표현해도 과언이 아니다. 두 번의 선거에서 작동했던 승리 요인을 잘 분석하면 선거 승리의 방정식을 만들 수 있게 된다. 하나씩 살펴보자.

새누리당: 2011년 10월 재보선은 참패,
2012년 4월 총선은 압승

먼저, 2012년 총선을 둘러싼 당시 상황들을 살펴볼 필요가 있다. 이명박 정부는 2008년 2월에 출범했다. 2006년 지방선거, 2007년 대선, 2008년 총선 세 차례 선거를 모두 압승했다. 권력을 독점하게 되니 비판도 집중되었다. 2008년 글로벌 금융위기, 2009년 노무현 대통령의 서거, 2010년 지방선거에서 무상급식으로 상징되는 복지 이슈가 부상했다.

2011년에는 오세훈 서울시장이 무상급식 찬반투표라는 정치적 승부수를 던졌다. 결국 부결됐다. 오세훈은 사퇴했다. 당시 오세훈 시장의 무상급식 찬반투표는 참으로 어리석고, 뜬금없는 짓이었다. 한나라당(현재 국민의힘) 입장에서는 안 해도 되는 서울시장 재보궐 선거를 하게 됐다.

2011년 10월 서울시장 재보선을 앞두고 '안철수 태풍'이 불기 시작했다. 당시까지 안철수는 노블리스 오블리제(사회 지도층의 도덕적 의무)를 충실하게 이행하는 혁신적이고, 착한 기업인 이미지였다. 그런 안철수가 정치에 뛰어들 의사를 내비친 것이다. 이후 양자 가상대결에서 안철수가 박근혜를 앞섰다. 안철수의 등장으로 야권 세력이 확대되며, 이명박 정부와 한나라당 심판의 에너지가 치솟고 있었다. 2011년 10월 26일, 서울시장 재보궐 선거에서는 무소속으로 나왔던 박원순 후보가 53%를 받아 승리했다. 박원순 후보는 민주당 박영선 후보와 경선에서 승리했다. 박원순 후보가 경선에서 승리하는 과정은 안철수의 공개 지지가 결정적 도움이 됐다.

2011년 10월 서울시장 재보궐 선거에서 놀라운 점은 '세대별 투표 성향'이었다. 방송3사 출구조사에 의하면, 20대는 박원순 69.3% vs. 나경원 30.1%를 찍었다. 30대는 박원순 75.8% vs. 나경원 23.8%를 찍었다. 40대는 박원순 66.8% vs. 나경원 32.9%를 찍었다. 20대, 30대, 40대 유권자가 모두 약 70% 정도 '진보'를 선택했다. 한나라당(현재 국민의힘)은 약 30% 지지에 그쳤다. 지금 봐도 놀라운 결과다. 당시 한나라당 입장에서 여론 지형은 '공포' 그 자체였다.


## '한나라당스럽지 않은' 사람, '한나라당스럽지 않은' 정책


박근혜 비대위는 2011년 12월 말에 꾸려졌다. 박근혜 비대위원회의 특징은 네 가지로 집약할 수 있다. 첫째, 박근혜 비대위원장 본인이 가장 강력한 '미래 권력'이었다. 87년 이후 한국 선거 역사를 복기해보면, 집권 여당이 집권 초반에 패배하는 경우가 별로 없고, 집권 후반에 승리하는 경우도 거의 없다. 선거 승리와 상관관계가 가장 높은 것은 '임기 몇 년차'인지다. 임기 후반부가 될수록 선거 심판 양상이 강해진다. 2012년 4월 총선은 이명박 정부 5년 차였다. '참패하기 딱 좋은' 시점이었다. 완전 불리한 선거였다. 박근혜 비대위원장이 전면에 나섰다. '현재 권력'에 대한 심판 에너지를 '미래 권력'을 통해 방어한 경우였다.

둘째, 비상대책위원회(비대위) 구성부터 중도확장의 콘셉트를 분명히 했다. 박근혜 비대위원장은 2011년 12월 26일 비대위원회 구성을 완료했다. 비대위는 당연직 2인, 초선 의원 2인, 외부인사 6인으로 구성됐다. 당연직은 황우여 원내대표와 이주영 정책위원장이었다. 초선 의원 2명은 김세연 의원, 주광덕 의원이었다. 김세연, 주광덕 의원은 민본21 소속이었다. 민본21은 당시 한나라당 내부에서 개혁적 초선의원 모임이었다. 특히 주목할 것은 외부인사 4인이었다.

외부 인사는 김종인 청와대 전 경제수석, 이상돈 중앙대 교수, 이준석 클라세스튜디오 대표, 조현정 비트컴퓨터 대표가 포함됐다. 김종인 전 경제수석은 경제민주화를 상징했다. 이상돈 교수는 이명박 정부의 4대강 비판을 상징했다. 이준석은 당시 26세였다. 청년을 상징한다. 조현정 대표는 벤처 1세대였다.

4명의 비대위원이 상징하는 것은 '반(反) MB'였다. 이는 박근혜 비대위원장이 비대위 구성 단계부터 이명박 정부와 한나라당의 약점을 명확히 인식하고 있었음을 말해준다. 즉, 약점 분석→콘셉트 정립→외부인사 영입→중도확장의 순서를 거쳤음을 말해준다. 이명박 정부와 한나라당의 약점은 ①대기업 옹호정당 ②4대강 추진세력 ③고령층에 한정된 지지층이었다. 박근혜 비대위원장이 비대위 구성 자체를 '한나라당스럽지 않은' 사람들로 채운 이유였다.

셋째, 박근혜 비대위원회는 세 가지가 없었다. ① 친박(박근혜 계열)이 없었다. ② 친이(이명박 계열)가 없었다. ③ 반북(反北) 강경보수 인사도 없었다. 역시 '한나라당스러운' 약점과 거리를 두기 위해서였다.

넷째, 박근혜 비대위원회는 '당의 근간'에 해당하는 것들 대부분을 바꿨다. ① 당명을 한나라당에서 새누리당으로 바꿨다. ② 당을 상징하는 색깔을 파란색에서 빨간색으로 바꿨다. 보수에게 빨간색은 '빨갱이'를 상징하는 색깔이었다. 그런데, 왜 빨간색으로 했을까? 빨간색이 빨갱이를 상징하는 색이기 때문이다. 그만큼 '강력한 변화 의지'를 보여주고 싶었던 것이다. ③ 정책노선(정강정책)을 대폭 바꿨다. 이 부분도 매우 놀라운 지점이다. 민주당의 많은 사람들은 박근혜가 쇼를 하고, '가짜 경제민주화'를 했다고 비난했다. 그러나 그렇게 보기 어려운 지점이 많다.


### 박근혜 비대위원장: '민주당스러운 정책'으로 민주당의 중도표를 뺏어오다

[표 7-1]은 당시 새누리당의 정강정책 변화를 정리한 것이다.* 실제로 이뤄졌던 정책노선 변경을 살펴보자. 정부와 시장경제

---

* 김종철, 〈'강한정부·복지' 앞세워 보수색 빼기…박근혜의 좌클릭〉, 《한겨레신문》, 인터넷판 2012년 1월30일.

표 7-1 박근혜 비대위 당시의 새누리당 정강정책 변화

| 정강·정책 분야 | 기존 항목 (삭제된 내용) | 새로운 정강정책 (국민과의 약속) |
| --- | --- | --- |
| 정부와 시장경제 | 큰 시장, 작은 정부 | 어떤 상황에서도 국민 삶을 책임지는 강한 정부<br>공정하고 투명한 시장경제질서 확립을 위한 정부의<br>역할과 기능을 강화해 경제민주화 실현 |
| 복지·일자리 | 분배 지상주의와<br>포퓰리즘 배격<br>복지 함정에서 탈출 | 보편주의와 선별주의를 아우르는 평생 맞춤형 복지<br>사회적 약자를 위한 복지서비스 구축 및 사회보험<br>사각지대 해소<br>비정규직 차별 해소와 정규직 전환 노력 |
| 통일·외교·국방 | 북한의 자유민주주의<br>체제로의 전환을 위해 노력 | 북한과 다양한 대화와 교류협력<br>평화지향적 균형외교 추구 |

의 관계에서 "강한 정부, 경제민주화"를 채택했다. 복지와 일자
리에 관해서는, "보편주의와 선별주의를 아우르는 평생 맞춤형
복지" 및 "사회적 약자를 위한 복지서비스 구축 및 사회보험 사
각지대 해소"를 채택했다. "비정규직 차별 해소와 정규직 전환
노력"도 수용했다. 통일·외교·국방 분야에서는 북한과 대화 및
교류협력을 추가하고, 평화지향적 균형외교를 담았다.

기존의 정책들 중에 지나치게 우편향적인 내용은 통으로
삭제해버렸다. "큰 시장, 작은 정부", "분배 지상주의와 포퓰리
즘 배격" 그리고 "복지함정에서 탈출"을 모두 삭제했다. "북한
에 대한 자유민주주의 체제 전환" 조항 역시 모두 삭제했다.

2012년 총선은 4월 11일로 예정되어 있었다. 선거를 딱 2개
월 앞두고 박근혜 비대위원장은 당의 근간에 해당하는 당명, 당
색깔, 정강정책을 바꿨다. 재창당에 버금가는 변화였다. 과거 삼
성전자 이건희 전 회장은 "마누라와 자식 빼고 다 바꿔야 한다"

그림 7-1 2012년 총선 직전 양당의 지지율 변화 추이

━━ 국민의힘 계열(총선 당시 새누리당)  ─── 민주당 계열(총선 당시 민주통합당)

고 말한 적이 있다. 박근혜 비대위원장 역시 "마누라와 자식 빼고 다 바꾼" 경우였다.

[그림 7-1]은 2012년 총선 직전 국민의힘 계열과 민주당 계열 양당의 지지율 변화 추이를 나타낸 것이다. 2012년 1월, 당시 민주통합당(현재 더불어민주당)은 지도부 경선과 전당대회를 했다. 100만 명이 넘는 지지자들이 모바일 경선에 참여했다. 당시 리얼미터 조사에 의하면, 1월 1주차 국민의힘 계열(당시 한나라당) 지지율은 30.6%, 민주당은 33.3%로 민주당이 앞서고 있었다. 1월 3주차에는 격차가 최대로 벌어졌다. 민주당 39.7%, 한나라당 29.1%였다. 무려 10.6%포인트까지 벌어졌다. 민주당의 총선 승리 가능성이 높아졌다.([그림 7-1] 참조)

2월 13일, 박근혜 비대위원장은 당명, 당 색깔, 정책노선 변경을 통과시킨다. 당명은 한나라당에서 새누리당이 된다. 당 색깔은 파란색에서 빨간색으로 바뀐다. 2월 3주차였다. "경제민주화, 복지 강화, 강한 정부"를 전면에 내세웠다.

당명, 당 색깔, 정책노선의 혁신 이후, 딱 3주가 지난 3월 1주차부터 새누리당이 앞서기 시작한다. 새누리당 40.3%, 민주당 32.7%로, 새누리당은 7.6%포인트 앞서게 됐다. 총선 직전 마지막 여론조사였던 3월 4주차에는 새누리당 39.8%, 민주당은 30.5%였다. 새누리당이 9.3%포인트를 앞서게 됐다. 총선 결과는 새누리당 152석, 민주당은 127석이었다. 새누리당의 과반 승리였다.


## 박근혜 비대위 콘셉트의 본질: 약점 보완을 통한 중도확장


정리해보자. 박근혜 비대위는 크게 네 가지 특징을 갖고 있었다. 첫째, 이명박 정부 심판 분위기가 강할 때, 박근혜 비대위원장 본인이 가장 강력한 미래 권력이었다. 둘째, 비대위 구성의 콘셉트를 '반 MB'로 잡았다. 다르게 표현하면, 약점 보완을 통한 중도확장 전략을 분명히 했다. 경제민주화의 김종인, 4대강 반대의 이상돈, 청년을 상징하는 이준석이 그냥 우연히 모인 게 아니다. 이명박 정부의 약점이 무엇인지를 먼저 정리해놓고, 그 콘셉트에 걸맞는 인물을 찾아낸 경우다. 박근혜 비대위는 철저하게 '콘셉트 비대위'였다. 셋째, 친박, 친이, 반북 강경보수 인사가 단 한 명도 없었던 이유 역시 분명하다. 약점 보완을 위한 중도확장에 도움이 안 된다고 봤기 때문이다. 넷째, 당의 근간에 해당하는 당명, 당 색깔, 정강정책을 바꿨다.

비대위 구성의 콘셉트, 당 색깔, 정강정책 변화를 관통하는 하나의 공통점이 있다. 약점을 보완하고, 중도확장을 겨냥했다는 점이다. 그 방법론이 흥미롭다. '민주당스러운' 사람으로 비대위를 구성하고, '민주당스러운' 색깔을 도입하고, '민주당스러운' 정강정책을 채택했다. 박근혜 비대위원장은 굳이 왜 그랬을까? 그 이유는 현대정치에서 대국민 메시지와 커뮤니케이션은 결국 '미디어'를 매개로 이뤄진다는 점을 인지하고 있었기 때문이다.

이슈가 되는 가장 효과적인 방법은 두 가지다. 첫 번째 방법은, 상대 정당과 전선을 긋는 경우다. 2010년 지방선거에서 무상급식 논쟁이 대표적이다. 당시 국민의당 계열은 무상급식 반대, 민주당 계열은 무상급식 찬성이었다. 무상급식 이슈는 애초 2009년 경기도 의회에서 시작됐다. 당시 경기도지사는 국민의힘 계열(당시 한나라당)의 김문수, 경기도의회의 약 85%는 국민의힘 계열이 장악하고 있었다. 경기도 교육감은 김상곤이었다. 김상곤은 진보 교육감이었다. 국민의힘 계열(당시 한나라당)은 진보교육감에게 정책적 수혜를 주고 싶지 않았다. 게다가 '무상'이라는 용어는 빨갱이스럽다고 생각했다. 국민의힘 계열이 장악한 경기도의회는 경기도교육청에서 올리는 무상급식 예산안을 지속적으로서 부결시켰다. 이슈는 커졌고, 2010년 지방선거 핵심 쟁점이 됐다.

이 지점에서 한 가지 유의할 게 있다. 무상급식을 이슈화한 주체가 누구인지다. 얼핏 보면, 민주당이 이슈화한 것으로 생각할 수 있다. 민주당이 핵심 선거공약으로 내걸었기 때문이다. 그러나 무상급식을 이슈화한 주체는 민주당이 아니다. 국민의힘 계열이 이슈화한 것이다. 더 정확하게 표현하면, 국민의힘 계열이 '반대'를 해줬기 때문에 전선이 형성된 경우였다. 만일 국민의힘 계열이 반대하지 않았다면, 무상급식은 이슈가 되지 않았을 것이다. 다시 말해, 정책을 매개로 상대 정당과 '전선'이 형성되는 경우는 이쪽의 의지와 전략만으로 되는게 아니다. "손뼉도 마주쳐야 소리가 난다"는 표현처럼, 상대 정당이 반대를 해줘야만 전선이 형성된다. 결국, 전선 긋기의 성공은 이쪽의 의도만으로 되는 게 아니다. 상대방이 그 이슈를 '덥썩' 물어줘야만 한다. 그만큼 상대 정당과 전선을 긋는 것은 운칠기삼(運七技三)같은 일이다.

이슈가 되는 두 번째 방법은, '자기 자신'과 싸우는 것이다. 정치는 속성상 '싸우는 것'이다. 전선 긋기와 정치적 차별화가 중요하다. 진보는 낡은 진보와 싸우고, 보수는 낡은 보수와 싸우는 경우다. 2007년 대선에서 당시 박근혜 대선후보는 '줄푸세'를 주장했다. 줄푸세는 세금은 '줄'이고, 규제는 '풀'고, 법치는 '세'우고의 줄임말이었다. 미국 레이건 대통령과 영국 대처 수상이 주장했던 신자유주의 경제노선을 표방한 것이다. 박근혜는 줄푸세를 통해 정책노선에서도 정통 보수 이미지를 구축했다.

2007년 대선후보 경선에서 박근혜는 이명박에게 패배했다. 그리고 2008년 글로벌 금융위기가 터졌다. 미국발 경제 위기였다. 선거공학 관점에서 볼 때, 2012년 대선 본선에서 박근혜 후보가 승리하려면 '중도확장'에 성공할 수 있어야 했다. '줄푸세'로 상징되는 강경보수 이미지는 중도확장에 장애물이 될 예정이었다.

놀라운 것은 '팀 박근혜' 역시 그것을 알고 있었던 것으로 보인다. '팀 박근혜'는 ①2008년 글로벌 금융위기 이후 변화된 세계경제 ②대선승리를 위한 중도확장의 필요성 ③줄푸세의 강경보수 포지션에서 중도 포지션으로 이동 필요성 ④대선에서는 경제문제가 중요하다는 것 ⑤과거의 낡은 자신과 차별화하며, '민주당스러운' 것들을 가져와야 이슈가 된다는 점을 알고 있었던 것으로 보인다. ①~⑤번을 동시에 충족하는 것이 '경제민주화'와 '복지국가'였다.


### 한국 정치사에서 가장 전략적인 추도사: "내 아버지의 꿈은 복지국가입니다"

정치권에 있는 많은 사람들이 착각하고 있는데, 정치인 박근혜의 포지션 이동은 2010년 무상급식 논쟁 이후에 갑자기 진행된 것이 아니다. 박근혜는 "내 아버지의 꿈은 복지국가입니다"라는 멋진 정치 메시지를 남긴 바 있다. 그런데 이 메시지를 남긴 시점이 더 중요하다. 2010년 지방선거가 있기 전이었던, 2009년 10월 26일 아버지 박정희 전 대통령의 기일이었다. 2009년까지도 한국 정치에서 복지국가론을 전면에 내거는 경우는 흔한 경우가 아니었다. 박근혜는 복지국가론에 '올라 탄' 정치인이기도 하지만, 복지국가론을 '리드한' 정치인이기도 했다. 2010년부터 한국 정치에서 복지국가 담론이 확산된 것은 가장 강력한 차기 대선후보였던 박근혜가 복지국가 담론에 합류했던 것도 크게 작용했다.

정리해보자. 정치에서 '이슈'를 주도하는 방법은 크게 두 가지다. 첫째, 상대방과 싸우는 경우다. 2010년 무상급식이 대표적이다. 이 경우, 결정적 약점이 있다. 싸움의 성사 여부는 내가 결정하는 게 아니라 상대방이 결정한다는 점이다. 상대방이 반대를 해줘야만 전선이 형성된다. 둘째, '낡은 자신'과 싸우는 경우다. '줄푸세' 박근혜가 '경제민주화' 박근혜로 변신한다. 이 방법의 최대 장점은 이슈 결정권이 나에게 있다는 점이다. '낡은 보수'와 싸워서 '혁신 보수'가 되는 경우다. 보수의 단점을 보완한 것이기도 하고, 동시에 민주당의 장점을 부분 수용한 것이기도 하다. 목표는 중도확장이다. 2012년 박근혜 비대위는 불리한 판세를 뒤집은, 선거의 교과서라 해도 과언이 아니다.

2012년 총선에서, 박근혜 비대위원장과 새누리당 총선 승리의 또 다른 숨은 공신은 '민주당의 리더십'이었다. 당시 민주당의 총선 지도부는 한명숙 대표였다. 당시 1심에서 유죄를 받았던 임종석 전 의원을 사무총장으로 지명했다. 임종석 사무총장을 포함한 '무경선 전략공천' 지역을 먼저 발표했다. 당연히 여론의 반발이 커졌고, 결국 임종석 전 의원은 사퇴했다. 언론의 집중 공격을 자초했고, 당내 갈등은 더욱 커졌다.

팟캐스트 방송 '나는꼼수다' 출신 김용민 후보의 막말 파동이 있었을 때도 한명숙 지도부는 나꼼수 팬들의 눈치를 보며 끝까지 후보를 사퇴시키지 않았다. 김용민 후보가 B급 방송사 활동을 하던 시절에 했던 말이지만, 막말 내용이 너무 충격적이었다. 콘돌리자 라이스 여성 흑인 국무부 장관에 대해 "××해서 불태워 죽이자~"라는 성폭행과 관련된 막말이었다. 이런 대응 방식은 전체 여론에 심대한 타격을 자초했다.

선거는 '51% 게임'이다. 진보파도, 보수파도 단독으로 51%를 받을 수 없다. '유권자 연합'이 중요하다. 전통적인 지지층이 이탈하지 않되, 약점을 보완하고, 과감한 중도확장에 성공하는 것. 선거 승리의 법칙이다.

# '불리한 판세를 뒤집은' 선거의 교과서 (2): 2016년 문재인-김종인 비대위 사례

객관적으로 불리한 판세였는데 효과적인 선거 캠페인을 통해 전세를 역전시킨 두 번째 사례를 살펴보자. 민주당에게는 2016년 총선이 대표적인 사례였다. 이 장에서는 2016년 총선 시점, 문재인-김종인 비대위의 총선승리 요인을 분석해보자. 2016년 총선 결과는 이후 탄핵국면으로도 연결됐다.

## 패색이 짙던 2016년 총선, 민주당 승리의 4대 요인

2016년 4월 총선에서 민주당은 뜻밖의 승리를 거둔다. 네 가지 요인이 작용했다. 첫째, 보수의 분열이다. 둘째, 2030세대의 투표율 급상승이다. 셋째, 2030세대의 민주당 몰빵 지지다. 넷째, 문재인-김종인 투톱 체제의 과감한 중도확장 전략이었다. 하나씩 살펴보자.

첫째, 보수의 분열이다. 2016년 4월, 총선이 예정되어 있었다. 2015년부터 보수의 분열을 촉발하는 네 가지 사건이 연달아 터졌다. ①2015년 여름, 유승민 원내대표 찍어내기 사건이 터졌다. ②2015년 가을, 국정교과서를 추진했다. ③2016년 연초에 '진박 감별' 논란이 벌어진다. ④2016년 연초에 김무성 대표의 옥새 파동이 터진다. 네 가지 사건은 박근혜 정부가 '권위주의'로 회귀하는 것을 상징했다. 보수 유권자 내에서도 이탈층이 발생했다. 특히 부울경 지역이 그랬다.

한국 보수는 둘로 나눌 수 있다. 하나는 '권위주의와 투쟁했던' 보수다. 다른 하나는 '권위주의를 지지했던' 보수다. 전자는 부울경 보수, 후자는 대구경북 보수다. 부울경 지역은 1990년 노태우, 김영삼, 김종필의 3당 합당 이전까지 한국 민주화운동의 한 축이었다.

4·19의 발단이 됐던 김주열 열사의 시신은 마산 앞바다에서 떠올랐다. 박정희가 암살된 계기는 1979년 부마항쟁이었다. 1987년 6월 항쟁의 한 축은 박종철 열사의 물고문에 분노했던 부산 시민들의 대규모 시위였다. 모두 부울경 지역과 관련이 있다. 1991년 지방선거에서 롯데 자이언츠의 최동원 선수는 '꼬마민주당'으로 부산 시의원에 출마했다. 부산이 '민주화운동의 한 축'이었기 때문이다.

①유승민 찍어내기 ②국정교과서 추진 ③진박 감별 ④김무성 옥새 파동을 겪으며 권위주의와 투쟁했던 부울경 보수가

부분적으로 이탈한다. 보수의 분열이다. 1990년 이후 한국 정치를 지배하던 '3당 합당 구도'의 부분적 와해가 일어났다.

## '종이 짱돌'을 든 2030세대: 총선의 전체 투표율을 끌어 올리다

둘째, 2030세대의 투표율 급상승이다. 박근혜 정부의 권위주의적 행태는 2030세대의 강한 반발을 초래하고, 2030세대의 투표율 상승으로 연결됐다. 2016년 총선에서, 2030세대의 유권자 비율 합계는 34.0%였다. 전체 유권자의 1/3이 넘는 규모였다. 2030세대는 평소에는 무당파 성향을 보이지만, 이슈에 민감하고, 1/3이 넘는 규모였기에 총선 승패를 좌우하는 '스윙 보터'였다. 2030세대는 박근혜 정부의 권위주의적 행태를 보며 불만이 가득했다. 종이 짱돌을 들고, 투표장으로 몰려갔다.

2030세대의 투표율 급상승은 2012년 총선과 2016년 총선을 비교하면 두드러진다. 2012년 19대 총선의 전체 투표율은 54.2%였다. 2016년 20대 총선의 전체 투표율은 58.0%였다. 20대 총선 투표율은 이전에 비해 3.8%포인트 증가했다. 연령별 투표율 증가폭을 보면, ①20대 후반(+11.9%포인트) ②20대 전반(+9.9%포인트) ③30대 전반(+7.1%포인트) 순으로 투표율 상승폭이 컸다. 나머지 연령의 증가폭은 평균 이하였다. 30대 후반 2.9%포인트, 40대는 1.7%포인트 증가했다. 50대는 1.6%포인트가 감소했다.

국민의힘(당시 새누리당)의 소극적 지지층이 덜 동원됐다. 보수 유권자들은 투표 불참을 통해 박근혜 정부에게 항의했다.

셋째, 2030세대의 민주당 몰빵 지지다. 2030세대의 실제 투표행태를 알 수 있는 방법은 2016년 총선 이틀 전에 실시한 한국갤럽 조사를 참조할 수 있다. '지역구 정당후보'를 물은 한국갤럽 조사에서는 기타, 무소속, 모름/무응답이 모두 포함되어 있다. 그런데, 실제 투표에서는 이들이 분모에서 제외된다. 이들을 제외하고, 정당 지지층 합계를 100%로 간주하고, '지역구 정당후보'의 득표율을 재환산했다.[*]

20대의 경우, 새누리당 지역구 후보 31.7%, 민주당 지역구 후보 55.6%다. 민주당 지역구 후보가 약 1.8배 많다. 30대의 경우, 새누리당 지역구 후보는 28.8%, 민주당 지역구 후보 54.8%다. 민주당 후보가 약 1.9배 더 많다. 40대의 경우, 새누리당 지역구 후보 32.4%, 민주당 지역구 후보 44.6%다. 민주당 후보가 약 1.4배 더 많다.

2023년 현재 시점에서, 흔히 40대를 민주당의 핵심 지지층으로 본다. 하지만 2016년 총선 시점에서는 달랐다. 20대가 민주당을 더 많이 지지했다. 30대, 40대가 그 뒤를 이었다. 2030세대의 반란이었다.

넷째, 문재인-김종인 투톱 체제의 과감한 중도확장 전략이 먹혔다. 당시 민주당 대표는 문재인 의원이었다. 총선을 앞두

---

[*] 한국갤럽 데일리 오피니언 제206호(2016년 4월 2주)

고 안철수 의원이 탈당하고, 이어 호남쪽 의원들이 대규모로 동반 탈당했다. 민주당은 호남 의석의 상당 부분을 잃을 상황이었다. 100석도 위태로웠다. 문재인 대표는 특단의 대책을 추진했다. 2012년 총선과 대선에서, 박근혜 비대위원장을 도왔던 김종인씨를 민주당 비대위원장으로 영입했다. 문재인 대표는 대표직을 사퇴했지만, 영입에 관여했다. 문재인-김종인 투톱은 전체 콘셉트와 공천 모두에서 중도확장에 성공했다.

## 2016년 문재인-김종인 투톱 체제: 중도확장 캠페인의 정석(定石)

문재인-김종인 투톱의 중도확장 전략은 네 가지를 주목할 필요가 있다. ①국민경제 상황실을 새로 만들었다. 상황실장은 홍익대 경제학 교수 출신인 최운열 의원이 맡았다. 대변인은 주진형 한화투자증권 전 대표가 맡았다. 김종인-최운열-주진형 라인업은 모두 '경제통'이었다. 인물에서도, 정책에서도 경제를 전면에 내세웠다. ②김종인 비대위원장은 민주당의 상징적인 몇 명을 공천에서 배제했다. 이해찬, 정청래, 강기정, 전병헌, 김현 의원이 배제됐다. 이들에 대한 공천배제는 큰 이슈가 됐다. ③민주당의 약점 보완을 위해 '민주당스럽지 않은' 사람을 공천했다. 삼성전자 임원 출신 양향자, 박근혜 정부 비서관 출신 조응천의 공천이 가장 상징적이었다. 국정원 출신 김병기, 게임업체 사장 출신 김병관도 해당한다. 민주당의 변화와 통합 의지를 보여주는 공천이었다. ④전통 지지층에 화답하기 위해 '민주당스러운' 공천도 병행했다. 세월호 변호사 박주민, TV토론 스타 이철희가 대표적이다. 한 축은 약점 보완을, 한 축은 지지층 결집을 노렸다. 양 날개를 모두 챙겼다.

흥미로운 것은 위 네 가지 중에 일부는 문재인 대표 작품이고, 일부는 김종인 비대위원장 작품이었다는 점이다. ①김종인을 비대위원장으로 영입한 것은 문재인 대표의 작품이었다. ②이해찬 전 대표 등을 공천에서 배제한 것은 김종인 비대위원장의 작품이었다. ③'민주당스럽지 않은' 사람의 영입 ④'민주당스러운' 사람의 영입은 모두 문재인 대표의 작품이었다. '김종인 비대위'라고 표현하지 않고, 굳이 '문재인-김종인 비대위'라고 표현한 이유다. 문재인-김종인의 공동작품으로 봐야 한다. 동시에 김종인 비대위원장의 업적 또한 문재인 대표의 영입으로 인해 가능했기에, 궁극적으로는 '문재인 대표의 리더십'으로 인정받게 된다. 2016년 총선을 앞두고 문재인 대표는 안철수의 분당으로 매우 어려운 처지였으나, 김종인 비대위를 통해 총선을 승리로 이끌게 된다. 김종인을 비대위원장으로 영입해서 총선을 승리로 이끌었기에, 2017년 대선에서 대통령으로 당선될 수 있었다.

## 2016년 민주당의 총선 승리: 반사이익＋중도확장의 결합

2016년 민주당의 총선승리는 민주당 자력으로 이긴 것으로 보기 어렵다. '일상적인' 대응을 조금 더 열심히 하는 것으로 승리했던 것도 아니다. 두 가지가 결합됐다. 보수 분열에 대한 반사이익과 약점 보완을 통한 중도확장 전략이 결합됐기 때문에 가능했다.

1990년 노태우, 김영삼, 김종필은 3당 합당을 했다. 3당합당 구도는 25년간 한국 정치를 지배하는 가장 강력한 프레임이었다. 2016년 총선은 3당 합당 구도가 부분적으로 와해된 선거였다. 박근혜 정부의 권위주의적 행태 때문이었다. 유승민과 김무성 같은 사람조차 배제할 정도였다. '권위주의와 투쟁하던' 전통을 갖고 있던 부울경의 개혁적 보수가 반란을 일으켰다. 부울경의 반란은 수도권에 거주하는 부울경 출신에게도 영향을 미쳤다.

2016년 총선 과정 전체를 요약해보면, 네 가지 요건의 결합으로 승리가 가능했다. ①보수의 대규모 분열＋②민주당 지도부의 과감한 중도확장→③2030세대의 높은 투표율＋④2030세대의 민주당 몰빵 지지가 작동했다. 2016년 총선 결과는 민주당 123석, 국민의힘(당시 새누리당) 122석이었다. 보수 분열과 민주당의 중도확장이 결합해도, 간신히 딱 1석을 승리했다.

# 3장

# 2024년 총선 승리를 위한
# 3+7 전략

### 3+7 전략: 3대 기조, 7가지 액션 플랜

2024년 총선 승리를 위해 민주당은 무엇을 해야 하나? 3+7 전략으로 요약할 수 있다. 3은 총선 전략의 세 가지 기조를 의미한다. 7은 일곱 가지 액션 플랜을 의미한다. 먼저, 총선의 세 가지 기조를 살펴보자. 선거 원리에 관한 그간의 논의를 정리하는 의미를 갖는다.

첫째, 민주당은 감나무 전략이 아니라 혁신을 통한 중도확장 전략을 선택해야 한다. 전략은 두 가지가 있다. 감나무 전략과 중도확장 전략이다. 선거는 51% 게임이고, 상대평가다. 내가 잘해도 상대방이 더 잘하면 패배한다. 내가 못해도 상대방이 더 못하면 승리한다. 양당제를 전제할 경우, 역대 선거의 승패는 세 가지 요인에 의해 결정됐다. ①분열 ②반사이익 ③중도확장이다. 선거에서 지는 방법은 간단하다. 우리 쪽이 분열하고, 상대방에게 반사이익을 제공하고, 혁신도 하지 않고 중도확장도 하지 않는 것이다. 선거에서 이기는 방법도 간단하다. 상대방이 분열하고, 상대방 실책으로 인한 반사이익을 누리고, 혁신을 통해 중도확장을 하는 것이다.

1987년 민주화 이후 9번의 총선이 있었다. 민주당은 세 번 원내1당이 됐다. 2004년, 2016년, 2020년 총선이다. 세 번 모두 상대방 분열 혹은 반사이익의 도움을 받았다. 문제는 상대방의 분열과 반사이익은 내가 결정하는 게 아니라 '상대방'이 결정한다. 반사이익의 기대 자체는 나쁜 게 아니다. 그러나 그것이 '전략'이 되어서는 안 된다.

그간 민주당은 '감나무 전략'을 채택하는 경우가 많았다. 감나무 전략은 감나무 밑에 입 벌리고 누워있는 것이다. 오직 상대방 실수와 반사이익에 의존하는 전략이다. 대표적인 사례가 2012년 총선이다. 감나무 전략의 최대 장점은 '혁신'을 하지 않아도 된다. 혁신(革新)은 자신의 가죽을 벗기는 고통스러운 일이다. 정치는 본래 절반은 내부 권력투쟁, 절반은 외부 권력투쟁이다. 자기 세력을 늘리고 싶은 마음은 인지상정이다. 감나무 전략은 상대방 실수에만 의존하기에, 자기 계파 챙기기를 열심히 해도 된다. 희생, 헌신, 혁신, 이런 것들과 담을 쌓아도 된다.

2011년 10월 서울시장 재보선에서 민주당 계열은 큰 승리를 했다. 당시 박원순 후보는 53%, 나경원 46%를 득표했다. 박원순 후보가 7%포인트 격차로 승리했다. 그러나 2012년 총선에서 새누리당(현재 국민의힘) 152석, 민주당 127석으로 패배했다. 꽤 큰 패배였다. 2012년 총선에서 민주당의 패배는 '감나무 전략'의 귀결이었다. 민주당의 실책으로 상대방에게 반사이익을 제공했고, 박근혜 비대위가 주도하던 새누리당은 혁신을 통해 중도확장에 성공했다.

둘째, '중도'를 제대로 파악하고 공략하는 것이 가장 중요하다. 중도는 소극적 지지층과 스윙 보터로 구성된다. 현재 중도의 최대 덩어리는 세대로는 2030세대다. 지역으로는 수도권과 충청권이 가장 중요하다. 중장기적으로는 부울경도 매우 중요하다. 부울경은 수도권과 함께 '2016년 촛불연합의 발상지' 같은 곳이다.

셋째, 혁신과 중도확장의 본질은 '약점 보완'이다. 민주당은 반드시 약점을 보완하는 조치를 취해야 한다. 2012년 박근혜 비대위와 2016년 김종인 비대위의 공통점은 혁신 비대위였다. 혁신의 첫 출발은 자신들의 약점이 뭔지를 정직하게 들여다보는 것이다. 박근혜 비대위가 경제민주화를 주장하면 뉴스가 되고, 민주당이 경제민주화를 주장하면 뉴스가 되지 않는다. 그 이유는 박근혜 비대위의 경제민주화는 '혁신적 주장'을 한 것이고, 민주당은 '하던 주장'을 하는 것이기 때문이다.

정치는 싸우는 것이다. 좋은 정치는 국민들이 중요하게 생각하는 문제를 가지고 싸우는 것이다. 싸움의 방법은 두 가지가 있다. '상대방과 싸우는' 것이다. 2010년 지방선거에서 무상급식 이슈가 대표적이다. 또 하나의 방법은 '자신과 싸우는' 것이다. 혁신 민주당이 낡은 민주당과 싸우는 경우다. 혁신 국민의힘이 낡은 국민의힘과 싸우는 경우다. 2012년 박근혜 비대위와 2016년 김종인 비대위가 성공했던 이유다. 정치에서 약점 보완=혁신=중도확장은 동의어다. 약점을 보완하지 않고 혁신하는 방법은 없다. 약점을 보완하지 않고 중도확장에 성공하는 경우도 없다.

윤석열 정부의 약점은 무엇인가? 윤석열 대통령의 국정운영 방식이다. 일본과의 관계개선 방식, 후쿠시마 논란에서 드러난 것은 일방주의다. 일본과의 관계는 외교적으로 토론의 여지가 있는 사안이다. 문제는 방식이다. 국민들에게 자초지종을 설명하고, 양해를 구하려는 노력을 하지 않는다. '외교적 주고받기'는 국익에 관한 문제다. 윤석열 대통령은 '외교적 국익 챙기기'를 개인의 호탕한 자질을 보여주는 장신구 정도로 생각하는 것으로 보인다. 한국의 외교적 국익은 기시다 후미오 총리를 만날 때, 오므라이스와 술 한잔으로 맞바꿀 수 있는 게 아니다.

홍범도 장군을 빨갱이로 공격한 것은 보수가 보기에도 황당한 일이다. 극우 유튜버의 영상을 보고 국정운영을 하는 것 아니냐는 의심을 불러일으키게 됐다. 신원식 국방부 장관, 유인촌 문화체육부 장관, 김행 여성가족부 장관 후보를 지명한 것도 매우 '기괴한' 행태였다. 윤석열 정부와 국민의힘은 자신들의 약점을 정직하게 직시하고, 약점 보완을 실천으로 보여줘야 한다. 그렇지 않으면 정치적 곤란함을 겪게 될 것이다.

## 중도확장 캠페인①: 리더십 교체

핵심 지지층이 이탈하지 않게 하고, 약점 보완을 통해 중도확장에 성공하는 것이 선거 캠페인의 본질이다. 핵심 지지층도 중요하고, 중도확장도 중요하다. 사안에 따라, 핵심 지지층과 중도확장은 서로 상충되는 경우도 있다. 상충되는 지지층의 미션을 동시에 달성하는 것, 바로 그것을 '정치적 리더십'이라고 표현한다.

민주당의 약점은 크게 세 가지다. 리더십, 인물, 정책이다. 이들 분야에서 약점 보완과 강점 살리기의 균형을 맞추는 일곱 가지 액션 플랜을 추진할 필요가 있다.

첫째, 리더십 교체다. 이재명 대표는 2선으로 후퇴하고 비대위원회로 전환해야 한다. 이재명 대표는 민주당의 강점이자 약점이다. 지난 대선, 윤석열 후보는 역대 보수 후보 중에서 가장 소극적인 중도확장을 했다. 대선 캠페인 과정에서는 잦은 실언을 통해 지지층을 축소시켰다. 당시 이준석 대표와 두 번에 걸쳐 티격태격 싸웠음에도 불구하고 0.7%포인트 격차로 당선됐다. 왜, 윤석열 후보는 중도확장에 소극적이었는데도 당선될 수 있었을까? 그 이유는 복합적이다. 문재인 정부와 민주당에 대한 실망도 포함됐다. 그러나 이재명 후보 요인 역시 빼놓을 수 없다.

한국갤럽은 2023년 11월 4주차 조사에서 이재명 대표의 역할을 어떻게 평가하는지 물었다. 전체 여론은 잘하고 있다 31%, 못하고 있다 60%였다. 민주당 지지층의 반응은 잘하고 있다 60%, 못하고 있다 36%였다. 흥미로운 것은 이념 성향에서 진보층과 중도층의 반응이다. 진보층은 잘하고 있다 48%, 못하고 있다 49%였다. 진보층 유권자 중에서는 부정 평가가 1%포인트 더 많았다. 중도층은 잘하고 있다 29%, 못하고 있다 60%였다.

한국갤럽은 같은 조사에서 윤석열 대통령의 역할에 대한 평가도 물었다. 잘하고 있다 33%, 못하고 있다 59%였다. 중도층의 경우 잘하고 있다 24%, 못하고 있다 65%였다. 이재명 대표에 대해 긍정적으로 평가하는 중도층이 29%였음을 떠올려보면, 중도층은 윤석열 대통령 평가도 인색하지만, 이재명 대표 평가도 인색하다는 것을 알 수 있다. 민주당 지지자의 36%, 진보층의 49%, 중도층의 60%가 이재명 대표에 대해 비판적인 평가를 하고 있음을 알 수 있다.*

이재명 대표 본인은 억울할 수 있다. 그러나 정치는 '다수의 주관과 소통하는' 커뮤니케이션 산업이다. 선거는 51% 만들기 게임이다. 진보＋중도 연합을 만들어야 승리한다. 이재명 대표가 2선으로 후퇴하고, 비대위원회 체제로 전환하는 것이 '윤석열 정부는 싫은데, 민주당 찍기는 주저하는' 사람들을 설득할 수 있는 가장 유력한 방법이다.

비대위원회 체제에서 중요한 것은 콘셉트와 인물이다. 비대위의 본질은 약점 보완이다. 그렇기에 '이재명 대표와 색깔이 반대되는' 사람이 비대위원장으로 제격이다. 이재명 대표와 비슷한 색깔일 경우, 굳이 비대위로 전환할 이유도 없다. 그 경우

---

*　　한국갤럽 데일리 오피니언 제566호(2023년 11월 4주)

그냥 이재명 대표가 하는 게 낫다.

비대위원장이 누가 제격인지 특정인으로 국한할 필요는 없다. 예시 차원에서 거론하면, 김부겸 전 국무총리같은 사람을 생각해볼 수 있다. 선거는 전투이기 때문에 정무적 판단 능력과 대외적인 존재감이 있어야 한다. 이재명 대표와 색깔이 반대될수록 좋다. 그런 의미에서 김부겸 전 국무총리는 비대위원장에 적합한 사람 중 한 명이다. 물론, 김부겸 비대위에 국한될 필요는 전혀 없다. 중요한 건 '이재명 대표와 색깔이 상반되는' 사람일수록 좋다는 것이다. 이재명 대표가 주도해서 혁신형 비대위원회를 만들 경우, 유권자 입장에서 '진보+중도 정치연합'의 성격을 갖게 된다.

총선 승리는 민주당을 위해서도 중요한 일이지만, 이재명 대표 본인을 위해서도 중요한 일이다. 총선에서 승리해야 대선을 노릴 수 있기 때문이다. 이재명 대표의 2선 후퇴와 비대위 구성은 '이재명 대표 흔들기'와 아무 관련이 없다. 총선 전략 차원에서 '진보+중도 정치연합'을 위한 효과적인 방법이기 때문에 바람직하다.

비대위 구성에 대한 결정권은 이재명 대표 본인에게 있다. 이재명 대표는 당 대회를 통해 선출된 '정통성을 갖춘' 지도부이기에 비대위 전환을 거부할 권한 또한 갖고 있다. 이재명 대표가 하기 싫으면 안 하면 된다. 이기면 이기는 대로, 지면 지는 대로 총선 결과에 대해 '정치적' 책임으로 귀결된다. 선택은 이재명 대표의 몫이다.

## 중도확장 캠페인②: 혁신 공천

혁신 공천이 중요하다. 총선은 인물 교체를 통해 혁신 의지를 보여주는 공간이다. 혁신 공천을 실천하는 방법은 네 가지를 생각해볼 수 있다. (숫자는 위에 언급했던 '리더십 교체'를 포함해서 서술하도록 한다.)

둘째, 민주당의 수도권 중진들은 고향으로 출마할 필요가 있다. 단, 수도권 중에서도 험지가 아닌 '압도적인' 민주당 우위 지역에 국한하는 게 바람직하다. 현재 수도권 의석은 121석이다. 2020년 총선 기준 민주당은 103석으로 점유율 85%다. 지금 민주당의 원내 질서는 2004년에 만들어졌다. 수도권 국회의원들의 약 1/3 이상은 2004년 이후 3~5선급 중진들이다. 전직 당 대표, 전직 원내대표, 전직 최고위원들이다. 이들의 고향 출마는 두 가지 의미를 갖는다. 첫째, '당에 대한 보답'의 의미를 갖는다. 둘째, 스윙 스테이트를 개척하는 의미를 갖는다. 1987년 이후부터 최근까지 부산, 경남 지역에서 민주당 지지율이 오른 사례를 살펴보면, 지역민들이 사랑하는 큰 정치인의 존재가 결정적으로 중요하다. 호남이 원래부터 민주당이었던 것은 아니다. 호남은 김대중, 부산은 노무현과 문재인의 영향이 컸다. 충청은 안희정의 역할이 컸다. 민주당에서 수도권 3선 이상이면 원내대표, 당 대표를 했던 중진들이다. 이들의 고향 출마는 단순한 험지 출마와 다른 의미를 갖는다. 당선 가능성도 어느 정도는 존재한다.

셋째, 비대위는 '비호감 정치인'을 공천에서 배제해야 한다. 여기서 비호감 정치인의 기준은 역시 '중도의 눈'으로 볼 필요가 있다. 2016년 김종인 비대위 사례가 있다. 2016년 총선에서 민주당 김종인 비대위는 이해찬, 정청래, 강기정, 전병헌 등을 공천에서 배제했다. 이들에 대한 공천 배제가 전부 옳았다고 생각하지는 않는다. 기준은 다를 수 있다. 다만, '비호감 정치인'에 대한 공천 배제는 필요하다.

국회에는 민주당 출입기자들이 수백 명 있다. 민주당 출입기자들은 (보수 매체를 포함해서) 대체로 민주당에 우호적인 시각을 갖고 있다. 이들의 안목은 중도의 눈높이에 상대적으로 근접해 있다. 이들의 의견을 적극 참고하는 것도 하나의 방법이다.

넷째, 비대위는 '민주당스럽지 않은' 사람을 영입하고 공천해야 한다. '민주당스럽지 않은' 사람의 공천은 약점 보완을 의미한다. 2016년 문재인-김종인 비대위에서 민주당스럽지 않은 공천의 상징은 삼성전자 임원 출신 양향자, 박근혜 정부 비서관 출신 조응천, 국정원 출신 김병기, 재산이 수천억 원인 게임업체 사장 출신 김병관이었다.

삼성전자 임원 출신, 박근혜 정부 비서관 출신, 국정원 출신, 재산이 수천억 원인 사람을 영입할 경우, 왜 뉴스가 되는 것일까? 평소 민주당이 하던 행태가 이와 상반되기 때문이다.

언론에서 많이 거론했고, '중도의 눈'으로 볼 때 민주당의 약점이 있다. 반(反)기업 정당, 이념 편향 운동권 정당, 반미-반일 정당, 친중당, 친북당 등의 이미지다. 이 중에는 보수언론에 의해 부당하게 공격받는 측면도 많다. 그러나 일부는 분명 '1980년대

학생운동'의 유산인 측면도 있다.

1980년 광주 이후, 전두환을 몰아내려던 과정에서 학생운동은 이념적으로 급진화된다. 학생운동 다수의 흐름은 민족주의와 결합된 사회주의를 수용하게 된다. 크게 NL과 PD다. NL은 '민족해방파'의 줄임말이고, PD는 '민중민주파'의 줄임말이다. 80년대 학생운동 유산과 관련하여, 민주당 국회의원과 핵심보좌진의 경우 NL/PD 출신들이 많다. 다만, 지금도 NL/PD 생각을 가지고 있는 사람은 거의 없다. 그러나 NL/PD적 사고방식을 제대로 '털어낸' 사람도 생각만큼 많지는 않다.

민주당에는 여전히 '대기업은 나쁜 집단'이라는 인식이 존재한다. 대기업의 존재 그 자체를 나쁘게 보는 것과 대기업의 '불공정 행위'를 규제하는 것은 차원이 다른 것이다. 전자는 80년대 운동권적 사고방식의 잔재이고, 후자는 공정거래법의 철학이다.

민주당의 약점 보완을 위해, '민주당스럽지 않은' 사람을 공천해야 한다. 가장 중요한 전선은 '반(反)기업 진보' 이미지와 대결하는 것이다. 민주당은 반기업 진보주의와 단절하고, 친기업 진보주의 노선을 표방해야 한다.

친기업 진보주의 노선을 위해 글로벌 대기업 임원들을 15명 이상 공천해야 한다. 글로벌 대기업이란, 삼성전자, 현대자동차, SK하이닉스, LG솔루션 등을 의미한다. 미래지향적 전략산업이면 더 좋다. 다른 한편 혁신형 스타트업의 전현직 임원들을 15명 이상 공천해야 한다. '네카라쿠 배당토'가 대표적이다.

네카라쿠 배당토는 혁신형 스타트업을 상징하는 키워드다. 네이버, 카카오, 라인, 쿠팡, 배달의민족, 당근마켓, 토스를 줄인 표현이다. 물론, 이들 기업 이외에도 유니콘에 근접하는 혁신형 스타트업들이 존재한다.

민주당이 지향해야 할 바람직한 정체성에서 보면, 글로벌 대기업보다 혁신형 스타트업이 더욱 중요하다. 그러나 가급적이면 글로벌 대기업 임원들을 우선 공천하는 게 바람직하다. 글로벌 대기업 임원이 더더욱 '민주당스럽지 않은' 공천에 해당한다. 민주당은 글로벌 대기업과 기술기반 혁신형 스타트업 임원을 30명 정도 공천해야 한다.

## 혁신 공천: 민주당이 얻는 세 가지 효과

이 경우, 민주당이 얻게 되는 정치적 효과는 크게 세 가지다.

①반기업 진보주의를 폐기하고, 친기업 진보주의로 전환하는데 도움이 된다. 1980년 광주 이후, 한국 학생운동이 수용한 소련식, 북한식 사회주의는 '반기업 진보주의'였다. 계획경제와 국유화 중심의 경제발전 모델이었다. 유럽과 미국은 달랐다. '친기업 진보주의'였다. 복지국가 건설을 주도했던 유럽 진보정당도 대부분 유럽의 좌파 운동권들이 만들었다. 그러나 세월이 지나면서 '낡은 이념'을 재정비하는 작업을 했다. 독일 사민당의 경우 마르크스주의 자체를 폐기했고, 스웨덴 사민당의 경우 마

르크스주의 이념을 현대화하는 작업을 했다.

1980년대 이후 한국의 학생운동은 공과(功過)가 있다. 목숨을 걸고 민주화 투쟁을 하고, 민주주의를 안착시킨 것은 엄청난 공(功)이다. 세계적으로도 사례가 흔치 않다. 그러나 아직까지도 '80년대적 세계관'에 갇혀 있는 것은 과(過)에 해당한다. 대기업을 적대시하는 반기업적 태도, 세계화와 개방에 대한 비판적 태도 등이 해당한다. 민주당은 자본주의를 수용하고, 친기업, 친자본을 수용하고, 세계화의 폐해는 시정하려고 노력하되, 글로벌 가치사슬(GVC) 자체는 적극 수용해야 한다.

윤석열 대통령이 홍범도 장군을 빨갱이를 몰아붙이며 '이념 편향적' 행태를 보일 때, 민주당은 반대 방향으로 돌진해야 한다. 1980년대적인 낡은 세계관과 단절하는 싸움을 해야 한다. 윤석열 대통령과 싸우기 이전에, 자기 자신의 낡은 이념과 투쟁해야 한다. 포지티브한 방식으로, 쿨하게 털어버려야 한다.

②'경제 문제'를 핵심 이슈로 만들 수 있다. 경제 이슈는 윤석열 정부의 약점이자 동시에 민주당의 약점이다. 윤석열 정부는 경제와 관련해서 하는 일이 별로 없다. 대통령이 아예 관심이 없다. 민주당이 글로벌 대기업과 혁신형 스타트업 임원들을 대규모로 공천할 경우, 세상은 '민주당의 변화 의지'로 이해할 것이다. 동시에 민주당이 갖고 있는 이념 편향적 이미지도 털어버리게 된다. 경제 문제에서 민주당 약점을 털어야, 윤석열 정부 약점을 선명하게 쟁점화할 수 있다. 윤석열 정부가 기업에 대해 온갖 부당한 관치 개입을 해도 많은 기업인들은 '그래도 민주당

보다는 낫다'는 생각을 한다. 국회 의정활동과 입법 활동을 통해 민주당의 '반(反)기업 정서'를 많이 접했기 때문이다.

③2030세대와 수도권 유권자에게 어필할 수 있다. 그간 민주당은 2030세대 표를 받기 위해 2030세대를 공천하는 방법을 썼다. 그러나 안타깝게도 민주당에는 이준석, 천하람처럼 2030세대의 사랑을 받는 청년 정치인이 아직은 존재하지 않는다.

2030세대 표를 받으려면 어떻게 해야 할까? 하나의 방법은 민주당도 이준석, 천하람 같은 정치인이 등장하면 된다. 그러나 당장 없는 걸 만들 수 있는 것도 아니다. 정치는 자신의 인생을 갈아 넣어서 스스로 만드는 것이다. 누군가 '외부에서' 만들어줄 수 있는 게 아니다. 다른 하나의 방법은 민주당이 미래지향적인 '진취적인' 정당이 되는 것이다. 글로벌 대기업과 혁신형 스타트업은 '미래 경제'를 선도하고 개척하는 한국경제의 양 날개다. 2030세대는 실용적인 세대다. 글로벌 대기업과 혁신형 스타트업 임원을 30명 정도 공천한다면, 민주당의 혁신 공천을 상징하게 될 것이다. 민주당의 변화의지를 전달하게 될 것이다. '친기업 진보정당'을 표방할 경우, 2030세대 청년들과 수도권 유권자 모두 매우 환영할 것이다.

다섯째, 비대위는 '민주당스러운' 사람을 공천해야 한다. 중도표도 중요하지만, 진보표도 중요하다. 중도확장도 중요하지만, 진보적 정체성도 중요하다. 핵심 지지층 요구에 화답하는 '민주당스러운' 공천도 중요하다. 2016년 문재인-김종인 비대위의 경우 세월호 변호사 박주민과 썰전의 TV토론 스타 이철희 공천이 대표적이다. 둘 다 민주당스러운 사람들이다. 박주민과 이철희 모두 문재인 대표가 주도한 공천이었다. 노동자들의 권익향상을 위해 살아온 사람, 사회적 약자와 함께했던 사람, 에너지 전환 전문가 등 진보적 가치를 실천하며 살아온 사람들이 해당한다.


## 중도확장 캠페인③: 정책의 혁신

정책(Policy)과 이슈(Issue)는 다른 개념이다. 이슈는 '화젯거리'가 되는 경우다. 선거 캠페인 관점에서 보면, 정책보다 이슈가 중요하다. 이슈가 되는 정책은 두 가지다. 하나는 '상대방과 싸움이 붙는' 경우다. 이쪽은 찬성하는데 저쪽은 반대하는 경우다. 그간의 선거에서 싸움이 붙은 정책은 뭐가 있었을까? 많지는 않았다. 1985년 총선에서 직선제 개헌, 2002년 대선에서는 행정수도 이전이 쟁점이 됐다. 2006년 지방선거에서는 보수 쪽에서 제기한 종부세 폐지, 2010년 지방선거에서는 진보 쪽에서 제기한 무상급식이 쟁점이 됐다.

다른 하나는, '자기 자신과 싸우는' 경우다. 가장 모범적인 사례는 2012년 박근혜 비대위 사례다. '줄푸세'로 상징되는 강경 보수주의 정책을 폐기하고, 경제민주화와 복지국가를 수용하는 보수 정책으로 거듭난다. 단지 구호만 있었던게 아니라, 실제로 정강과 정책도 바꿨다.

여섯째, 비대위는 '민주당스럽지 않은' 공약 및 정책을 우선 발표해야 한다. 넓게 보면, 민주당스럽지 않은 사람을 공천하는 것과 같은 의미다. 이 경우에도, 약점 보완=혁신=중도확장은 동의어다. '민주당스럽지 않은' 공약 및 정책이되, 올바른 것이어야 하며, 중도가 좋아하는 것이어야 한다.

하나, '타다금지법'에 대해 비대위원회가 공식적으로 사과해야 한다. 당시 생계 위협을 느낀 택시 운전사들이 분신하는 사건이 있었다. 택시업계의 고충을 반영할 필요가 있다는 지적은 일리 있다. 문재인 정부 시기, 검찰은 타다를 운영하는 '타다 베이직 서비스'에 대해 여객자동차운수사업법 위반을 주장하며 기소했다. 법원의 1심 판결은 무죄였다. 그러자 민주당이 주도해서 1심 판결을 무력화하는 법안을 만들었다. 일명 '타다금지법'이다.

타다금지법으로 인해 스타트업 쪽에서 민주당에 대한 인식이 매우 안 좋아졌다. 민주당은 '혁신경제를 탄압하는' 정당이 됐다. 민주당은 타다금지법에 대해 당 차원에서 공개사과를 해야 한다. 불가피한 규제는 유지하되, 신규 창업 및 규제완화를 최대한 지원하는 방향으로 정책을 추진해야 한다.

둘, 전략 산업과 관련된 법인세 인하 정책을 추진할 필요가 있다. 한국의 경제정책 중에서 '허구적인 이념논쟁'의 대표 사례 중 하나가 법인세다. 한국 민주당과 진보세력은 법인세 인하는 보수적 가치이고, 법인세 인상은 진보적 가치인 것처럼 주장한다. 이러한 주장은 사실이 아니다. 선진국 클럽으로 간주되는 경제협력개발기구(OECD) 국가 중에서 GDP 대비 법인세가 가장 낮은 국가들은 스웨덴을 비롯한 북유럽 복지국가들이다. 하나같이 '사회민주주의' 전통이 가장 강력하고, '진보정당'이 장기 집권했던 나라들이다. 예컨대, 스웨덴은 100년 중에서 약 80년을 스웨덴 사회민주당이 집권했다.

스웨덴식 복지국가는 복지 지출도 많고, 세금도 많이 걷는다. 세금과 사회보험료 합계를 '국민부담률'이라고 표현한다. 2019년 기준으로 한국의 국민부담률은 GDP 대비 27.3%다. OECD 평균은 33.8%다. 스웨덴은 42.9%다. 스웨덴은 한국보다 15.6%포인트 더 높다.* 금액으로 환산하면 약 310조 원 많다(참고로, 2023년 한국 예산은 640조 원이다).

스웨덴식 복지국가의 진짜 핵심은 경제학적 마인드였다. 스웨덴식 복지국가는 '투자촉진형 복지국가'다. '친기업 진보주의'를 추구했다. 스웨덴 사민주의자들은 1930년대부터 노동자의 완전고용과 소득 증대를 위해 경제성장이 중요하다고 봤다. 수출 경쟁력을 위해 기업 규모를 키우고, 산업구조 고도화를 압박하는 정책 패키지를 설계했다.

한국 진보는 법인세는 높을수록 좋고, 소득세와 소비세는 낮을수록 좋다고 생각한다. 자본에는 높은 세금을, 노동에는 낮은 세금을 추구한다. 스웨덴 사민주의자들의 생각은 달랐다. 자본에는 낮은 세금을, 노동에는 높은 세금을 부과했다. 왜? 투자

---

* 김용익 외, 2022년, 《복지의 문법》, 한겨레출판, 278쪽 재인용.

와 고용의 주체는 기업이기 때문이다. 그 방식이 노동자계급의 이익에도 좋다고 봤다.

항목별 세입구조에서 전체 규모, 법인세, 소득세, 소비세를 비교하면 확연하다. 스웨덴과 한국을 비교해보자. 2019년 GDP 대비 전체 규모는 스웨덴 43.9%, 한국 26.8%로 스웨덴이 1.6배 크다. 법인세는 반대다. 스웨덴 2.8%, 한국 4.2%로 한국이 1.5배 많다. 소득세는 스웨덴 12.9%, 한국 4.9%로 스웨덴이 2.6배 더 많다. 소비세(부가가치세)도 스웨덴 12.3%, 한국 7.0%로 스웨덴이 1.8배 더 높다.[**] 스웨덴은 전체 세수 규모는 크지만, 법인세는 낮다. 반면 근로소득세와 부가가치세가 매우 높다. 자본에게는 낮은 과세를, 노동에게는 높은 과세를 했다. 법인(자본)은 '인격'이 아니다. 기업(법인)의 이익은 결국 사람에게 흘러간다. 대주주, 소액주주 그리고 노동자에게 분배된다. 이때 근로소득세를 누진적으로 적용하면 부자는 더 많은 세금을, 서민은 더 적은 세금을 내게 된다. 스웨덴 사민당은 법인에게는 낮은 과세를, 노동에게는 높은 과세를 통해, 투자촉진, 고용증대, 복지재원 조달, 평등과 사회연대를 동시에 달성했다. 스웨덴의 1인당 GDP는 독일보다 높은 약 6만 달러 수준이다. 스웨덴 사민당이 경제성장, 투자촉진, 기업경쟁력, 고용증대와 복지비 조달을 동시에 고민했기에 가능했던 일이다.

일반적으로 정부 재정에서 가장 큰 덩어리는 법인세, 소득

---

[**]　김용익 외, 앞의 책, 278쪽 재인용.

세, 소비세(부가가치세)다. 약 70%를 차지한다. 법인세를 높이면 무조건 좋고, 법인세를 낮추면 무조건 나쁘다는 발상은 '이념적' 접근에 불과하다. 그런 기준이라면, 스웨덴은 가장 보수적인 국가이고, 미국은 가장 진보적인 국가다. 미국 법인세는 스웨덴보다 훨씬 더 높다.

원칙적으로 법인세는 낮을수록 좋다. 다만, 법인세는 정부 재정에서 차지하는 비중이 크다. 법인세를 너무 급격히 낮추면 재정 건전성과 복지비 지출에서 타격을 받게 된다. 법인세 인하를 무조건적으로 옹호하기 어려운 이유다. 결국, 종합적 접근이 중요하다.

민주당이 '전략산업에 대한 법인세 인하'를 추진하게 될 경우, 민주당의 이념 편향적 경제정책을 쇄신하는 의미를 갖게 된다. '전략 산업'에 국한하기 때문에 국민적 명분도 분명하다. 전략 산업은 반도체, 배터리, 미래차, 바이오, 방위산업 등이 해당한다.

셋, 민주당은 '종부세 폐지 + 재산세 통합' 공약을 적극 검토해야 한다. 문재인 정부 시절 부동산 세금 폭등은 세 가지 요인이 합쳐졌기 때문이다. 부동산 가격상승, 세율 인상, 공시지가 반영비율 상승이다. 사실상 3단계 증세를 했다. 윤석열 정부 들어 네 가지 요인으로 부동산 세금이 대폭 줄어들었다. 부동산 가격 하락, 세율 인하, 대상 주택의 축소(기준 가격 상향), 공시지가 반영 비율 축소다. 문재인 정부 말기에 종부세 대상 주택은 약 100만 채였다. 서울지역 아파트 네 채당 한 채가 종부세 대상이었다.

2021년 문재인 정부 시절 종부세와 재산세를 합쳐 약 1천만 원 내던 사람들은 2023년 윤석열 정부 시절에 약 100~200만 원 수준으로 줄어든 경우가 많다. 한강벨트 인근에 있는 아파트는 약 3/4 정도가 종부세 대상자다. 선거구로 표현하면, 강남3구와 마용성(마포-용산-성동)을 포함해서 강동구, 광진구, 동작구, 영등포구 등이다. 2022년 대선과 지방선거에서 민주당은 한강벨트 지역에서 거의 전멸했다. 가장 중요한 이유는 종부세-재산세-양도세 폭탄 때문이었다. 민주당의 지역구 국회의원들의 경우 모두 알고 있는 이야기다. 2024년 총선에서 한강벨트는 '스윙 지역'의 성격을 갖는다.

민주당은 '미국식 보유세'로 전환을 추진해야 한다. 종부세는 정책적으로도 과도하고, 정책 목표도 모호한 세금이다. 정치적으로는 어리석은 세금이다. 종부세는 '모래주머니 5개'를 다리에 묶고 국민의힘과 달리기 시합을 하는 것과 같다.

일곱째, 비대위는 '민주당스러운' 정책-공약을 발표해야 한다. 노인빈곤을 돕는 정책, 사회적 약자의 처우 개선 정책, 신재생 에너지를 활성화하는 정책, 저출산 고령화 대책 등이 대표적이다. 문재인 대통령은 '탈원전'을 장기적인 과제로 제시했다. 결과적으로 불필요한 오해를 불러 일으켰다. 탄소중립 경제는 글로벌 트렌드다. 탄소중립 경제로의 이행은 신재생에너지와 원자력을 최대한 활용해도 실현될까 말까할 정도로 어려운 과제다.

2011년 후쿠시마 사태 이후, 독일은 탈원전을 선언하고 몇 가지 정책전환을 했다. 신재생에너지에 대한 대규모 투자, 러시아 천연가스에 대한 대규모 수입, 원자력에 의존하는 프랑스로부터 에너지 수입을 병행했다. 독일은 러시아가 우크라이나를 침공하자 러시아의 천연가스 수입을 대폭 줄였다. 에너지 가격이 폭등했다. 독일 시민들 역시 에너지 가격 폭등을 감내했다. 원자력을 통해 만드는 프랑스 에너지의 수입도 늘렸다. 독일이 자국에서는 탈원전을 추진하되, 프랑스의 원자력 에너지를 수입할 수 있는 이유는 유럽 전체가 그리드망으로 연결되어 있기 때문이다.

그러나 한국은 그렇지 않다. 한국은 삼면이 바다인 유라시아 대륙의 끄트머리에 있는 반도 국가다. 한국경제는 제조업 비중이 크고, 에너지 다소비형 제조업이며, 수출 비중이 크다. 에너지와 식량의 대부분을 해외에 의존하고 있다. 북한과의 군사적 대결 상태, 미국과 중국의 갈등이 강화되는 경향을 고려할 때, 신재생에너지의 확대는 더욱 중요하다. 그러나 아주 오랜 기간 원자력과 병행하는 것은 불가피하다.

'탄소중립 경제 이행'을 위한 신재생+원자력의 양 날개 전략이 현실적이다. 신재생에너지 자체가 미래 산업의 성격을 갖는다. 탈탄소 경제를 위해서는 신재생에너지도 중요하고, 원자력을 활용하는 것도 불가피하다. 문재인 정부의 탈원전도 부적절했지만, 윤석열 정부의 탈재생은 더 부적절하다. 민주당이 윤석열 정부의 탈재생 정책을 힘있게 비판하기 위해서라도 탈원전의 오해를 불식시킬 필요가 있다.

민주당은 기업 쪽에서 일하는 사람을 포함해서, 실사구시적인 에너지 전환 전문가들을 대거 영입할 필요가 있다. 한두 명을 영입하는 수준이 아니라 다양한 스펙트럼으로 대거 영입할 필요가 있다. 시간이 지날수록 '에너지 전환'을 둘러싼 진보와 보수의 가치 논쟁, 방법론 논쟁은 더욱 강화될 것이다.


## 3+7 전략: 3대 기조, 7가지 액션 플랜

그간의 논의를 요약해보면, 3+7 전략으로 표현할 수 있다. 3대 기조와 7가지 액션 플랜이다. 총선의 3대 기조는 첫째, 감나무 전략이 아닌, 혁신 전략이어야 한다. 둘째, 중도를 제대로 파악하고 공략하는 것이 중요하다. 중도는 소극적 지지층과 스윙보터다. 세대로는 2030, 지역은 수도권과 충청이 특히 중요하다. 셋째, 혁신과 중도확장의 본질은 약점 보완이다.

중도확장을 위한 캠페인은 일곱 가지 액션 플랜이 중요하다. 첫째, 리더십을 교체해야 한다. 이재명 대표는 사퇴하고 비대위로 전환해야 한다. 둘째, 혁신 공천에 앞서 3선 이상 수도권 중진들의 고향 출마가 바람직하다. 스윙 지역을 개척한다는 점에서 의미 있는 행동이다. 하기에 따라서 당선 가능성도 존재한다. 셋째, 비호감 정치인의 공천 배제가 추진되어야 한다. 단, 그 기준은 '중도의 눈으로' 볼 때, 비호감이어야 한다. 넷째, '민주당스럽지 않은' 사람의 영입 및 공천이 중요하다. 가장 중요한 사람들은 글로벌 대기업과 혁신형 스타트업의 임원들을 30명 정도 영입해서 공천하는 것이다. 이들이 현재 대한민국에서 '가장 진취적인' 영역에서 일하는 사람들이다. 다섯째, '민주당스러운' 사람의 영입 및 공천이다. 특히 업계 전문가를 포함한 에너지 전환 전문가들의 영입이 가장 중요하다. 여섯째, 정책 혁신이다. '민주당스럽지 않은' 정책을 공약하는 게 중요하다. 타다금지법 공개 사과, 전략산업에 대한 법인세 인하, 종부세 폐지+재산세와 통합 등을 고려할 필요가 있다. 일곱째, '민주당스러운' 정책을 공약하는게 필요하다. 그러기 위해서는 각 분야의 정책전문가들을 영입하는 게 중요하다.

# 2027년 대선을 위해:
# '유능한 민주당'이 되려면

2027년 대선을 위해 민주당은 무엇을 준비해야 하는가? 대선을 준비한다는 것은 두 가지 의미를 갖는다. 하나는 대선 후보다. 한국은 대통령제 국가다. '후보'가 누구인지에 따라 대선 판세가 완전히 달라진다. 2027년 민주당 대선 후보가 누가 될지는 아무도 모른다. 가봐야 안다. 다른 하나는 '좋은 민주당'을 만드는 작업이다. 운이 좋으면 대통령 당선은 '반사이익'만으로도 될 수 있다. 민주당 대선후보가 무능해도, 국민의힘 대선후보가 더 무능하면 승리할 수 있다. 그러나, 유능한 국정운영을 하고, 더 좋은 대한민국을 만들기 위해서는 반드시 좋은 리더(대통령 후보), 유능한 팀, 유능한 정당이 결합되어야 한다.

'좋은 민주당 만들기'는 민주당 4기 정부가 성공하기 위한 전제조건이다. 좋은 민주당 만들기를 위해 필요한 것은 세 가지로 집약된다. 첫째, 민주당 정치인들과 활동가들 대부분에게 깊이 침식되어 있는 마이너리티 세계관 혹은 저항적 세계관과 단절해야 한다. 둘째, '민주화 이후'에 걸맞게 민주당의 정체성을 재정립해야 한다. 셋째, 대한민국의 과제와 연결된 '미션'을 재정립해야 한다. 하나씩 살펴보자.

## '야당다운 야당'이 아닌, '여당다운 야당'이 되어야 한다

좋은 민주당 만들기의 첫 번째 과제는 마이너리티 세계관 혹은 저항적 세계관과 단절하는 것이다. 다르게 표현하면, 민주당은 '야당다운 야당'이 아닌, '여당다운 야당'이 되어야 한다.

현재 민주당에는 두 개의 DNA가 작동하고 있다. 하나는 '집권당 DNA'다. 1987년 민주화 이후 민주당은 세 번 집권했다. 김대중 정부, 노무현 정부, 문재인 정부에 걸쳐 15년간의 집권 경험을 통해 민주당은 집권당 마인드로 세상을 바라보는 눈이 생겼다. 다른 하나는 '운동권 DNA'다. 한국 진보세력은 오랜 세월 저항세력으로 살아왔다. 민주당 국회의원들조차 여전히 재야(在野) 정서를 갖고 있다.

1980년 광주민주화항쟁을 분기점으로, 기존의 질서 전체를 부정하는 반(反)체제 세력의 정체성이 생겼다. 사회주의에 우호적이고, 반미-반일 입장을 갖게 된 역사적 뿌리다. 민주화운동 세력의 일부는 군부독재에 대한 반대를 넘어, 자본주의를 반대하고, 한미동맹을 반대하고, 경제성장을 반대하고, 미국-일본과의 외교관계에도 비판적인 입장을 갖게 됐다. 1980년대와 1990년대 중반까지 학생운동을 열심히 했던 사람일수록 더욱 그랬다. 이들 중의 많은 수가 민주당 정치인과 당의 핵심 지지층이 되었다. 이들은 저항적 세계관, 비주류적 세계관을 기본으로 한다. 물론, 그 시절에는 순기능도 존재했다. 광주학살을 자행했던 전두환 군사독재 정권에 '전투적으로' 투쟁할 수 있었다. 이들의 투쟁으로 1987년 직선제 쟁취, 1997년 평화적 정권교체를 했다. 한국 사회는 높은 수준의 민주주의를 달성하게 됐다.

민주당이 행정부와 입법부를 동시에 잡은 것은 딱 두 번이다. 2004년 총선에서 노무현 정부는 152석으로 원내 과반을 달성한다. 2020년 총선에서 문재인 정부는 180석을 달성한다. 흥미로운 것은 행정부와 입법부를 동시에 잡게 되었을 때, 민주당은 두 번 모두 정권을 빼앗겼다. 게다가 2004년 총선은 노무현 대통령 탄핵에 대한 역풍으로, 2020년 총선은 박근혜 대통령 탄핵의 순풍으로, 보수는 초토화되고 분열되어 있었다. 진보에 대한 우호적 여론이 강할 때였다. 두 번 모두 이보다 더 좋을 수 없던 시기였다. 그런데도 민주당은 두 번 모두 정권을 빼앗겼다. 무엇이 문제였던 것일까? 왜 이런 일이 반복되는 것일까?

결론부터 말해, 가장 중요한 이유는 민주당의 핵심 구성원들이 '야당다운 야당'을 너무 좋아하기 때문이다. 민주당 국회의원들도, 핵심 지지층도, 진보적 시민사회도 '야당다운 야당'을 너무 좋아한다. 최근에는 야당다운 야당을 너무 좋아해서, 급기야 '수박'이라는 과일과도 싸우는 지경에 이르렀다.

노무현 정부 시절, 가장 큰 논란이 됐던 사건을 복기해보자. ①국가보안법 폐지를 포함한 4대 개혁 입법 ②부동산 가격 급상승 ③종부세 신설 및 과도한 부동산 세금 인상 논란이 있었다.

문재인 정부 시절, 가장 큰 논란이 됐던 사건을 복기해보자. ①최저임금 1만원을 비롯한 소득주도성장 논란 ②조국 논란 ③검찰개혁 논란 ④부동산 가격 급상승 ⑤종부세와 양도세의 과도한 인상 논란이 있었다.


## '야당다운 야당'을 너무 좋아하면,
## '여당'이 됐을 때 무능해진다

문재인 정부 때는 조국 사태와 검찰개혁 논란이 추가됐지만, 나머지는 패턴이 비슷하다. 국가보안법 폐지와 최저임금 1만 원은 공통적으로 '지나치게, 진보적인' 정책을 펼치다가 여론의 역풍을 맞은 경우다. 부동산 가격 급상승이 있었고, 다주택자를 투기세력으로 몰아붙이며 부동산세를 급격히 인상했다. 노무현 정부 때도, 문재인 정부 때도 그랬다.

국가보안법 폐지는 '이념적' 이슈였다. 국민들의 관심사와 아무 관계가 없었다. 운동권들의 관심사였다. 결과적으로, 최저임금 1만 원도 '이념적' 이슈였다. 최저임금 자체는 민생 이슈다. 그러나, 2020년까지 1만 원을 달성하려면, 3년 연속 약 16%를 인상해야 한다. 연평균 경제성장률이 2~3%인 나라에서 최저임금을 연 16% 인상하고도 부작용이 없다고 생각한다면, 너무나 상식적이지 않다.

그런데도, 진보쪽 경제학자들, 진보쪽 노동전문가들, 진보쪽 시민사회, 진보쪽 언론, 진보 성향 정치인 그 누구도 공개적으로 '부작용'에 대해 말하지 않고, 반론에 대해 들으려고 하지 않았다. 진보쪽에 속한 사람들 중 그 누구도 실사구시 차원에서 접근하지 않았다. 왜 이들은 '반론'에 대해 심사숙고하지 않는가? 애초부터 최저임금 1만 원 문제를 '이념적' 이유로 지지했기 때문이다. 부동산 가격이 급상승할 때, 공급에 소극적이고, 다주택자를 투기세력으로 몰고, 종부세를 비롯한 부동산세를 급격히 인상하는 것도 같은 맥락이다. 그것이 진보적 원칙 더 정확하게는 자신들의 '이념적 취향'에 부합했기 때문이다. 문재인 정부의 2017~2019년 '최저임금 1만 원 정책'은 2004년 노무현 정부의 '국가보안법 폐지 이슈'와 본질적으로 다르지 않았다. 민생 정책의 외양을 띈 '이념적' 이슈에 불과했다.

민주당은 '야당다운 야당'이 되려는 노력을 중단해야 한다. 야당다운 야당, 선명야당, 투쟁하는 야당은 '남탓의 정치학'을 뼛속까지 내면화하는 과정에 불과하다. 야당다운 야당에 에너지를 집중할수록 '집권했을 때, 어떤 세상을 만들어야 할지' 준비할 필요가 없어진다. 상대방과의 전선 긋기에 자신을 함몰시키게 된다. 민주당의 정체성을 고작 '안티 국힘당' 혹은 '안티 보수'로 축소시킨다.

민주당은 '여당다운 야당'이 되어야 한다. 여당다운 야당이란 무엇인가? '나라의 주인'이 되려는 정당이다. 내 나라, 우리나라라고 생각하고, 국가적 중요 문제를 자신의 미션으로 간직한 정당이 되어야 한다. 그렇게 사고하면, 경제문제에 대해서도 더 많이 공부하지 않을 수 없다. 표를 더 받기 위해 현금복지를 함부로 남발하지 않게 되고, 서민들의 분배를 중시 여기되 경제성장도 중요하게 다뤄야 한다. 노동의 권익을 중시하되, 기업 경쟁력과 산업 경쟁력이 병행되어야만 한다는 것을 깨닫게 된다. 중소기업도 중요하지만, 글로벌 대기업의 소중함을 재발견하게 된다. 청년 일자리를 만들기 위해서는 과감한 규제완화의 중요성을 절감하게 된다. 보수 진영 공격이 미션이 아니라, 좋은 세상을 만드는 게 미션이 될 수밖에 없다.


냉전 세력은 탈냉전이 되면 망하고,
민주화 세력은 민주화가 되면 망한다


좋은 민주당 만들기의 두 번째 과제는 민주당의 정체성을 재정립하는 것이다.

대한민국은 민주주의 국가인가, 독재국가인가? 민주당 국회의원들을 포함해서 모든 국민이 알고 있다. 한국은 민주주의 국가다. 초등학생도 알고 있는 자명한 사실이다. 그런데, 민주당은 '야당'이 되면 대한민국이 독재로 회귀했다고 '거짓말'을 하기 시작한다. 당 대표부터 국회의원 대부분이 독재 타령을 입에 달고 사는 '거짓말 정당'으로 돌변한다.

　정치학에서 규정하는 정치적 민주화의 핵심은 '정권교체가 작동하는' 나라다. 정권교체가 작동하면 그 사회는 민주주의 국가다. 한국은 식민지 경험을 가진 국가 중 가장 높은 수준으로 민주주의가 작동하는 나라다.

　고려대학교 정치학과 최장집 교수는 '민주주의의 공고화'라는 개념을 제시한다. ①권위주의 세력이 집권하던 정치구조에서→②민주화 세력이 집권하고→③권위주의 세력이 재집권하고→④민주화 세력이 재집권할 때, 바로 그 시점을 '민주주의가 공고화된' 시기로 본다. 쉽게 말해 정권교체가 똑/딱/똑/딱 이뤄지면 정치적 민주주의가 정착한 사회다. 논리적으로 생각하면, 게임의 룰과 세력균형이 작동하고 있음을 의미한다. '정권교체가 작동되는' 사회와 같은 맥락이다.

　대한민국은 전 세계가 인정하는 민주주의 국가인데, 민주당은 왜 자신들이 야당이 되면 독재국가인 것처럼 '거짓말하는 정당'이 되는 것일까? '민주화'를 이루는 것 이외에 민주당의 미션이 취약하기 때문이다. 다르게 표현하면, 민주당의 정체성이 현재 한국 자본주의의 현실과 괴리되어 있기 때문이다.

　냉전 세력은 탈냉전이 되면 망하고, 민주화 세력은 민주화가 되면 망한다. 자신의 미션이 실현되었기에, 미션이 없는 세력으로 전락하게 된다. 오랜 기간 민주당 정체성의 핵심은 민주화를 이루려는 정당이었다. 그래서 당명 자체가 민주당이다. 그럼, '민주화가 된 다음' 민주당의 정체성은 무엇인가? 민주당은 무엇을 하려는 정당인가? 민주당이 만들고 싶은 나라는 어떤 나라인가? 좋은 민주당이 되려면, 이 질문과 정직하게 대면해야 한다.

## 자본주의 이후 존재했던 세 가지 유형의 진보

민주당 정체성을 재정립하기 위해서는 '진보'의 개념을 재정립하는 것에서 출발할 필요가 있다. 자본주의 이후 진보 개념은 크게 ①좌파(Left) ②미래(Future) ③약자와의 연대(Solidarity with the weak)로 구분할 수 있다.

①좌파(Left): 좌파 개념은 프랑스 혁명에서 유래한다. 프랑스 혁명 이후 의장석을 기준으로 왼쪽에는 제3신분인 공화파가 앉았다. 이후에는 급진파인 자코뱅당이 앉았다. 오른쪽에는 온건파인 지롱드당이 앉았다. 이때부터 좌파=급진주의=진보의 등식이 성립했다.

좌파 입장에서는, 최저임금 1만 원보다 최저임금 2만 원이 더 진보적이다. 2만 원보다 3만 원이 진보적이고, 3만 원보다 4만 원이 진보적이다. 금액이 커질수록 진보적이다. 그러나 생산성을 과도하게 초과하는 최저임금의 급진적 인상은 반드시 고용 분야에 충격을 준다. 임금과 고용은 생산성 및 투자와 연결되어 있다. '경제학 원리를 무시한' 급진주의 정책은 반드시 실패한다.

②미래(Future): 미래를 진보 개념의 본질로 주목하는 것은 마르크스주의적 전통이다. 마르크스주의는 '방법론 마르크스'와 '결론 마르크스'로 구분할 수 있다. 방법론은 말 그대로 사회과학 방법론에 해당한다. 핵심은 '정치경제학적' 사고방식이다. 정치적 사회현상을 경제학적 토대와 연동해서 사고한다. 이러한 방법론은 지금도 유효성을 갖는다.

흥미로운 것은 마르크스 자신은 정작 '자본주의'라는 표현을 쓴 적이 거의 없다. 마르크스 자신은 '자본주의적 생산양식'이라는 개념을 주로 사용했다. 마르크스가 살았던 19세기 유럽은 전환기였다. 봉건제적 생산양식과 자본제적 생산양식이 뒤엉켜 혼재했다. 자본주의적 생산양식이라는 표현은 경제적 생산방식을 '인수분해하는' 발상이다. 동시대에 상이한 생산방식이 공존하는 게 일반적이다. 수공업적 생산과 대공업적 생산이 공존할 수 있는 것과 같다.

마르크스에게 진보는 '정치경제학적인 미래'를 의미했다. 다르게 표현하면 '미래적, 대안적 생산방식'이 진보의 핵심 개념이 된다. 지금 현재 '진보적 생산방식'에 종사하는 사람들은 누구일까? 기술기반 스타트업과 혁신형 기업에 종사하는 사람들이다. 미국 경제의 경우 애플의 스티브 잡스, 마이크로소프트의 빌 게이츠, 테슬라의 일론 머스크, 아마존의 제프 베이조스로 상징되는 각 분야에서 일하는 지식노동자들이 해당한다. 한국 경제의 경우 '네카라쿠 배당토'가 해당한다. 네이버, 카카오, 라인, 쿠팡, 배달의민족, 당근마켓, 토스의 약자다. 기술기반 혁신기업을 상징하는 표현이다.

마르크스의 표현 방식을 빌리면 한국 자본주의는 산업자본주의적 생산방식과 스타트업적 생산방식으로 구분할 수 있다. 후자가 진보적 생산방식의 핵심이다. '급진주의-좌파' 중심의 진보 개념은 경제학적 원리를 무시하는 경향이 강해, 부작용으로 귀결되는 경우가 많다. 반면 '정치경제학적 미래'를 의미하는 진보 개념은 정반대다. 미래적-대안적 생산양식인지 여부가 가장 중요하다.

③ 약자와의 연대(Solidarity with the weak): 인간 본성인 측은지심(惻隱之心, 남을 가엽게 여기는 마음)에서 유래한다. 측은지심은 공동체의 안정, 통합, 지속가능한 번영을 위해서도 중요하다. 한국에서 약자는 누구인가? 장애인, 아동, 노인, 임산부, 저임금 노동자가 대표적이다.

정리해보자. 자본주의 이후 작동했던 진보 개념에는 3종류가 있다. ① 좌파 ② 미래 ③ 약자와의 연대다. 이 중에서 좌파와 미래 개념을 중심으로 4분면 개념도를 만들면 아래 표와 같다. 핵심 쟁점은 '급진주의'를 의미하는 좌파 개념과 '정치경제학적 미래' 개념 중에서 무엇이 더 중요한지다. 다시 말해 과거지향+좌파와 미래지향+우파가 있다면 무엇이 더 진보적인가? 아마도 많은 사람은 좌파·급진주의보다 미래를 중시할 것이다. 바로 그렇다. 중요한 것은 좌파·급진주의가 아니다. '미래'로 나아가는 것이다.

민주당은 급진(Left) 진보와 결별하고 미래(Future) 진보로

**좌파와 미래, 4분면 개념도**

| 구분 | 과거 | 미래 |
|------|------|------|
| 좌파 | ①과거지향적 + 좌파<br>(Past + Left) | ③미래지향적 좌파<br>(Future + Left) |
| 우파 | ②과거지향적 + 우파<br>(Past + Right) | ④미래지향적 우파<br>(Future + Right) |

거듭나야 한다. 이 경우, 진보 개념은 '진취적인 그 무엇'에 가깝다. 가장 중요한 것은 정치경제학으로 재무장을 하는 것이다. 민주당이 만들고 싶은 자본주의는 어떤 자본주의인지 입장을 정리해야 한다.

영국을 기준으로 유럽사를 되돌아보면, 1688년 명예혁명(의회주의 및 자유주의)→1760년대 산업혁명(1차 산업화)→1840년대~1910년대 보통선거권 운동(민주주의)→제2차 세계대전 이후, 복지국가의 순서를 밟았다. 즉, 유럽의 역사는 의회주의→산업화→민주주의→복지국가의 순서를 밟았다.

유럽사에서 민주주의(보통선거권) 투쟁의 주체는 산업노동자 계급이었다. 재밌는 것은 이들의 목표는 '민주화' 그 자체가 아니었다. 민주주의는 수단이고, 목표는 노동자들의 권익실현이었다. 이념적으로는 마르크스주의의 영향을 크게 받았다. 마르크스 이론의 핵심은 '생산력 발전'을 가로막고 있는 '낡은 생산관계'를 타파하는 것이다. 마르크스 이론 자체가 '경제성장=생산력 발전'을 중시하는 이론체계를 갖고 있다.

## 20세기 유럽 진보정당은 '산업노동자들을 위한 정당'
## 21세기 한국 민주당은
## '지식노동자들을 위한 정당'으로 거듭나야

이러한 역사적 배경으로 인해 사회민주당, 노동당, 사회당 등의 유럽 진보정당들은 '민주화' 그 자체에 함몰된 적이 없다. 산업노동자들의 권익실현이 그들의 본원적인 정체성이었다. 방법론의 일환으로 일부는 사회주의 실현을 추구했고, 일부는 복지국가를 추구했다. 산업노동자들의 이익을 대변하되, 선거를 통해 51% 연합을 수용하는 과정에서, 결과적으로 복지국가를 만들어냈다. 인풋(in-put)은 당의 정체성과 51% 연합의 원리였고, 아웃풋(out-put)은 복지국가였다.

한국의 민주화는 산업노동자 계급이 주도해서 만들어지지 않았다. 한국 민주주의의 원형은 미국식 민주주의의 영향을 받았던 3·1운동에서 시작됐다. 해방 이후에는 미군정이 강제했다. 박정희의 유신체제와 전두환 독재정권 이후에는 재야와 학생운동이 민주화투쟁을 주도했다. 유럽 민주화와 한국 민주화 과정의 이러한 차이점은 유럽 진보정당과 한국 민주당의 차이점으로도 연결됐다. 유럽 진보정당은 '자신들이 대표하는 계급'이 분명했다. 산업노동자들의 정당이었다. 한국 민주당은 '민주화를 위한' 정당이었다. 시대적 과제 실현을 자신의 정체성으로 삼았다. 대표하는 계급-계층은 두루뭉술했고, 중산층과 서민의 정당을 표방했다. 중산층과 서민을 표방하는 것은 보수정당도 마찬가지다. 그냥 유권자 대다수를 대표하겠다는 말과 같다. 경제학에는 "모두의 것은 누구의 것도 아니다."라는 명제가 있다. 공유지의 비극이라고 불리는 명제다. 유권자 대부분을 대표한다는 것은 그 누구도 대표하지 않는 것과 같다.

정리해보면, 유럽의 진보정당들은 산업자본주의 시절 '산업노동자들을 대표하는' 정당이었다. 현재 우리는 지식 자본주의 혹은 혁신경제 시대를 살고 있다. 민주당은 혁신경제를 선도하는 '지식노동자들을 위한 정당'으로 정체성을 재정립할 필요가 있다. 이를 실현할 경우, 세 가지 장점이 있다.

먼저, 진보정당의 본래 개념에 부합한다. 식민지 경험을 가진 제3세계 국가들의 최대 과제는 산업화와 민주화였다. 두 가지 모두를 달성한 국가는 매우 예외적이다. 한국과 대만 정도가 해당한다. 군부독재 시절에는 민주화를 추구하는 게 가장 진취적인 것이었다. 지금은 '민주화가 이뤄진' 사회다. 혁신경제를 개척하는, 지식노동자들의 정당은 미래(Future) 진보의 가치에 부합한다.

다음으로, 한국 진보가 갖고 있는 운동권스러운 이념 편향과 단절할 수 있다. 한국은 냉전의 최전선에 있었다. 지정학적으로 해양세력 미국(+일본)과 대륙세력 소련(+중국)이 마주하는 곳이다. 좋은 일도 나쁜 일도, 해방 이후 현대사의 가장 큰 사건들은 모두 냉전과 관련되어 있다. 해방 직후 좌우대립, 분단, 농지개혁, 한국전쟁, 수출중심 경제발전 노선, 한일협정 체결, 중화학공업 노선과 자주국방, 기적의 경제성장, 높은 수준의 민주화 모두 냉전과 밀접하게 관련되어 있다. 냉전의 최전선이었고, 한국전쟁까지 치렀기에 내부 갈등은 더 격렬했다. 그 과정에서 우리는 마음속 깊이 상대방을 증오하는 감정을 갖게 됐다. 국민의힘에는 '냉전 우파' 세력이 여전히 강력하고, 민주당에는 '냉전 좌파' 세력이 여전히 강력한 이유다. 1980년 광주시민들의 죽음 이후, 한국 학생운동이 전두환 군사독재 배후에 미국이 있다고 생각하게 되고, 사회주의 이념을 수용하게 된 것도 냉전의 산물이었다.

민주당이 혁신경제를 개척하는 지식노동자들의 정당으로 정체성을 재정립하게 된다면, '탈냉전 스마트 진보'로 거듭날 수 있다. 세계 정치사의 다른 정당과 비교하면, 스웨덴 사회민주당과 미국 민주당의 중간쯤에 해당하는 정당으로 재탄생하게 될 것이다.

마지막으로, 2030세대의 지지를 받는데 큰 도움이 된다. 현재 2030세대는 왜 무당파의 최대 덩어리가 됐을까? 왜 스윙 보터 성향이 유독 강할까? 과거 2030세대가 항상 그랬던 것은 아니다. 2030세대가 보기에 국민의힘과 민주당 모두 '우리 시대의 과제'를 대변하지 않는다고 생각하기 때문이다.

국민의힘은 산업화 세력을 대표하고, 지금도 냉전 우파 세력이 강하다. 민주당은 민주화 세력을 대표하고, 지금도 냉전 좌파 세력이 강하다. 그런데 2030세대 입장에서 대한민국은 태어날 때부터 산업화와 민주화를 이미 이룬 선진국이었다.

## 진보정당이 항상 진취적인 정당은 아니다
## 그러나, 진취적인 정당은 언제나 진보정당이다

한국 정치사를 복기하면, 청년 세대는 항상 '미래 지향성'을 중시했다. 1980년대 서울대를 비롯한 명문대생들은 왜 학생운동을 하게 됐을까? 1980년 광주의 진실을 알게 된 것은 왜 학생운동으로 연결됐을까? 1980년대 학생운동이 많은 청년들의 공감을 일으켰던 근본 이유는 '앞으로 살아갈' 대한민국의 미래가 군부독재여서는 안 된다고 생각했기 때문이다.

애플 창업자로 아이폰을 만든 스티브 잡스는 1955년생이다. 군사독재 정권을 무너뜨리기 위해 한평생 노동운동, 사회주의 운동, 진보정당 운동에 헌신했던 노회찬 전 의원은 1956년생이다. 스티브 잡스와 노회찬의 시차는 1년에 불과하다. 미국에서 태어난 스티브 잡스는 자신의 미래를 개척하기 위해 개인용(PC) 컴퓨터와 매킨토시 컴퓨터, 아이폰 등을 만들었다. 스티브 잡스가 이런 방식으로 자신의 진취성을 발현할 수 있었던 건 그가 군부독재를 걱정하지 않아도 되는 미국에서 태어났기 때문이다. 1956년 한국에서 태어난 노회찬은 자신의 미래를 개척하기 위해 사회주의자가 되어야 했다. 노동운동을 하고 진보정당 운동을 해야만 했다. 아니면 앞으로도 평생 광주시민들을 학살한 군부독재 치하에서 살아야만 했기 때문이다. 진취적인 사람일수록 군부독재는 더더욱 견딜 수 없는 것이었다.

1980년대 가장 진취적인 사람들은 군부독재와 싸우는 사람이었다. 1990년대 가장 진취적인 사람들은 민주적 정권교체를 위해 노력하는 사람들이었다. 2000년대 가장 진취적인 사람들은 복지국가를 주장하고, 시민운동을 하는 사람들이었다. 2010년대 이후 가장 진취적인 사람은 글로벌 대기업과 혁신형 스타트업에 있는 사람들이다. 2030세대는 예전에도 그리고 지금도 급진주의(Left)를 지지했던 게 아니라 미래(Futuer)를 지지했다. 진보보다 중요한 것은 '진취성'이다. 진보정당이 항상 진취적인 정당은 아니다. 그러나, 진취적인 정당은 언제나 진보정당이다.

전대협 출신 60대 국회의원을 한총련 출신 40대 국회의원으로 바꾸는 것은 세대교체가 아니다. 전대협은 학생운동 전성기를 상징한다. 한총련은 학생운동 퇴조기를 상징한다. 물론, 한총련 학생운동 경험 자체가 굴레로 작용해서는 안 된다. 젊은 시절의 경험을 삶에서 녹여내는 방법은 개인마다 천차만별이다.

민주당이 '전대협 당'에서 '한총련 당'으로 바뀐다면, 그것은 거대한 퇴행이다. 민주당은 과거가 아닌, 미래로 가야 한다. 혁신경제를 옹호하는, 지식노동자들을 위한 정당으로 거듭나야 한다. 자연스럽게 '진보의 현대화'라는 과제와 마주하게 될 것이다. 2030세대의 민주당에 대한 지지 역시 지금보다 훨씬 더 두터워질 것이다.

'을을 위한 정당'이 민주당의 정체성으로 부적절한 이유:
약자를 포용하되, '사회발전을 주도하는' 정당이 되어야 한다

현재 민주당의 일부 정치인들은 '을(乙)을 위한 정당'이 민주당의 정체성이 되어야 한다고 주장한다. 사회경제적 약자를 배려하는 것은 진보의 중요한 가치 중 하나다. 그러나, 사회경제적 약자를 배려하고 포용하는 것과 당의 정체성은 구분할 필요가 있다.

갑을(甲乙)관계는 상대적 개념이다. 소비자는 갑이 되기도 하고, 을이 되기도 한다. 가맹점 사장님들 역시 본사에 대해서는 을(乙)이지만, 알바생을 대상으로는 갑(甲)이다. 3~5개의 가맹점을 동시에 운영하는 분들도 많다. 이분들은 고소득층이기도 하다. '을(乙)을 위한 정당'을 표방하는 것은 현장과의 연계, 사회경제적인 약자의 목소리를 듣는다는 점에서 긍정성을 갖는다.

그러나, '을(乙)을 위한 정당'이 민주당의 정체성이 될 수는 없다. 을(乙)이라는 개념 자체는 법률적 계약관계의 상대적 개념에 불과하다. 을(乙)을 사회경제적 약자로 확대해석하더라도 역시 정당의 정체성으로는 부적절하다.

예컨대, 도시 빈민은 노동자들보다 사회경제적 약자다. 유럽의 진보정당 중에서 '산업노동자들의 정당'은 있어도, '도시 빈민의 정당'을 표방하는 경우는 없다. 왜 그럴까? 산업노동자들이 더 사회경제적 약자여서가 아니다. 자본주의 사회에서, 산업노동자 계급이 '사회발전'을 주도한다고 봤기 때문이다. 정당

의 본래 미션은 국가를 잘 운영하는 것이다. 국가 운영의 관점에서, 도시 빈민 마인드와 산업노동자 마인드 중에 무엇이 더 효과적일까? 해답은 자명하다.

유럽의 사회민주당(사민당)은 19세기 후반~20세기 초반에 만들어졌다. 독일 사회민주당은 1863년, 스웨덴 사회민주당은 1889년, 영국 노동당은 1900년에 창당했다. 이때는 산업자본주의 초창기였다. 사민당의 최대 관심사는 약자의 대변이 아니었다. '사회발전'을 주도하는 것이었다.

19세기 후반~20세기 초반에 유럽 사민당이 약자의 대변에 더 관심이 있었다면, 또는 을(乙)을 위한 정당이 되고자 했다면, 도시 빈민당 혹은 농민당을 표방했어야 한다. 유럽 정치사에도 '농민을 대변하는' 정치세력이 있었다. 그런데 진보정당이 아니라 보수정당이다. 스웨덴의 경우 20세기 초반에는 농민당, 20세기 중반 이후 중앙당이 있었다. 한국으로 치면 김종필의 '자민련'과 비슷한 정당이었다. 너무 당연한 이치다. 농민이라는 계급의 특성 자체가 약자이되, 사회변화에 저항적인 '보수성'을 간직하고 있기 때문이다. 유럽 정치사에서 농민당=을(乙)을 위한 정당이 자본주의 발전을 주도한 사례는 없다.

민주당에서 을(乙)을 위한 정당을 표방하는 것은 순기능과 역기능이 혼재한다. 순기능의 핵심은 현장성의 복원이다. 약자의 목소리를 경청하고 (지역 민원과 대비되는) 계층 민원을 강화한 것이다. 역기능의 대표 사례는 '타다금지법'이다. 유럽에서 농민당이 보수적인 이유는 약자의 이익을 대변하지 않아서가 아니다. 그 반대다. 약자인 농민의 이익(만)을 대변했기 때문이다. 민주당에서 타다금지법을 대표 발의하고 통과를 주도했던 국회의원이 을지로위원회 위원장 출신인 것은 우연이 아니다.

산업화 초기 국면에, 유럽 군주들은 산업 발전을 적극적으로 가로막았다. 칼 베네딕트 프레이가 쓴 《테크놀로지의 덫》은 정치권력이 '새로운 기술'을 반대한 역사를 잘 보여준다. 오스트리아-헝가리 제국, 러시아 제국의 황제들은 공장 신설과 신형 기계 수입을 금지하고, 증기철도의 건설 계획 등을 반대했다. 이들이 새로운 기술을 반대한 이유는 '약자들의 처지'를 방어하기 위해서였다. 새로운 기술과 혁신경제는 언제나 기존 경제, 기존 기술로 먹고 살던 사람들을 위협하기 마련이다. 공장 설립은 가내수공업에 종사하는 사람들을 거리로 내몰았다. 이후 유럽에서 국가 간 전쟁이 활성화되고, 공동체의 절멸 위기를 겪게 되자 비로소 새로운 기술을 수용하게 된다. 조선의 몰락도 근본적으로는 새로운 기술의 집합체였던 산업혁명에 둔감하고 의회주의 도입을 거부했기 때문이다.

약자의 목소리를 경청하는 것은 중요하다. 그러나, 저항의 목소리를 그대로 수용하는 것이 반드시 좋은 것은 아니다. 약자에 대한 민원의 총합이 사회발전 방향인 것은 아니다. 이는 사회운동과 정당의 본질적인 차이점과도 연결된다. 사회운동은 약자의 목소리를 대변하는 것만으로도 충분하다. 정당은 그렇지 않다. 정당 고유의 미션은 국가를 잘 운영하는 것이다. 사회발전에 대한 종합적 비전을 집행하는 것이다. 예컨대,

1965년 한일협정 체결은 당시 학생운동과 재야가 4·19 이후 최대 규모로 반대한 사건이었다. 그러나, 1965년 한일협정 체결이 없었다면 오늘날과 같은 '한국의 자본주의 발전'은 불가능했을 것이다.

정치 지도자는 여론을 고려하되, 여론을 따라가는 사람이 되어서는 안 된다. 우리는 여론을 따라가는 사람을 추종자(Follower)로, 여론을 리드하는 사람을 리더(Leader)라고 부른다. 정치 지도자와 정당도 마찬가지다. 사회공동체가 한 단계 더 발전하기 위해서는 '일부 여론'의 반대가 있더라도 꼭 추진해야 하는 일들이 있다. 물론 정치 지도자는 국민의 설득을 구해야 한다. 지난 한국 현대사를 복기해보면, 농지개혁, 은행 국유화, 수출 중심 산업화 노선, 한일협정, 중화학공업 추진, 자주국방과 방위산업 육성, 부가가치세 도입, 대통령 직선제, 북방외교, 금융실명제, 건강보험 통합, 한미FTA 추진, 국민연금 개혁, 기초연금 도입, 공무원 연금개혁 등이 해당한다. 이들 정책은 하나같이 여론의 반발이 있었지만 대한민국의 발전에서 중요했던 정책들이다. 민주당은 한국 자본주의와 대한민국 발전을 주도하는 정당이 되어야 한다.

## 대한민국의 '4대 업적'을 인정하고, '4대 위기'를 해결하는 정당이 되어야 한다

좋은 민주당 만들기의 세 번째 과제는 지금 현재, 대한민국의 과제는 무엇인지 묻고 그에 답하는 것이다.

민주당은 '우리시대의 과제'를 규정하고 이를 자신의 미션으로 간직해야 한다. '지식노동자들을 위한 정당'으로 거듭나는 것이 정체성의 재정립이라면, 우리 시대의 과제를 규정하는 것은 정당으로서의 미션의 재정립에 해당한다. 이는 한편으로 대한민국의 네 가지 업적을 인정하고, 네 가지 위기를 해결하는 정당이 되는 것을 뜻한다.

정치의 기본은 싸움이다. 정치는 갈등을 다룬다. 다르게 표현하면 정치는 사회발전의 비전을 둘러싼 투쟁의 공간이다. 그간 한국 정치는 쓸데없이 싸움박질만 했던 것처럼 보인다. 그러나, 꼭 그렇지는 않다. 정치도 진화해왔다. 1945년 해방 이후, 한국 사회와 한국 정치는 네 가지 업적을 이뤄냈다. ①나라 만들기 ②압축 산업화 ③압축 민주화 ④압축 복지국가를 만들었다.

'나라 만들기'는 해방 직후 혼란한 상황과 연결된다. 자본주의를 할지 사회주의를 할지, 미국 편이 될지 소련 편이 될지 결정하는 과정이었다. 동시에 이 시기는 '폭력의 합법적 독점'을 특징으로 하는 국가 형성기였다. 폭력, 학살, 인민재판 등이 작동하는 격렬한 투쟁을 거쳤다. 분단, 농지개혁, 한국전쟁, 한미동맹은 모두 그 연장이었다.

'압축 산업화'는 박정희 대통령, 관료, 기업인들이 큰 역할을 했다. 수출노선, 한일협정, 중화학공업 노선을 선택한 게 특히 중요했다. '압축 민주화'는 김대중, 김영삼, 노무현, 80년대 학생운동, 거리에서 투쟁했던 시민들의 공이 컸다. '압축 복지국가'도 상당 부분 이뤄냈다. 김영삼, 김대중 정부를 포함해서, 노무현 정부, 박근혜 정부, 문재인 정부의 역할이 컸다. 2020년 코로나19 팬더믹 이후, K-방역은 세계적인 호평을 받았다. K-방역은 우리가 이미 '한국형 복지국가'를 하고 있음을 상징한다. 한국형 복지국가가 완벽하다거나 가장 우수하다는 이야기를 하는 게 아니다. 한국형 복지국가는 여전히 많은 문제점을 갖고 있다. 중요한 것은, 우리가 이미 복지국가를 하고 있다는 점이다.

한국 정치사에서 '복지국가 이슈'를 본격적으로 제기한 정치세력은 2000년 창당한 민주노동당이다. 2002년 대선에서 민주노동당 권영길 후보는 '부유세, 무상의료, 무상교육'을 핵심 공약으로 주장했다. 2004년 총선에서는 '부자에게 세금을, 서민에게 복지를'이라는 근사한 캐치프레이즈를 내걸었다. 국민들은 박빙의 선거에서도 대선 때는 약 100만 표, 총선 때는 약 270만 표를 찍어줬다. 오늘날 한국 정치에서 유행하는 무상 시리즈의 원조가 됐다.

한국 정치사에서 복지국가 이슈를 주류 정당이 수용하게 되는 분기점은 2010년 지방선거 때 무상급식 이슈부터다. 이후 보수정당 대선후보였던 박근혜 비대위원장은 경제민주화와 복지국가를 표방하며 '진보적 복지정책'을 부분적으로 수용했다.

2012년 대선에서 당선된 박근혜 대통령은 집권 이후 무상급식, 무상보육, 기초연금, 반값 등록금 정책을 집행했다. 2017년 대선에서 당선된 문재인 대통령 역시 복지정책과 노동정책을 대폭 확대했다. '문재인 케어'로 표현되는 건강보험 보장성 강화는 국민들로부터 큰 호응을 얻었다. 일부 노동정책에서는 부작용이 있었지만, 복지정책에서는 대체로 순기능이 더 컸고, 국민들도 호의적이었다.

결과적으로 박근혜 정부도, 문재인 정부도 2002년 대선과 2004년 총선 시기에 민주노동당이 제기했던 유럽식 복지국가의 열망을 담고 있던 정책 의제를 수용한 셈이다. 박근혜 정부를 '민주노동당 노선의 1기 정부'로, 문재인 정부를 '민주노동당 노선의 2기 정부'로 볼 수 있는 이유다.

해방 이후 한국 현대사는 조선의 몰락으로 뒤처졌던 세계사의 시간을 따라잡기 위해 네 가지 업적을 이뤄냈다. 한국 정치의 선배들은 때로는 목숨을 걸고, 때로는 국민으로부터 욕을 얻어먹는 결단을 하면서, 나라 만들기, 압축 산업화, 압축 민주화, 압축 복지국가를 해냈다. 이 네 가지를 동시에 달성한 나라를 흔히 '선진국'이라고 표현한다.

## 최근의 한국 정치가 비호감인 진짜 이유

2022년 대선이 '최악의 비호감 대선'이 됐던 것은 윤석열과 이재명 후보의 캐릭터 요인도 있었지만, 네 가지 미션을 동시에 달성하면서 한 시대의 미션이 달성되었기 때문이다. 다르게 표현하면, 현재 한국 정치는 '미션 교체기'이자 동시에 '미션 공백기'다. 미션 교체기인 이유는 ①나라 만들기 ②압축 산업화 ③압축 민주화 ④압축 복지국가를 일정한 수준에서 달성하면서 '선진국 따라잡기' 모델이 한계에 봉착했기 때문이다. 한국 사회는 경제만 추격형이었던 게 아니라, 사회과학 전체가 추격형-모방형이었다. 한국 보수는 주로 미국과 일본 것을 모방했고, 한국 진보는 때로는 동남아시아, 때로는 소련-중국-북한, 때로는 유럽 것을 모방했다. 그러다 대한민국이 선진국이 되면서 이제 더 이상 모방할 것이 없어졌다. 과거의 미션은 실현했는데, 새로운 현재 미션은 잘 모르는 상황, 미션 교체기이자 동시에 미션 공백기인 이유다.

최근의 한국 정치가 비호감인 근본 이유도 '미션 교체기'인 것과 관련된다. 과거에는 여야와 진보/보수가 싸움을 해도 명분과 어젠다가 있었다. 지금 국민의힘과 민주당은 '비전-어젠다가 없는 투쟁'을 하고 있다. 쌍방 모두 얄팍한 권력투쟁으로만 느껴지는 이유다.

대한민국의 새로운 미션은 무엇이어야 하는가? 대한민국이 마주하고 있는 4대 위기와 대결해야 한다.

첫째, 미중 패권을 포함한 자유주의적 국제질서의 근본적 변화다. 미국은 상대적으로 쇠퇴하고 있다. 중국은 부상하고 있다. 북한은 핵무기 보유를 현실화했다. 1990년대 소련 붕괴 이후 만들어진 미국 중심의 일극체제는 더 이상 작동이 불가능하다. 유엔 상임이사국의 한 축인 러시아가 침략전쟁의 주체가 됐기에 유엔도 제 기능을 못하고 있다. 미국과 유럽연합을 포함한 서구는 쇠퇴하고 있고, 러시아-중국을 포함한 브릭스(BRICS)와 비서구가 부상하고 있다. 중국, 러시아, 인도, 튀르키예는 고대 문명의 위대한 꿈을 재현하고 싶어한다. '멀티제국의 시대'가 도래하고 있다.

동아시아로 국한하면, 미국이 자유주의적 국제질서의 경찰 역할을 축소할 개연성이 높아지고 있다. 한국으로서는 미국을 포함하되, 일본, 호주, 베트남 등과 함께 중국의 패권을 견제하는 '동아시아 세력균형'을 달성해야 할 필요성이 더욱 커지고 있다. 대만이 중국에 넘어갈 경우, 한국은 유라시아 대륙과 연결되는 해로가 차단되어 중국의 속국이 될 것이기 때문이다. 현재와 같은 외교-안보 지형의 변화는 냉전 시대와 완전히 다른 국면이다. 서구의 쇠퇴와 고대 문명의 재부상, '중심 없는 세계질서' 가능성이라는 측면에서 훨씬 더 거대한 변화로 받아들여야 한다. 많은 외교 전문가들이 지금의 세계질서가 제1차 세계대전 직전의 상황과 유사하다고 우려하는 이유다. 그러나, 한국 정치와 한국 정치인들은 이러한 문제에 별 관심이 없는 것으로 보인다. 서로 상대 헐뜯기에만 전념하는 것으로 보인다. 세계질서 변동에 무관심하다는 점에서 현재 한국 정치는 구한말과 크게 다르지 않다.

둘째, 글로벌 가치사슬(GVC)의 위기다. 한국경제의 성장

방식은 수출-제조업-대기업이었다. 1990년대 이후 한국의 경제성장은 '중국 특수'에 올라탔기에 가능했다. 1990년대 이후 세계 경제사에서 가장 중요했던 사건은 중국의 부상이었다. 한국은 중국특수를 가장 크게 누렸던 나라다. 미국의 중국 견제는 한국에게 위기이자 동시에 새로운 기회다. 경제환경이 완전히 바뀌고 있다. 새로운 환경변화에 조응하는 새로운 대응이 중요해졌다. 정부-대기업-시민사회의 새로운 협력과 새로운 관계가 중요해지고 있다.

셋째, 급진적인 에너지 전환이다. 탄소중립 경제로의 이행은 세계적인 트렌드다. 한국은 신재생에너지 가성비가 원자력 가성비에 뒤처지는 몇 안 되는 나라다. 여전히 경제성장도 중요하고, 에너지 전환도 중요하고, 기업 경쟁력도 중요하고, 일자리도 중요하다. 탄소중립 경제로의 이행 속도가 너무 가파르기에 원자력과 신재생에너지 모두를 최대한 활용해도 만만치 않은 과제다. 현재 한국 정치는 원자력은 '우파 에너지', 신재생은 '좌파 에너지' 취급을 하고 있다. 기업과 산업 입장에서는 안 그래도 어려운 에너지 전환을 더욱 어렵게 만들고 있다.

넷째, 인구 구조의 급진적 전환이다. 전체 인구 중 노인 인구 비중을 기준으로, 7%를 고령화 사회, 14%를 고령사회, 20%를 초고령사회라고 표현한다. 프랑스의 경우 7%에서 20%가 되는데 155년이 걸렸다. 스웨덴의 경우 124년이 걸렸다. 세계 최초의 초고령화 국가는 일본이다. 일본은 35년이 걸렸다. 한국은 25년이다. 한국은 저출산 속도도 가장 빠르고, 초고령화 속도도 가장 빠른 나라다.

초고령화 속도가 빠를 경우 어떤 문제가 발생할까? 당장은 복지비가 급증한다. 한국의 경우, 전체 예산의 약 1/3이 복지 관련 지출이다. 다시, 복지비의 약 2/3는 어르신들에게 사용된다. 연금과 건강보험이 가장 큰 축이다. 다시 말해, 초고령화가 빠르게 진행될 경우, 다음의 일들이 벌어질 것이다. ① 세계에서 가장 빠른 초고령화 속도 → ② 매우 가파른 복지비 증가 → ③ 매우 가파른 세금 증가 → ④ 복지비와 연금을 둘러싼 청년과 노년의 세대간 갈등 → ⑤ 경제성장률의 추가적인 하락 → ⑥ 일자리 갈등, 세대 갈등, 복지 갈등, 사회 갈등의 증가.

나쁜 정치는 '갈등을 촉진하는' 것이다. 좋은 정치는 '갈등을 해결하는' 것이다. 네 가지 업적을 이루고 선진국이 된 지금, 대한민국을 위협하는 네 가지 위기와 정직하게 대결해야 한다.


### 민주당의 현대화: 태도, 정체성, 미션의 재정립


논의를 정리해보자. 2027년 대선에서 민주당은 왜 집권해야 하는가? 윤석열 정부의 검찰 독재정권을 몰아내고, 민주정부를 수립하기 위해서인가? 민주당은 '검찰 독재정권'이라는 거짓말을 중단해야 한다. 윤석열 정부가 무능한 것은 명백한 사실이지만, 그렇다고 '독재정권'인 것은 아니다. 민주당이 독재 타령을 할수록 '시대착오적인' 정당임을 스스로 자인하는 것에 불과하다.

민주당의 현대화를 위해서는 세 가지 변화가 필요하다. 첫째, 민주당은 군부독재 시절의 유산이었던 '야당다운 야당'에 대한 미련을 버려야 한다. 민주당은 오히려 '여당다운 야당'을 추구해야 한다. 대한민국의 현재와 미래를 고민하는 정당이 되어야 한다.

둘째, 민주당은 정체성의 재정립이 필요하다. 혁신경제 시대 '지식노동자들의 정당'으로 거듭나야 한다. 혁신경제를 선도하되, 사회통합의 가치를 동시에 추구해야 한다. '더 좌파적인' 정책을 하지 못해 안달하지 말고, 미래를 선도하는 '진취적인' 정당이 되어야 한다.

셋째, 대한민국의 4대 업적을 인정하고, 4대 위기와 대결하는 정당이 되어야 한다. 대한민국이 마주하고 있는 4대 위기를 자신의 미션으로 간직하는 것은 '대한민국 1등 정당'이 되는 첩경이다. 대한민국이 마주하는 4대 위기는 5년 안에 해결할 수 없는 난제들이다. 꽤 오랜 기간에 걸쳐 안정적인 제도이행을 통해서만 가능하다.

민주당이 태도, 정체성, 미션을 재정립하는 데 성공한다면 그것은 '민주당의 현대화'에 다름없다. 그 결과물은 국민들로부터 큰 박수를 받으며 반드시 '민주적 장기집권'으로 연결될 것이다.

# 이기는 정치학

현실주의자의 진보집권론

초판 1쇄 2024년 1월 19일 인쇄
초판 1쇄 2024년 1월 31일 발행

최병천 지음

ISBN 979-11-5706-333-8 (03340)

기획편집    진용주
디자인      김기현
마케팅      최재희, 신재철, 김예리
인쇄        예인미술

펴낸이      김현종
펴낸곳      (주)메디치미디어
경영지원    이민주, 김도원
등록일      2008년 8월 20일
            제300-2008-76호.
주소        서울특별시 중구 중림로7길 4, 3층
전화        02-735-3308
팩스        02-735-3309
이메일      medici@medicimedia.co.kr
페이스북    facebook.com/medicimedia
인스타그램   @medicimedia
홈페이지     www.medicimedia.co.kr